ケース・フォー・イスラエル
中東紛争の誤解と真実

アラン・ダーショウィッツ［著］
滝川義人［訳］

ミルトス

筆者四〇年来の友人であり、法の支配を守る判決でイスラエルの価値観を堅持してきた、イスラエル最高裁長官アハロン・バラク教授に、本書を謹んで捧げる。

謝　辞

筆者は、一九六七年から本書のテーマに取り組んできた。大学のキャンパス、メディアそして著作で取りあげているうちに、枚挙にいとまがない程沢山の人々から、支援を受けた。その多くは冷静な批評者の立場であり、その意味で感謝にたえない。なかでもお世話になったのが次の方々である。さまざまなプロジェクトと運動を共にした、現カナダ国会議員のアーウィン・コトラー教授、沢山のことを教えたくれたアハロン・バラク及びイツハク・ザミール両判事、論戦をいどみ、その過程で筆者を教育してくれたジョージ・フレッチャー教授、一つひとつ内容のある著作で筆者を納得させるアムノン・ルービンシュタイン教授、イスラエルに関する筆者の誤解を指摘し、穏かに訂正してくれるイスラエル・リンゲル、そして、その時々の問題について筆者を教育してくれた歴代の学生諸君。

本書の執筆にあたっては、調査面でオーエン・アルターマン、マーラ・ザスマン、エリク・シトロン、ホーリ・ベス・ビリントン、ナタリー・ハーシュラグ、アエレット・ワイスに大変お世話になった。筆者の助手ジェーン・ワグナー、エージェントのヘレン・リース、編集担当のハナ・レーン、そして臨時助手ロビン・エオには、仕事のうえで貴重な協力を得た。原稿の段階では、友人のバーナード・ベック、ジェフリー・エプシュタイン、スティーブ・コスリン、アラン・ロスフェルド、マイケルとジャッキー・ハルブライヒに、率直な感想と意見を得た。御礼申し上げる。家族の協力についても触れておきたい。妻キャロリン、娘エラは筆者と論争し、示唆を与え励ましてくれた。息子のエロンとジェイミン、甥のアダム、姪ラーナとハンナ、弟ネイサンと義妹マリリン。全員がそれぞれ有益な助言をしてくれた。感謝する。

いつまでも続く敵意と暴力に耐え、多くの犠牲を払いつつも民主主義を守り、平和と繁栄をめざして努力するイスラエルの人々に励ましの言葉をお送りしたい。最後に、双方の平和を模索し調停努力をする人々、特にこの紛争で命を捧げた人々が、平和と安全の礎になることを願って、筆者の謝辞としたい。

ケース・フォー・イスラエル　中東紛争の誤解と真実／目次

まえがき

ユダヤ人国家イスラエルは、国際社会で被告席に立たされ、非難されている。その罪状には、犯罪国家、最悪の人権蹂躙《じゅうりん》国家、ナチズムの鏡像、中東和平の最も頑迷な障害といったものが含まれる。国連の議場から大学のキャンパスまで、至る所でイスラエルを抜きだして、非難し、投資引揚げとボイコットの対象とし、魔物扱いにする。イスラエルの指導者は、戦争犯罪者として告発すると脅され、イスラエルの支持者は二重忠誠者、教派のセクト主義者などと非難される。

世論の場できちんと対応する時が来ている。筋の通らぬ議論を許さない、真実を明らかにして、イスラエルの正当性を主張する時である。筆者は本書でその正当性を明らかにした。イスラエルの政策と行動を一つひとつ擁護するのではなく、国家として存在する権利、テロリズムから国民を守る権利、境界を敵から守る権利など、基本的権利の擁護である。

現在、平和への「ロードマップ」で二国併存方式が提案されているが、本書で筆者は、随分前からイスラエルが、二国併存による問題の解決を受け入れる用意のあったことを、立証する。そして妥協を排し拒否姿勢を貫いてきたのがアラブ側指導者であったことも、本書で明らかにする。国のサイズ如何を問わず、ユダヤ人を多数派とするユダヤ人国家がパレスチナの一角に存在することを、絶対に認めようとしないのである。筆者は、欠点を含め、イスラエルの現実の姿を紹介したいと思う。

そこは多くの点でアメリカに類似する。イスラエルは多民族の民主主義国家で、活気があり繁栄している。ユダヤ人、ムスリム（イスラム教徒）、キリスト教徒の全国民に対し、周辺のアラブ、ムスリム国家よりも、はるかに良い生活と機会を保証している。

一番の問題が、イスラエルを選びだして非難しながら、ずっとひどい人権侵害諸国には目をつぶる者がいる点で、この人々は国際偏執の廉《かど》を受けるべきである。このような選択的非難は絶対承服できない。イスラエルに対する批判をすべて反ユダヤ主義で片づけるつもりはない。筆者自身、これまでイスラエルの対応を観察してきたが、政策や行政のなかには、批判して然るべきものもあり、筆者ははっきり批判している。イスラエル支持者の大半もそうであり、実質的にイスラエル国民全員がそしてアメリカのユダヤ人の多くがそうである。

しかし筆者は、自国アメリカ及びヨーロッパ、アジア、中東諸国を含め、ほかの国々に対しても批判的である。批判が比較のうえに成り立ち、前後の文脈から観察され、公正であるならば、批判は押さえるのではなく、奨励すべきである。しかし、ユダヤ人国家だけを選びだし、欠点を非難する時、他の国のもっとひどい欠点は無視する時、このような批判は公正の一線を越え醜悪になり、許容域を越えて反ユダヤ的となる。

ニューヨークタイムズのトーマス・フリードマンは、「イスラエル批判は反ユダヤ的ではない。反ユダヤ的と言うのは卑劣である。しかし、事の軽重を考えることもなく、中東のほかの国の行動を一切抜きにしてイスラエルだけを取りあげ、非難と国際制裁の対象にするのは、反ユダヤ的行動であり、はっきりそう言わないのは、不誠実である」と言った＊1。至言である。普遍的とはいわぬまでも世間によくある性格や行動を取りだし、それをユダヤ人だけに備わった特徴として非難するのは、反ユダヤ主義である。

ヒトラーやスターリンがやったのは、これである。一九二〇年代ハーバード大のA・ローレンス・ローウェル総長が、ユダヤ人学生の入学を制限しようとして、「ユダヤ人はだます」ことを制限理由にあげたのは、反ユダヤ主義の一例である。ある著名な校友が、非ユダヤ人でも人をだますとして、反対した。するとローウェルは、「あなたは議論対象を変えている。私はユダヤ人のことを話しているのだ」と答えた。そして今日、ユダヤ人国家だけを障害因として取りだして批判する者は、イスラエルの敵の行動はどうなのだ、何故批判しないと問われると、「あなたは議論対象を変えている。我々はイスラエルのことを話しているのだ」と答える。

イスラエルは、謂《いわ》れの無い非難を受けている。同じような問題に直面しながら、高度の人権を守り、一般住民の安全に最大限配慮しつつ法の支配のもとで行動する国、大きいリスクを負いながら平和に賭《か》ける国は、史上イスラエルをおいては他にはない。本書はこれからこれを立証する。大胆な主張のようであるが、筆者は、事実と数字で具体的に裏付けをする。そのなかには、バイアスのかかった情報源から資料を入手している者が驚くような事実もある。

例えば、イスラエルの司法は、戦時下でも軍事問題に介入し、軍に法の支配を強要する。世界広しといえども、このようなことを許しているは、イスラエルだけである*2。防衛戦で占領した紛争地域を、安全保障上不可欠と分かっていながら、平和と交換に返還したのは、現代史上イスラエルだけである。自国の住民被害と相手側住民被害の比率を考える場合、似たような戦争で相手側比率が小さいのは、イスラエルをおいて他にない。イスラエルを非難する者は、「イスラエルは人権侵害で世界最悪」などと唱えるが*3、その人にそれを裏付けるデータを提示せよと言いたい。提示できないはずである。

最高のものが最悪のものとして非難され、そのもっともらしい非難に根拠がないことが判明すれば、次は非難した者に焦点をあてて考えなければならない。そのような人々は、偏執、偽善の罪はまぬがれない。せいぜいのところ底なしの無知といった位の評価しかない。歴史の法廷に立たなければならないのは、この人達である。ユダヤ民族、ユダヤ教、あるいはユダヤ人国家などユダヤと名のつくものだけを抜きだして、理不尽な非難を浴びせる者も、十把《ぱ》ひとからげで同じ法廷に立たされる。

イスラエルとパレスチナ人の主張については、二国併存による解決が不可避であり、望ましくもある。これが本書の前提である。どのような形にそれがおさまるのか、究極の姿はどうなるべきか等については、もちろん交渉で決まることであるが、キャンプデービッドとタバの交渉（二〇〇〇〜二〇〇一年）失敗、あるいはロードマップ（二〇〇三年）をめぐる論争などで分かるように、結着するまで紆《う》余《よ》曲折があるだろう。ユダヤ人国家とパレスチナ人国家の平和共存という解決策以外には、四つの選択肢しかない。

第一は、ハマスなどイスラエルの存在権そのものを否定する集団（拒否戦線派として一括される）が求める方式。即ち、イスラエルの壊滅、中東におけるユダヤ人国家の完全排除である。

第二は、少数のユダヤ人原理主義者と拡張主義者が求める方式。即ち、ウエストバンク（西岸地域）とガザの永久併合と同地域在住のアラブ住民数百万の追放である。

第三は、かつてパレスチナ人が提唱したが、現在は放棄している方式。即ち、ウエストバンクと隣接アラブ国家（即ちシリアまたはヨルダン）との連邦。

第四は、単一の多民族国家方式。即ち、ユダヤ人国家を事実上パレスチナ国家にとりこむための口実である。

今日この四つの選択肢は、いずれも受け入れられぬものになっている。イスラエル人とパレスチナ人双方の自決権を認める解決法が、それはそれでリスクを伴うものの、唯一合理的な方式である。

あちらを立てればこちらが立たずの難しいジレンマになるなかで、唯一コンセンサスが成立すると思われるのが、アラブ・パレスチナ―イスラエル紛争に対する二国併存方式による解決である。長期に及ぶ紛争をどう平和的に解決するのか。筋道のつく配慮をするのであれば、このコンセンサスから始めなければならない。今日世界の大半は、二国併存方式の解決を支持している。圧倒的大多数のアメリカ国民も然りである。イスラエル国民も随分前からこの妥協を受け入れている。今では、パレスチナ自治政府とエジプト、ヨルダン、サウジアラビア、モロッコ政府の公式路線となっている。

拒否しているのは、イスラエルとパレスチナ人双方の過激派、そしてシリア、イラン、リビアの拒否戦線派であり、イスラエルとウエストバンク及びガザ回廊の全域を永久にイスラエル、あるいはアラブが支配する、と主張する。

ノアム・チョムスキーやエドワード・サイードのような反イスラエルの学者も、二国併存方式を拒否している。チョムスキーは、「そこいらの腐った考えのなかでは一番であろう」と言っているが、「私は良い考えとは思わない」と主張している。昔からチョムスキーは多民族の単一国家方式支持者で、レバノンとユーゴスラビアをモデルにしたものである*4。この二つの国は内部崩壊を起こし、兄弟殺しで見るも無残な状態になってしまった。チョムスキーはこの事実に目もくれない。彼にとって経験より理論が重要なのである。サイードは、イスラエルがユダヤ人国家として存続する解決法には、断固として反対し、「私自身は、二国併存方式の解決を信じない。信じているのは多民族単一国家である」と言っている*5。彼は、チョムスキーと共に、多民族国家を支持する。実現不可能な案で、イスラエル人とパレスチナ人双方が受け入れないであろうから（相手の国を破壊する策略としてなら別であるが）、つくっても双方に受け入れを強要しなければならない。

世論調査による二国併存方式の支持率は、確かに状況により上下する。テロの激しい時は、イスラエル人もパレスチナ人も妥協拒否の傾向を強める。特定の個人は、神まで持ち出して主張するが、それは別として理性的な人々は、イスラエル人とパレスチナ人共に単一国家解決主義を信じないし受け入れもしないことに気付いている。つまるところ、二国併存の妥協は必要であり、正しい道であり、危険かつ痛ましい紛争の建設的解決を話し合う時、これが双方に益をもたらす始まりとなる。

話し合いになれば、双方は、この長期紛争について、それぞれの歴史上の認識にもとづいて領土上の言い分を主張し始めるので、どの時代のどの問題を出発点にするのか、合意しておかなければならない。

国家や民族が紛争状態にある時、自分達の主張や苦しみを最も適格に象徴すると思われる時代から、話を始める。アメリカの植民地開拓者が、イギリスからの分離を求めた時、彼らの独立宣言は「我々の同意なしに税を課し」、「我々のあいだに大部隊を宿営させる」といった〝現国王〟によって「繰り返される被害」と「暴政」の歴史から、話が始まる。分離反対派は、特定の税の支払い拒否、イギリス兵に対する挑発行為など、開拓民が犯した間違いから話を始めた。同様にイスラエルの独立宣言は、「イスラエルの地（エレツイスラエル）がユダヤ民族の誕生の地であり……ここで初めて彼らは国家を建設し……書の中の永遠の書を世界に送りだした」という話を前文とする。一方、最初に出されたパレスチナ民族憲章は「シオニストの占領」から話を始め、「ユダヤ人とパレスチナの歴史的ないしは精神的結びつき」、国連のパレスチナ分割決議、そして「イスラエル国の建国」を拒否する。

イスラエルとアラブ双方の過激派が唱える主張は、込み入って紛糾し、結局のところ歴史的に立証不能の内容で、それをいくら解きほぐそうとしても、双方にとって不毛の論争に終始することになる。もちろん、この地と人口動態の歴史（古代及び近現代）を、おさらいしておく必要はある。理由は簡単である。理性的人間が、同じ基本事実から正反対の結論を引き出すことができるのであり、この現実を理解するためである。もちろん実際には、事実のうちいくつかしか合意されない。大半は紛糾し、一方は真実であると確信し、片方はそうではないと確信する。

この際立った認識の違いは、いくつかのファクターに起因している。双方が認めた事象の解釈の問題である場合もある。例えば12章で扱うアラブ難民。現在イスラエル国となっている所に住んでいたアラブ人数十万は、最早その地には住んでいない。その事実は誰でも認める。正確な人数については議論の余地があるが、大きいくい違いが生じるのは、難民の発生理由である。イスラエルから全員が叩き出されたのか、大半がそうなのか、あるいは一部なのか、あるいはまた追い出されてはいないのか。それとも、アラブ派指導者が求めたので出たのか、それともいくつかのファクターの組合せなのか。難民がイスラエルとなった所に何年住んでいたのか。これも認識が別れる。国連が、ほかの難民とは違う定義をして、わずか二年間住んだ後にその居所を離れた者を、すべて難民扱いにしたためである。

一九四八年の戦争は、アラブ諸国のイスラエル攻撃で始まったが、その戦争の力学と空気を正確に再現するのは不可能であるから、我々が絶対に確実と言えるのは、イスラエルを離れたアラブ人の大半が追い出されたのか、それとも自分の自由意思で出たのか、あるいは移動を繰り返したのは、いくつかのファクターの組合せを経験したためか、誰にも分からぬということである。あるいは自説で相手を説得できないということである。最近イスラエルが、多数の歴史文書を研究者に開示したので、不明点が判明し、新しい解釈も可能になった。しかしそれでも、意見の相違が全部なくなるわけではない*6。

同じことが、一九四八年までアラブ諸国に居住していた八五万のスファラディ系ユダヤ人にいえる。そのほとんどはイスラエルに移住したが、追い出されたのか、自分の自由意思だったのか、あるいは恐怖、機会、宗教上の結びつき等のファクターが組み合って生じたのか。その正確な力学ははっきりとはつかめない。アラブ諸国は歴史記録あるいは公文書を保持せず、保持しても研究者に開示しないので、なおさらである。

双方は相手が違った解釈をすることを認める限り、それぞれ自己本位の話を持ってもいいだろう。時には、事実の解釈ではなくて、用語の定義をめぐる論争もある。例えば、土地割当てに関するアラブの主張が、そうである。それによると、ユダヤ人口は土地住民のわずか三五％にすぎなかったのに、イスラエルはパレスチナの五四％を割り当てられた、と主張する*7。一方イスラエル国民は、国連が係争地を分割した時、イスラエルに割り当てられた地域ではユダヤ人が多数派を形成していた、と強く主張する。これから明らかにしていくが、正確な定義が、相違の溝を埋めることができる。

もうひとつの出発点は、はるか昔の苦しみに関する制限規則を含めることである。ユダヤ人が紀元一世紀にエレツイスラエル（イスラエルの地）から追放された経緯だけに依存することはできない。アラブもまた、一世紀以上も前に起きたと称する事象に依存することをやめ、それを超越しなければならない。制限規則をつける理由のひとつが、時間の経緯に伴い過去の再現が段々難しくなり、政治色の強い記憶が固まってきて、事実にとって代わるからでる。「事実あり、そしてまた真の事実あり」と言うとおりである。

一八八二年に始まる第一アリヤー（十九世紀末になってヨーロッパからユダヤ人難民がパレスチナへ移住するようになり、その移住の第一次に当たる）に先立つ事象については、真実よりも政治、宗教色の強い記憶の方が多い。イスラエル特にエルサレム、ヘブロン、ツファットの聖都には、いつの時代にもユダヤ人は存在し、エルサレムでは何百年もユダヤ人が多数派ないしは過半数を占めていたことを、我々は知っている。十九世紀には、イギリス出身のオーストラリア人が先住民のアボリジニを追い出し、アメリカではヨーロッパ出身者が、先住民がもともと居住していた西部へ流入し始めるが、それより少し後の一八八〇年代にヨーロッパのユダヤ人が、かなりまとまった数で、現在のイスラエルへ移住し始めたことも、我々は知っている。

アメリカ人やオーストラリア人は、征服と恐怖で土地と住民を支配した。それに対し第一アリヤーのユダヤ人は現地住民にそのようなことはしなかった。彼らはオープンかつ合法的に不在地主から土地を購入したのである。その土地の大半は、不毛の地と考えられた所である。オーストラリアに英語を国語とするキリスト教国としての合法性を認め、あるいは西アメリカに合衆国の一部としての合法性を認める者は、イスラエルの地におけるユダヤ人のプレゼンスの合法性に、疑問を呈することなどできないのである。一九四七年の国連分割の前から、国際規約と国際法が、パレスチナにユダヤ人社会が権利として存在することを、認めていたのである。また、紛争の根本は権利対権利であるという前提に立つ時、紛争の理性的討議が許されなければならない。このような紛争は、解決が一番難しい場合が往々にしてある。双方が、自分の主張が絶対正しいと信じており、そのなかで妥協するように説得しなければならないからである。なかには、神の命令をもちだす人が出てくると厄介である。

筆者は、アラブ―ムスリム―ユダヤ史を短くおさらいし、それから、アラブ―ムスリム―パレスチナ―イスラエル紛争を復習するが、特にパレスチナ人指導者の拒否姿勢をとりあげる。一九一七年、一九三七年、一九四八年そして二〇〇〇年と二国併存（ないしは二つのホームランド併存）の解決をすべて拒否してきたのである。一方イスラエルについては、安全な境界内に平和裡に生存しようとする現実的な努力に、焦点を当てる。アラブ側指導者が繰り返しユダヤ人国家を撃滅しようとするにもかかわらず、その努力は続けられている。筆者はイスラエルの過ちを指摘するが、国民の生命財産を守ろうとする真摯な努力（時には見当違いの場合もあるが）のなかで、生じたことである。筆者は、イスラエルが事実上すべての活動で法の支配を守ろうとしている点も言及する。

　筆者は、苦しみを検証するための時間的遡及《そきゅう》には制限を設けるべきと考える。しかし、イスラエルの主張を考えるためには、一定期間の遡及が必要である。何故ならば、大学のキャンパス、メディアその他世界のさまざまな分野で反イスラエルの宣伝が行なわれ、それが、十九世紀末に始まるユダヤ人の移住から国連の分割決議、ユダヤ人国家の建国、アラブ・イスラエル戦争に至り、さらにテロリズムとテロ対策に至るまで、歴史の意図的歪曲をベースにしているからである。「過去を記憶できない者は、罰として過去を繰り返す」という哲学者サンタヤーナの警告に留意して、史実はきちんとしておかなければならない。

　本書の各章は、イスラエル非難の告発で始まり、告発者の意見を引用して、非難内容を紹介する。その次に筆者が、確かな証拠で裏付けられた、厳然たる事実をもって反論する。事実の紹介にあたっては、親イスラエル的情報源に依拠せず、客観的情報源、場合によれば、要点を明確にするため反イスラエル的情報源を典拠とする。

　本書で筆者は、次の諸点を明確に証明する。その証明に疑問の余地はない。第一、イスラエルの行動を判断する際、悪意にみちた二重基準が使われてきたこと。第二、イスラエルが世界でも、指おりのすぐれた国であっても、最悪のなかの最悪国として貶《おとし》められていること。第三、この二重基準は、ユダヤ人国家に対して不公正であるのみならず、法の支配を汚し、国連のような国際機関の信頼性に傷つけた。さらにそれは、パレスチナ人テロリストのテロ行動を助長する。即ち、テロを連発してイスラエルの過剰反応を促し、国際社会による一方的なイスラエル非難を引き起こすのである。

　本書の結論として、筆者は中東の現実を把握しなければ、紛争の本質が理解できないことを論証する。その現実とはアラブの拒否姿勢である。アラブ側指導部は、最初からユダヤ人国家と名のつくものは一切存在を拒否し、抹《まっ》殺しようとしてきた。現在のイスラエルに、まとまった人口をもつユダヤ人社会が存在することすら認めようとしなかった。パレスチナ側研究者の旗手ともいうべきエドワード・サイード教授すら「パレスチナ民族主義そのものが、イスラエル人（ユダヤ人を意味する）の駆逐をベースとしていた」と述べている＊8。これは、単純明快な事実であり、その真偽をめぐって論争になるような話ではない。アラブ人、パレスチナ人指導者の口とペン先から出てくる証拠が、それこそごまんとある。この目的に向かってさまざまな戦術が使われてきた。例えば、ユダヤ人難民のパレスチナ移住史やパレスチナのアラブ人口動態史の改竄《かいざん》がある。無防備のユダヤ人住民をターゲットにするのも、戦術のひとつである。これは一九二〇年代に始まり、一九三〇年代後半から四〇年代前半まではヒトラーとナチのジェノサイド（集団虐殺）を支持し、ピール調査委員会の二国併存提案（一九三七年）、国連の分割決議とその履行（一九四七～八年）に暴力をもって反対した。難民問題を利用する戦術もある。難民を隔離し、危機的状況にたかめ、悪化させ、その危機を利用する。

段階論という戦術もある。イスラエルと併存するパレスチナ人国家構想そのものが、イスラエル撃滅の第一段階なのである。一八八〇年から一九六七年まで、アラブないしはパレスチナ人スポークスマンで、パレスチナ人国家の建設を提唱した者は、事実上ひとりもいない。彼らは、ローマ帝国がパレスチナとして指定した地域が、シリアかヨルダンに編入・併合されることを望んだのである。一九三七年、パレスチナ人指導者として知られるアウニ・ベイ・アブドル・ハディは、ピール調査委員会に「そのような地域は存在しない……パレスチナはシオニストがでっちあげた造語である……我々のこの地域は何世紀も前からシリアの一部である」と言った。そのような認識を持つパレスチナ人達は、ピール調査委員会の提案する独立パレスチナ国を拒否した。提案には併存する形で小さいユダヤ人国家も含まれていたからである。その後も目的は変えず同じであり、ユダヤ人国家を抹殺して、ほとんどのユダヤ人をこの地から排除することにあった。

現在アラブの現実主義者は、この目的が――少なくとも近い将来――達成不可と認識している。望むらくは、現実主義か原理主義に勝利し、パレスチナ人とその指導者が、ユダヤ人国家の存在権を受け入れることで、パレスチナ国家論の論拠が強まることを、認識してほしいものである。パレスチナ人がユダヤ人国家撃滅よりも自国建設を望むようになれば、ほとんどのイスラエル国民は、平和指向のパレスチナ人国家を良き隣人として受け入れ、歓迎するであろう。二〇〇三年六月四日アカバで、「ロードマップ」順行合意が成立し、握手と約束が交わされた。これでいくらか希望が生まれた。二国併存による問題解決――随分前からイスラエルは受け入れていた――は現実のものとなる可能性が出てきた。

筆者は、本書で明らかにしたイスラエルの立場をめぐって、活発な議論が起きることを歓迎する。過激派の論争で偏向した問題について、文脈をきちんと踏まえた誠実な議論が生まれることを、心から願うものである。筆者が到達した結論と史実にもとづく判断について、異議を呈する向きがあるかも知れない。しかし、次の基本事実については、理性的に判断すれば、反対は出てこないだろう。

その基本事実とは、第一、十九世紀末ヨーロッパのユダヤ人が現在のイスラエルへ移動し、同地のスファラディ系同胞と合流したが、彼らが父祖の地へ避難しても、他者からとやかく言われる筋合いはない。パレスチナの一角に取得した土地は不在地主から公正な手段で購入したものであり、額に汗して耕作し、ユダヤ人の郷土を築いたのである。土地購入でフェラフィン（アラブの小作農）の土地流出は極くわずかである。第二、彼らは、国際法にもとづく分割提案を受け入れた。ユダヤ人が多数派を占める地をユダヤ人の国とする提案をのんだのである。第三、文字どおりパレスチナ人指導者アラブ側指導者全員が、ユダヤと名のつく主権（ユダヤ人国家、ユダヤ人のホームランド、ユダヤ人の自治権）を含む解決法に、断固として反対してきた。議論の余地ないこの一連の事実が紛争の基礎を築いたのである。紛争の過程でイスラエルが建国されたが、その紛争は今日まで続いている。この史実をイスラエルの主張の一部として提示することが大切である。不快な歴史の歪曲あるいは、削除が反ユダヤ主張の材料になっているからである。

筆者は、キャンプデービッド・タバ平和交渉を詳しくフォローしていたが、交渉が失敗に終わり、パレスチナ人が再びテロリズムに走ると、世界中の人々が、イスラエルを非難し始めたのである。筆者はこのプロセスを見て、本書の執筆を決意した。二〇〇〇年夏、筆者はイスラエルのハイファ大学で講義をしていた。それで、現地イスラエル人の期待感を肌で感じることができたのである。一九九三年のオスロー合意に始まる和平プロセスは、二国併存方式の解決を受け入れる方向に進んでいるように思われた。多年に及ぶ激しい紛争の後、イスラエルとパレスチナが平和裡に共存する段階に近づいたのである。

和平プロセスが提案をまとめる段階に来たとき、イスラエルのエフード・バラク首相が大胆な提案を行なって、世界に衝撃を与えた。エルサレムを首都とするパレスチナ国家、神殿丘の支配、ガザ全域とウエストバンク約九五％の返還、一九四八年の難民に対する三〇〇億ドルの補償など、パレスチナ人が要求してきたものを、事実上全部提示していたからである。アラファトは、この歴史的提案を一体どうして拒否したのであろうか。当事者間の仲介役を果たしてサウジアラビアのバンダル王子はアラファトに「この提案を受けよ」と促し、「君はもっとよい取引きがあるとでも思っているのか？」とたずねた。まさか君は、バラクよりシャロンとの交渉を望んでいるではないだろうな、とバンダルは念を押した。アラファトはためらった。それでバンダルはアラファトに、「私が前に言ったことを、記憶されていたらいいのだが。この機会を失えば、悲劇どころではない。犯罪行為になる」と厳しい調子で警告したのである*9。

筆者は、アラファトがその犯罪を犯すのを、身震いするような気持ちで見ていた。アラファトはバラク提案を蹴り、代案を示すこともなく平和交渉の場から去ったのである。後にバンダル王子はアラファトの提案拒否を「パレスチナ人に対する、いやこの地域全体に対する犯罪行為」と呼ぶことになる。暴力の再始動で、イスラエル人とパレスチナ人が死んでいく。バンダル王子は、この死の全責任がアラファト個人にあると言った*10。クリントン大統領も、和平プロセスの挫折責任はアラファトにあるとした。交渉に関わった人の大半が同じようにアラファトを非難している。ヨーロッパですら多くの人が、この気前のよい提案を蹴ったアラファトに怒った。世界の世論の支持は大きく転換した。二国併立による解決法を再度拒否したパレスチナ人から、暴力の袋小路を抜ける提案をしたイスラエルへ移ったのである。

ところが、数カ月もたたない内に、国際世論は、再びイスラエルからパレスチナ人へ移ったのである。今度は徹底して厳しかった。イスラエルは突如としてパリア（のけ者）扱いをうけ、ごろつき、侵略者、平和の破壊者などと非難された。大学のキャンパスで、イスラエルだけを狙いうちした投資引揚げとボイコットの請願書が出された。このような仕打ちをされたのは、寛大な提案を行なったイスラエルの方であった。和平プロセスの挫折を批判した知識人達が、かくも早く物事を忘れ去る。一体どうしたのであろうか。世界は、キャンプデービッドのならず者であるアラファトをあっという間に英雄にかえ、英雄的な提案を行なったイスラエルをならず者に変えてしまったのである。世論の認識がかくも短期の間に劇的な変化をとげたのである。一体何が起きたのであろうか。

バンダル王子は、アラファトがバラクの平和提案を拒否した場合に生じる事態を予想したが、筆者はまさにそのとおりになったことを知った。バンダルは「君には二つの選択肢しかない。この条件をのむか。拒否して戦争をするか、選択は二つにひとつ」であると言った。アラファトは戦争の道を選んだのである。パレスチナ自治政府の通信相によると、「ヤセル・アラファト議長の要請により、PA（パレスチナ自治政府）はキャンプデービッド交渉以降インティファダ始動の準備を進めた」のである＊11。

自爆テロのエスカレートの口実に使われたのが、アリエル・シャロンの神殿丘訪問であった。しかしこの通信相は「アラファトは……シャロンのハラム・アッシャリーフ（神殿丘）訪問に対する抗議ではなく、交渉におけるパレスチナ人の揺ぎない不動の立場を補完する段階として、インティファダの勃発を予定した」と述べている。事実、テロのエスカレートは、シャロンの訪問数日前に始まっている。「インティファダに総力をあげよという政治勢力、諸派に対するPAの指示」の一環であった。換言すれば、バラク提案に代わる別の提案を出して「交渉を成立させる不動の信念」を貫く代わりに、アラファトは、自爆テロと暴力のエスカレートという代案を提示したのである。バンダル王子はひとりの報道記者に、「私は……機会を逸した（衝撃の）大きさから、まだ立ち直れない」と述べ、「これまで一六〇〇人のパレスチナ人が死んだ。イスラエル側は七〇〇人の死者を出している。このイスラエル人、パレスチナ人の死は全くの無駄死だ。正当化できない」と語った＊12。

バラクの平和提案を拒否し、部下達に交渉における〝補完段階〟として暴力的インティファダの再発を命じ、避けようと思えば、避けられた無駄死の責任者アラファトが、一体どうやれば、世界の世論をあっという間に親パレスチナ、反イスラエルに変えることができたのであろうか。何故かという大きい疑問に、答が必要と思われた。そして、その答の故に筆者は本書を執筆せざるを得なくなった。

答は二つに分かれる。第一はかなり明白である。つまりアラファトは、絶対に確実なテロのカードを切ったのである。テロリスト外交家として起伏の多い長い道のりで、テロの有効性を何度も確認していた。アラファトは熟知していた。スクールバスの学童、ショッピングセンターに来た妊婦、ディスコで踊る十代の子供達、過越し祭のセデルを祝う家族、大学のカフェテリアで憩う学生など、イスラエルの一般住民をターゲットにすれば、イスラエルに過剰反応を引き起させることができると。イスラエルの選挙民は、まずハト派のエフード・バラクよりタカ派の者を首相に選ぶ。そして軍が行動を起こすように挑発する。軍による対テロ作戦では、どうしても、一般のパレスチナ人の間に死者が出る。それはいつものように完璧にうまくいく。突如としてイスラエルの負のイメージが浮上してくる。群集に向かって発砲するイスラエル兵、検問所で女性をとめる姿、あるいは一般民を殺すイメージである。ある外交官が指摘したように、アラファトは「苦痛の冷然たる計算をマスターした」男で、「パレスチナ人の被害は彼らに有利に働き、イスラエル人の被害も彼らに有利に作用する。非暴力は割りに合わない」ことを知っているのである*13。

　多くの人にとって、単なる数字で充分であった。イスラエル人よりパレスチナ人の死者数が多い。それはイスラエルがごろつきである有力な証拠とされる。〝わずか〟八一〇人のイスラエル人しか殺されなかったものの、パレスチナ人テロリストはもっと何千人も殺そうとしたのであり、イスラエル当局が実行過程中のテロの約八〇％を阻止したので、その死者数にとどまったのであるが、そのようなことは完全に無視される*14。

　無視されるのは、二〇〇〇人前後の死者数の構成も然りである。そのなかには、自爆犯、爆弾製造者、爆弾投擲者、パレスチナ人から殺された〝対敵〟協力者など数百人が含まれる。事件に関係のない無辜《むこ》の住民だけを算えれば、パレスチナ人よりイスラエル人の死者数がずっと多い*15。同じような暴力に見舞われ、数十年もテロと戦ってきた国は、いくらもある。しかしイスラエルによる無辜の住民の殺害数は、どの国よりも少ない。さらに、この悲劇的死は、意図せざる死であり、対テロ戦の過程で巻添えになった死である。

　それでは何故、国際社会で、あれほど多くの人が、アラファトの見えすいた策略にはまってしまったのであろうか。バンダル王子などは非難しているのに、外交官、メディアの解説者、学生、政治家、宗教指導者は、何故、アラファトの暴力エスカレートを非難しないのであろうか。イスラエルになると、途端に非難するのは何故か。聖職者や道徳家は、無辜の住民を意図的にターゲットにする者と自国民を守る過程で過失によって無辜の住民を殺した者との間に、はっきりと一線を画する。それなのに、イスラエルを扱う段になると、何故この大事な線を引かないのであろうか。パレスチナ指導部が死の算術を利用し操っているのに、彼らは何故理解しないのであろうか。死体の数だけを算えるのではなく、その先にある倫理上の算定はできないのであろうか。双方の意図的攻撃でそれぞれ無辜の住民が何名犠牲になっているのか。何故それを考えないのか。

　この不可解な問題に対する答を探し求める過程で、暗黒の力が作用していることが、次第に明らかになった。短期間の内に、世論の認識が劇的に変わってしまうのは、論理的、倫理的、法的いや政治的原則からは、説明できないのである。イスラエルがユダヤ人国家であり、世界諸国の中の〝ユダヤ〟であるというのは、答の一部である。イスラエルの寛大な平和案に対し、パレスチナ人がこの提案に暴力をもって応じたことに対し、世界は実に奇怪な反応を示した。これを完全に理解するには、ユダヤ人を格段に厳しい別の基準で扱い、判断してきた世界の歴史を考える必要がある。

　ユダヤ人国家についても然りなのである。世界初の近代ユダヤ人国家として建設されてからすぐに、イスラエルは、特異な二重基準で扱われ、判断されるようになった。国家の存在に関わる脅威から防衛し、国民の生命財産を守る行為に対して、他の国に対する物差しとは違う基準で批判されるのである。

　本書は二つのテーマについて扱う。第一はイスラエルに対する不公平の実態、第二は、それよりもさらに重大な問題、即ち、この不公平が、パレスチナ人などによるテロリズムを助長する結果となっている問題である。

　本書のトーンが時に喧嘩腰に響くとすれば、現在イスラエルに浴びせられている非難が、声高で一切の妥協を排し、一方的でかつ誇張されているからである。「ナチ同然」とか「ジェノサイド」あるいは「世界最悪の人権侵害国」などと、まさに罵《ば》詈《り》雑言である。故意に偽ったこの非難には、真実をもって答え、きちんと対応しておかなければならない。悪いことを相互に認め合い、妥協の姿勢を示す前に、この作業が必要である。

　問題は冷静な議論で検討すべきであるが、現在見られる議論は、特に大学キャンパスにおいては、喧嘩腰で聞く耳を持たぬ一方的な非難が、イスラエル鬼畜化を目論む者によって行なわれている。その非難に対しては、イスラエルの擁護者が歯切れの悪い対応しかしないため、認める形になる場合が多く、非難者におもねるような言いわけになっている場合もある。

双方がそれぞれ自分の過ち、非難されても仕方のない行為を互いに認め合い、紛糾しあう状況を乗り越えて、妥協の道を進む時、初めて平和への前進が可能となる。さまざまな場で行なわれている討論は、偽りにみちた一方的かつ誇張した非難で汚染されている。妥協に通じる環境は、この汚染が一掃されない限り、形成されない。

本書の目的は、虚偽にみちた非難に、真実を直接ぶつけて論破し、汚染された空気をきれいにすることにある。この論破のトーンは、非難のトーンを反映して、必然的にきつい表現になる場合もある。これまで筆者は著作、講演及び授業で歯に衣《きぬ》着せないやり方を通してきた。相手におもねり、あれこれ思案したりはしない。相手に気分の悪い思いをさせることもある。虚偽にみちた非難、偏執的行動をとる者が、気分の悪い思いをしても当然である。筆者は、本書でこのやり方を通すつもりである。

虚偽と偏執に汚染された空気が一掃されるならば、イスラエルとパレスチナ側のそれぞれ特定の政策について、もっと陰影に富んだ討論が開始できる。本書はその討論ではない。一連の問題について筆者は自分の見解を持っているが、本書はその前の段階でとどめてある。イスラエルだけが抜き出されて、最低の人権蹂躙国として理不尽な非難にさらされている時、真実と公平を旨とする人間がまずやるべきことは、この非難をあいまいにしておかないで、はっきりと論破することである。

筆者は、市民的自由の擁護者でリベラル派であるのに、一体どうしてイスラエルを支持できるのか、とよく質問される。この質問の意には、このような〝抑圧的〟国家を支援するには、原理原則をまげているに違いないという意味が含まれている。筆者は、自分が市民的自由の擁護者でリベラル派であるが故に、イスラエルを支援しているのである。

筆者は、政策が法の支配を侵す時は、イスラエルを批判しているし、不正規兵が一般住民を殺した一九四八年のデイルヤシン事件、ファランジスト民兵がパレスチナ人を殺した一九八二年のサブラ・シャティラ難民キャンプ事件、あるいはバルーフ・ゴールドシュタインが礼拝中のムスリムを殺戮した一九九四年のヘブロン事件など、イスラエル人やその同盟者が犯した言語同断の行為を弁護しようとも思わない。ほかの民主主義国家と同じように、イスラエルとその指導者は、その行動が許容し得る基準をみたさなければ、批判されて然るべきである。しかしその批判は、状況に対応した観点で、前後の文脈を踏まえ、他と比較した相対的なものでなければならない。さらにそれは、他国にも適用される同じ基準でなければならない。

筆者は、リベラル派で、市民の自由擁護の立場で、イスラエルの主張を明らかにしたが、保守派も保守主義の価値観にもとづいて、イスラエルを支持すべきであると思っている。筆者は、原理原則をまげるようなことを誰にも求めていない。筆者は、ほかの国や国民に適用している道義と正義の同じ物差しをユダヤ人国家にも適用して欲しい、と言っているだけである。

善意の人々が同じ基準だけを適用するのであれば、執筆するまでもない。しかし、余りにも多くの人々が、イスラエルには別枠の厳しい基準を押しつけている現状から、事情を精査して、理性的に判断すれば、イスラエルが平和、公正、正義そして自決を尊重する善意の人々の支持――もちろん無批判の支持ではない――を得るにふさわしい国であることを、明らかにする次第である。

ケース・フォー・イスラエル　中東紛争の誤解と真実

1章　イスラエルは植民地主義、帝国主義国家か？

告　発

イスラエルは、アパルトヘイト国家の南アフリカと同類の植民地主義、帝国主義、入植者国家である。

▼イスラエル全域を含むパレスチナは占領状態にある。植民地主義と人種主義を撲滅し、単一の主権国家として、パレスチナ人に戻してやらなければならない。はっきり言えば、シオニスト国家は解体しなければならない（南アフリカ・イスラム団結会議全国委員長イマム・アフメド・カシーム＊2）。

告発人

▼（パレスチナのユダヤ人国家は）帝国主義列強の私生児として生まれ、パレスチナ社会の住民大多数を追い出し、あるいはその一部をアパルトヘイト国家に組みこんで出現した国である。さらに、誕生後イスラエルは、隣人といつも戦争状態にある。軍国主義、拡張主義、覇権主義国家としてしか存続できない（ノースイースタン大学経済学教授M・シャヒード・アラム＊1）。

真　実

イスラエルは、主に難民とその子孫で構成され、難民が民族自決権を行使して生まれた国である。一八八〇年代、現在のイスラエルへ移住したユダヤ人は、人種迫害の犠牲者であり、植民地主義のヨーロッパと中東・北アフリカのムスリム（イスラム教徒）諸国の苛烈な反ユダヤ主義から逃れてきた難民であった。

大英帝国、フランス、オランダ、スペインなどの帝国主義国家の場合、入植者達が植民地をつくり、国家の拡張主義的通商に従事し、軍事目的に沿って行動した。これと違ってユダヤ人難民は、何世紀も彼らを迫害してきた国から逃れた人々であった。このユダヤ人難民は、宗教上の迫害を逃れて、アメリカへ移住したイギリスの清教徒（あるいは後代のヨーロッパ人移住者）に近い。十八世紀から十九世紀にかけてインドを植民地化したイギリスの帝国主義者や北アフリカを植民地化したフランスのコロン（入植者）あるいはインドネシアを植民地化したオランダの拡張主義者とは、全く違うのである。

立証

　十九世紀末パレスチナに移住したユダヤ人難民をヨーロッパ帝国主義の〝手先〟などと愚かな主張をする人達がいる。しかしその人達は、「この社会主義者、理想主義者が、一体〝誰のために〟行動したのだろうか」、「憎むべき帝政ロシアや、ポーランドあるいはリトアニアの反ユダヤ人種主義政権の御旗をたてて行動したのだろうか」という問いに答えなければならない。この難民達は、ポグロム（ロシアのユダヤ人迫害）と宗教上の偏見に苦しみ、その苦しみを与えた国から逃げたのであり、その国との関わりは、一切ごめんという気持ちであった。彼らは、パレスチナに来たとき、帝国主義の武器など持っていなかった。銃などの征服手段は携帯せず、手にするのは鍬《くわ》や熊手などの農具であった。彼らの耕作する土地は、正当な持ち主から力で奪ったわけではない。植民地法で没収したのでもない。土地は主に不在地主や不動産業者から、法外な値段になる場合がままあったが、まずは妥当な値で購入したのである。

　哲学者マルティン・ブーバーは、パレスチナ人の権利を強く擁護する人であったが、一九三九年に出したガンジー宛書簡で「我々の開拓者は、西洋の入植者と違って、先住民に仕事を肩代りさせることはなく、自らすきで畑を耕し、不毛の地を沃土《よくど》に変えるべく心血を注ぎ、額に汗して働いている」と述べている*3。彼らが耕す土地は、石油や金などの天然資源があるわけではなく、通商ルートとして戦略的な位置を占めているわけでもなかった。そこは、ユダヤ人にとって宗教上歴史上そして民族とのつながりを持つために重要であったが、世界の後進地にあり物質的には資源に乏しい、不動産としては無価値の地域であった。

このユダヤ人労働者は、皆が考える典型的な帝国主義者とは明確に異なる。彼らは抑圧的政権から父祖の地へ逃げ、新しい生活を始めようとする人々であった。そこは、先祖が居住し、やがて追放の憂き目にあった歴史の地であった。

さらに、イギリスの歴史家ポール・ジョンソンが資料で証明したように、植民地主義列強は、あの手この手を使ってユダヤ人の郷土建設を阻止したのである。ジョンソンは、「欧米では外務省や国防省そして大企業まで、どこでも反シオニストであった」と述べている*4。新しい生活を始めるためパレスチナに来たユダヤ人難民は、民族自決権をかちとるために、トルコ、イギリスそして汎アラブ帝国主義をのりこえなければならなかった。

イスラエルは帝国主義国家ではないし、植民地主義国家でもない。その経歴もない。それをはっきりと証明するため、ヨーロッパからの初期ユダヤ人難民史を手短かにたどってみる必要がある。

難民がパレスチナに移住すると、そこにはスファラディ系ユダヤ人が何世紀も前から住んでいた。その移住（アリヤーと呼ばれた）の第一波（第一アリヤー）は、一八八二年に始まり一九〇三年に終わるが、同じ頃アメリカへ渡った東ヨーロッパのユダヤ人移民と、多くの点で大差がなかった。それは大量移民の時代で、世界中で特にヨーロッパの過密都市から多くの人が新天地に移住した。アイルランド人、イタリア人、ギリシア人、ドイツ人、ポーランド人、ユダヤ人、中国人、日本人、カリブ人が、より良き生活を求めて、出生地から遠く離れたアメリカ、カナダ、南アメリカ、オーストラリア、その他就業の機会があり自分の才能をのばせる国へ移住した。それは、人口移動の時代であった。

東ヨーロッパから、約一万のユダヤ人がパレスチナへ移住した。同じ時期に百万近いユダヤ人がアメリカへ渡っている*5。第一アリヤーのユダヤ人の大半は、パレスチナにおけるユダヤ人国家の建設に現実的な期待を抱いてはいなかった。一八八二年に著書で『自力解放』を提唱したレオ・ピンスカーのようなユダヤ人知識人もいるにはいたが、ユダヤ人国家を提唱する政治運動は十九世紀末まで存在しなかった。それが登場するのは、第一アリヤーの終りに近い一八九七年、テオドル・ヘルツェルが第一回シオニスト会議を、スイスのバーゼルで開催した時である。

第一アリヤーのユダヤ人達は、一八八二年にマニフェス

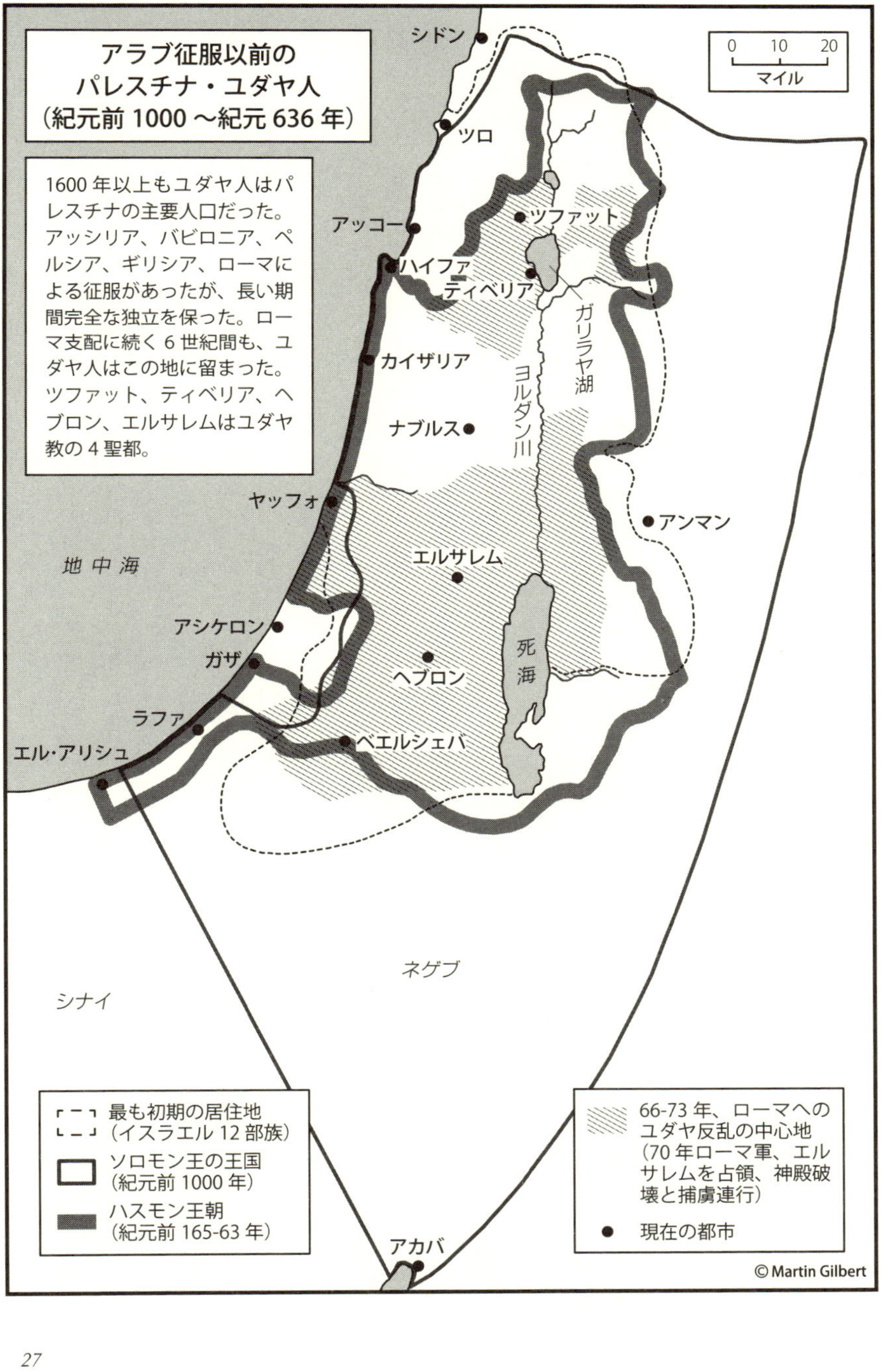
アラブ征服以前の
パレスチナ・ユダヤ人
（紀元前 1000 〜紀元 636 年）
1600 年以上もユダヤ人はパレスチナの主要人口だった。アッシリア、バビロニア、ペルシア、ギリシア、ローマによる征服があったが、長い期間完全な独立を保った。ローマ支配に続く 6 世紀間も、ユダヤ人はこの地に留まった。ツファット、ティベリア、ヘブロン、エルサレムはユダヤ教の 4 聖都。
0 10 20
マイル
シドン
ツロ
アッコー
ハイファ
ツファット
ティベリア
ガリラヤ湖
ヨルダン川
カイザリア
ナブルス
ヤッフォ
アンマン
地中海
エルサレム
アシケロン
ガザ
ヘブロン
死海
ラファ
ベエルシェバ
エル・アリシュ
ネゲブ
シナイ
アカバ
最も初期の居住地
（イスラエル 12 部族）
ソロモン王の王国
（紀元前 1000 年）
ハスモン王朝
（紀元前 165-63 年）
66-73 年、ローマへのユダヤ反乱の中心地
（70 年ローマ軍、エルサレムを占領、神殿破壊と捕虜連行）
現在の都市
© Martin Gilbert

トを出した。そのなかで彼らは、近年のポグロムや、ヨーロッパのユダヤ人社会を壊滅寸前においこんだ昔の異端審問に触れている。しかし必ずしも国家建設を望んではいなかった。望んだのは〝我らが国家のなかの家〟である。それは恐らく〝大きな国家のなかの国〟くらいの意味で、自分達の〝市民権と政治的権利〟を持つことができると共に、さしせまった状況の時は〝兄弟イシュマエル（訳注・「アラブ人」を指す）を助ける〟ことができる場所、としての認識である。

シオンへ戻った第一アリヤーのユダヤ人の大半は、アメリカに安全な避難地を求めたユダヤ人のように、差別や、生命に危害を及ぼす物理的脅威を受けることなく、平和裡に生きるところを求めたのである。彼らには当然その権利があった。父祖の地パレスチナは、いくつかの重要な理由により、適切な地と思われた。パレスチナには、どの時代にもかなり大きいユダヤ人社会があった。理由のひとつがこれであった。

歴史家は、ヘブライびとが今日のイスラエルへ来たのは紀元前二千年頃である、と信じている。ヨシュアのもと、後代にはダビデ王とその後継者のもとで独立したヘブライ王国が存続した。歴史学者マーチン・ギルバートによると、「ユダヤ人は一六〇〇年以上もパレスチナ（後年ローマ人が名付けた名称）の定住地人口の大半を占めていた」のである*6。独立ユダヤ人国家は、バビロニア、ペルシア、ギリシアに次々と征服された後、紀元前一六八年に国家として復活した。しかし紀元前一世紀になるとローマの実効支配下におかれる。紀元七〇年そして一三五年にユダヤの反乱が発生したが、ローマはこれを弾圧し、非ユダヤ化を目的として、ジュディアをパレスチナと改称した。かつて沿岸地帯に居住していたペリシテびと（フィリスティン）の名をとったのである*7。この後ローマ、十字軍そして一部のムスリムは、執拗にユダヤ人をパレスチナから一掃しようとしたが、どの時代にも数千、数万のユダヤ人が居住し、聖なる町、特にエルサレム、ツファット、ティベリア及びヘブロンのユダヤ人社会を守り続けた。ガザ、ラファア、アシュケロン、カイザリア、ヤッフォ、アッコー、エリコにもユダヤ人社会があった。

紀元七世紀の頃エリコに居住していたユダヤ人のなかには、イスラムの開祖ムハンマドのユダヤ人虐殺の生残りもいた。アラビア半島の二つのユダヤ人部族が虐殺対象となり、生残りの難民が逃げてきたのである。ハイバルのユダヤ人は、預言者ムハンマドの登場まで隣人のアラブ人と平和的に共存していたが、「ムハンマドは、打ちのめされたユダヤ人達に無慈悲な残虐行為をもって罰し」、ユダヤ人の男女、子供を虐殺した。「ハイバルのユダヤ人は、（性的に）汚れのない家族生活を誇りにしていたが、（火刑をまぬがれた）女性と女児は、征服者達の間で分配され、売りとばされた」のである＊8。預言者ムハンマドの剣を辛くもまぬがれたユダヤ人は、「アラビアに二つの宗教があってはならない」とする預言者の命令によって、アラビア半島残留を禁じられた＊9。生残りの多くはパレスチナに逃れ、当地のユダヤ人社会と合流した。当地のユダヤ人も、ローマ時代後のキリスト教による迫害から逃れた難民であった。

十一世紀、十字軍がムスリムもろとも多数のユダヤ人を虐殺した。しかしその後すぐに、フランス、イギリスから、そしてしばらく時をおいてスペイン、リトアニア、ポルトガル、シチリア島、サルディニア、ロードス島及びナポリからユダヤ人が来て、ユダヤ教学の学びの舎と商業施設をつくり、社会を再建した。それ以来パレスチナにかなりの数のユダヤ人が居住し、その社会が連綿として続いた。それを裏付ける資料も沢山ある。

一五一六年、オスマントルコ帝国がパレスチナを占領した。その時点でツファット地区だけで約一万人のユダヤ人が居住していた。イギリス政府の調査報告によると、十六世紀には、「ユダヤ教学の一中心地であるツファットに、一万五〇〇〇人のユダヤ人が住んでいた」のである＊10。エルサレム、ヘブロン、アッコーその他の地域にもユダヤ人社会があった。十九世紀に初めて人口調査が行なわれたが、エルサレムは、当時すでにユダヤ人が多数派を占めており、以後その状況は変わらない。イギリスの駐エルサレム領事によると、エルサレムのムスリムは「全人口の四分の一を超えるか超えぬ程度」であった＊11。エルサレムは、第一アリヤーのずっと前から、ユダヤ人主流の都市であった。

十九世紀中頃、ヨーロッパのユダヤ人による第一アリヤーの三〇年も前であるが、ユダヤ人社会は、北のツファット、ティベリアその他の地域にもあった＊12。一九〇九年海岸の砂丘にヨーロッパのユダヤ人が建設したテルアビブは、建設以来ユダヤ人主流の都市である。

パレスチナはどの時代にもユダヤ教学、ユダヤ教神秘主義の研究の一中心地であり、ヨーロッパのユダヤ人達は、当地のユダヤ教学の施設に寄付を行ない、日々シオンへの帰還を祈った（帰還は、もともと宗教的表明であり、政治性を帯びていなかった。それゆえにキリスト教の文献に繰り返し出てくるのである）。第一アリヤーのユダヤ人は、大半が徹底して世俗派の人々ではあったが、シオンへの愛は神学の境を越えていた。それは、ユダヤ人の歴史を貫く重要な要素であった。パレスチナの外に居住するユダヤ人は、ディアスポラ（離散を意味するギリシア語）とか離散の民と呼ばれた。この地から数えきれない程多くの先人達が、力ずくで追い出されたが、ユダヤの民はその地への帰還のこころざしを捨てたことはない。

　ヨーロッパのシオニストがパレスチナへ移住するずっと前、地元生え抜きのユダヤ人達は、宗教的憎悪に発するポグロムや、その他さまざまな形態の暴力にさらされていた。一八三〇年代パレスチナがエジプトの支配下にあった頃、ユダヤ人達がムスリムの狂信者達に惨殺された。ムスリムが偏執的であっただけで、殺す理由などない。一八三四年、エルサレムのユダヤ人家屋が「略奪され、女性達が犯される事件が起きた」＊13。その年の後半には、ヘブロンのユダヤ人達が虐殺されている。第一アリヤーの四〇年前にあたる一八三九年、イギリスのウィリアム・ヤング領事が、血も凍るような状況を本国の外務省に報告している。以下エルサレムのユダヤ人が味わっていた状況である。

> 今週、知事がユダヤ人地区に対して布告を出した件に関し、お伝えする義務があると考え、報告します。知事は、祈りたい者はシナゴーグへ行けと命じ、自宅で礼拝するものには、厳しい体罰を加えると布告しました……
>
> 　ユダヤ人男女に対する、極めて非人間的な刑罰の事例も、報告する義務があると思われます。ユダヤ人地区のある建物が泥棒にあいました。そこは隔離病院で、管理人がユダヤ人でした。知事の前に引き出されたそのユダヤ人は、盗難の関与を否定し、事情も分からないと言いましたが、知事は自白を強要し、本人は散々殴打された後監禁されました。翌日、再び知事の前に引き出され、今度は真赤に焼けた鉄棒を顔面などに押しつけられ、さらに内臓がたれさがるまで、下腹部を痛めつけられました。かわいそうにこの人は翌日死亡しました。この人はサロニカ出身のユダヤ人で、二十八歳くらいの青年でした。当地へ来て間もない頃で、つい一週間前私の事務所へ相談に来たばかりでした。
>
> 　フランスの旅券を持つユダヤ人青年も、疑いをかけられました。本人はどこといって特徴のない平凡な人でし

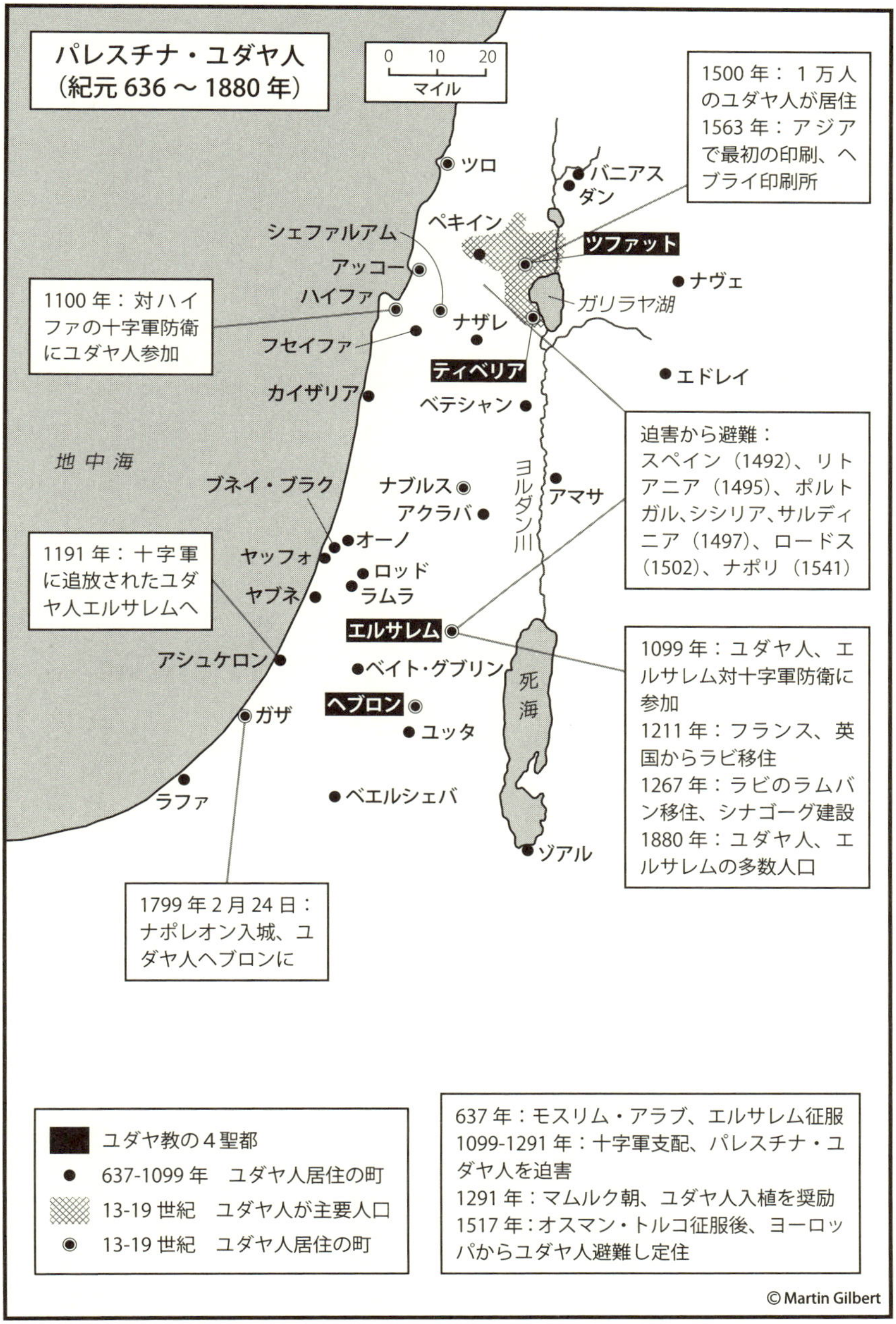
パレスチナ・ユダヤ人
(紀元636〜1880年)
0 10 20
マイル
1500年：1万人のユダヤ人が居住
1563年：アジアで最初の印刷、ヘブライ印刷所
ツロ
バニアス
ダン
ペキイン
シェファルアム
ツファット
アッコー
ナヴェ
ハイファ
ガリラヤ湖
1100年：対ハイファの十字軍防衛にユダヤ人参加
ナザレ
フセイファ
ティベリア
エドレイ
カイザリア
ベテシャン
迫害から避難：
スペイン（1492）、リトアニア（1495）、ポルトガル、シシリア、サルディニア（1497）、ロードス（1502）、ナポリ（1541）
地中海
ヨルダン川
ブネイ・ブラク
ナブルス
アマサ
アクラバ
1191年：十字軍に追放されたユダヤ人エルサレムへ
オーノ
ヤッフォ
ロッド
ヤブネ
ラムラ
エルサレム
1099年：ユダヤ人、エルサレム対十字軍防衛に参加
1211年：フランス、英国からラビ移住
1267年：ラビのラムバン移住、シナゴーグ建設
1880年：ユダヤ人、エルサレムの多数人口
アシュケロン
ベイト・グブリン
死海
ヘブロン
ガザ
ユッタ
ラファ
ベエルシェバ
ゾアル
1799年2月24日：ナポレオン入城、ユダヤ人ヘブロンに
ユダヤ教の4聖都
637-1099年　ユダヤ人居住の町
13-19世紀　ユダヤ人が主要人口
13-19世紀　ユダヤ人居住の町
637年：モスリム・アラブ、エルサレム征服
1099-1291年：十字軍支配、パレスチナ・ユダヤ人を迫害
1291年：マムルク朝、ユダヤ人入植を奨励
1517年：オスマン・トルコ征服後、ヨーロッパからユダヤ人避難し定住
© Martin Gilbert

たが、逃げました。すると、本人の母親が、かなり年配の婦人でしたが、息子を隠した疑いで逮捕され、縛られたまま、見るも無惨な方法で、殴打されました……

同情を禁じ得ません。知事が自ら手を出し、かくも残酷に振舞うのは、驚きであります。一見したところ、知事はこのような無茶苦茶な非人間的行為とは無関係の人に見えるのですが。しかし、相手は、友人もいなければ保護もうけられないユダヤ人です。見せしめには手頃なのです。十九世紀であっても哀れなユダヤ人が、日々恐怖のなかで生きているのは、理由なきことではない、というわけです*14。

ユダヤ人は、償いを求めることもできなかった。領事は次のように報告している。

惨めな犬と同じように、自分の前を横切ったといっては蹴られ、文句を言えば手錠をはめられます。償いを求めることなど、恐ろしくてできないのです。もっと悪いことになるからです。不服を申し立てれば仕返しされるので、じっと我慢したほうがよい、と考えるのです*15。

数年後、領事はエルサレムでユダヤ人にふりかかった別のむごたらしい事件を目撃する。「狂信的住民の獰猛《どうもう》な憎悪と無知と偏見」が「貧困にうちのめされたユダヤ人社会の無力、政治的物理的な自衛力の欠如」と重なり合った事件である*16。

これは、近代シオニズム運動が誕生し、ヨーロッパのユダヤ人が移住するようになる半世紀前の話である。パレスチナのユダヤ人社会は、歴史上何世紀も続いてきた先住民社会であり、アラブやムスリムと同じ居住権利を有し、彼らと同じように公平に扱われて然るべきであった。この先住民社会がひどい目にあうのは、ムスリムの偏執的宗教心のためである。

宗教的偏執に起因する暴力で、パレスチナでの生活は耐えがたいものがあった。先住のユダヤ人難民社会は、抵抗する力がなかったが、これから見ていくように、抵抗できるようになるのは、ヨーロッパのユダヤ人が、パレスチナのスファラディ系同胞と合流するようになってからである。パレスチナの先住ユダヤ人社会は、ムスリムやキリスト教徒と少なくとも同じ居住権、存在権を有するはずであり、宗教上の差別と犠牲から保護されて然るべきであった。ヨーロッパの同胞が、自衛手段を導入して、先住同胞に保護の手をさしのべたのは、当然といえば当然であった。

東ヨーロッパからパレスチナへ移住したユダヤ人は、多くの点でアメリカへ移住したユダヤ人と似ていた。共にヨーロッパの反ユダヤ主義から逃れた難民であり、昔ながらの宗教的偏執がないところで新しい生活を始めようと考えた人々であった。しかし、違いもある。イスラエルの地へ移住した者のなかには、イデオロギー上の理由を持つ人々がいたが、アメリカへ渡った人々は、〝ゴルデナ・メディナ〟（黄金の国）をめざした。現実的な考慮（経済上の機会、政治的自由、宗教上の平等、家族の再結合）である。

アメリカに渡ったユダヤ人は、当地のユダヤ人社会に移り、共同体の施設をつくった。両親はイディッシュ語を日常語として使い続け、子供達は英語をマスターした。彼らは、ほかの移民集団と同じように、差別と搾取を経験したが、やがて経済、政治そして社会的にも主流派に統合されていく。

第一アリヤーのユダヤ人は、十九世紀末のパレスチナで、全く違った現実に直面した。彼らも自分達の社会をつくり、共同体施設をたて、古代言語のヘブライ語を話し言葉として復活した。しかし二つの社会の統合となると、それを望むユダヤ人あるいはアラブ人にとって、実現可能な課題ではなかった。アラブの強盗団が、非武装無防備のユダヤ人開拓地を襲撃し、あるいはヨーロッパのユダヤ人がこれ以上パレスチナへ避難地を求めて来ないよう、移住阻止の動きもあった。アラブ側指導者のなかには、ユダヤ難民を歓迎し、アラブ人住民に雇用機会を与えるとみる者もいたが、多くの者は、非ムスリムや非アラブ人の移住を阻止しようと考えた。

アメリカでは、ユダヤ人移民は非ユダヤのアメリカ人と肩を並べて働き、生活できるようになった。しかしアメリカと違ってパレスチナでは、ユダヤ人難民は個別の社会をつくり、自分の土地を耕し生きていかなければならなかった。

後年ピール調査委員会が結論を下したように、ムスリム指導者の教唆《きょうさ》扇動による反ユダヤ偏見のために、融合、統合は不可能であった。

イシューヴ（帰還や共同体の意）の初期段階は、確信にもとづく政治ないしは民族主義運動ではなく、難民の移住であった。もっとも、第一アリヤー（恐らくそれよりも前の段階で）の時代に、初期移住者によって政治シオニズムの種がまかれてはいる。シオンへの帰還の願いが、一部には移住の動機になっていたからである。

ヨーロッパのユダヤ人難民が第一の波となってパレスチナへ移住していた頃、イエメン、イラク、トルコ、及び北アフリカのムスリム諸国からも、ユダヤ人難民がパレスチナへ移住を始めた。このアラブ出身のユダヤ人達は、政治シオニズムを知らない人々であった。彼らは、トルコ政府がユダヤ人のパレスチナ移住を許可している（あるいは見て見ぬふりもしている）と聞いて、迫害を逃れて郷土へ戻ったのである。

パレスチナへ移住したユダヤ人難民の現実とその歴史を見れば、イスラエルが植民地主義国家とか帝国主義国家という主張は、こじつけもはなはだしいことが分かる。自分達に都合のよいように、言語を恣意的に使う典型例である。

2章　ヨーロッパのユダヤ人がパレスチナ人を追い出したか？

告　発

パレスチナに来たヨーロッパのユダヤ人が、パレスチナ人を先祖伝来の土地から追い出した。

告発人

▼ユダヤ人が我々の土地を盗んだ。我々にどうしろと言うのだ。そのまま立ち退きなさいと言うのか？（カイロ・アズハル大学比較宗教学教授モハマド・アブライラ、「自爆者は〝殉教者〟」の自爆擁護論から＊1）。

▼ユダヤ人はアラブ人をさげすむ。ユダヤ人はパレスチナ人をさげすむ。だからアラブの土地とパレスチナを盗んだのである（〝テルアビブ爆撃は偉大な行為――イラク大統領、閣議石油の輸出停止を承認〟、二〇〇一年六月一日付発表声明）

▼シオニスト達は……パレスチナにおける植民地主義、入植者国家の建設計画を思いつき、帝国主義列強の背後でこの計画に着手し、戦争、虐殺、人種浄化をやって実行した。カナン人のルーツは、イザヤ、エゼキエル、ダビッド、モーセよりも古いのに、シオニスト達は、その伝統をうけ継ぐパレスチナ人から最後の一片まで権利と遺産を奪いとるべく、着々とその計画を進めた（M・シャヒード・アラム＊2）。

▼さてこの点について私は、パレスチナ人がパレスチナ固有の人民である、と言いたい。彼らは、アブラハムが足を踏み入れる何千年も前に、パレスチナ領に来て住みつい

たセム族の子孫である……我々パレスチナ人はその子孫であり、パレスチナ固有の住民なのである……そして今我々は、ユダヤ人、イスラエル人が、土着の住民である我々より歴史も浅く、根本的なゆかりもないのであるが、パレスチナに歴史的関係を持つ、と認めた。これは我々の譲歩である（ハイデル・アブデル・シャフィ、パレスチナ平和交渉団長、現在無所属の活動家＊3）。

▼このように、民族自決を主張する民族集団が二つある。ひとつは、土着集団で、多数の人が追放され、あるいは叩き出されて、残留の人がいる状態である。もうひとつが、最初はヨーロッパ、後になって中東その他の地域から来たユダヤ人入植者である。このように、土着の集団、移民とその子孫から成る集団の二つがある（ノアム・チョムスキー＊4）。

真実

第一アリヤーでヨーロッパのユダヤ人が移住したパレスチナは、当時非常な人口希薄地で、ユダヤ人が入植した土地は、主として不在地主と不動産業者から購入した土地であった。

パレスチナは、ユダヤ人の歴史と思想、宗教に密接な関わりがあるため、ユダヤ人難民にとってふさわしい土地であったが、それに加えて、移住する——彼らの言葉を借りれば帰還する——土地の人口動態上からも適切なところであった。

一八六七年パレスチナを訪れた米人作家マーク・トゥエインは、次のように書いている。

（エズレルの）谷には、動くものは何もない。気の滅入る風景だけである。ちゃんとした村はどこを見ても一つもない——三〇マイル四方、どちらを向いても存在しない。ベドウィンの小さなテントが、二、三あるだけ、耐久家屋は一軒も見あたらない。人影もまれで、あちこち一〇マイルほど馬を乗りまわしても、一〇人足らずの人間に出会うのが関の山だろう……わびしい気分に浸りたいのなら……ガリラヤ地方へ行けばよい……住民は絶え、荒野と化した地。どこまでも続く赤茶けた不毛の大地……カペナウムの物悲しい廃墟、うらぶれたティベリアの村、墓石の如くに立つ六本の棕櫚《しゅろ》椰子のもとに眠る村……我々は無事タボール山に着いた……途中ひとりの人間にも会わなかった。

ナザレは、見捨てられたようなみじめな所……呪われた町エリコは、廃墟のなかに眠る。三千年を経た今なお、ヨシュアの誓いは働いているのだ（ヨシュア記六・二六）。ベツレヘムとベタニア、救世主がおわしました栄光の町も、今はその面影すらなく、貧困と汚辱のなかにうち沈んでいる。夜ごと羊の群れを見守った羊飼いの野、おびただしい天の軍勢が「地の上では、御心にかなう人びとに平和があるように」と賛美した場所は、人っ子ひとり住まぬ所となっている……

ベッサイダとコラジンは地上から消えうせ、周辺は砂漠になっている。かつては、数千の人びとが救い主の声を聴こうと集まり、奇跡のパンを食べた所も、今は廃墟と化し静かに眠っている。動くものは空飛ぶ猛禽と、ここそこ逃げる野狐だけであった。

パレスチナは、喪服をまとった亡骸になった……醜い、うらぶれた姿に変わり果てている……＊5。

ほかの旅行家達も、第一アリヤーのユダヤ人が来る前のパレスチナについて、同じような状況を記録にとどめている。土地の蘇生プロセスを始動させたのが、この第一アリヤーの人々である。就業機会をつくり出し、インフラを整備することで人口が増え、土地の生産性もあがり始めたのである。

立証

一八八〇年前後のパレスチナについては、相異する極端な神話が二つあった。ユダヤ側の神話は、パレスチナは「民なき土地で、土地なき民のもの」とする内容であるが、（このフレーズは、実際にはイギリスのシャフツベリー卿が一八八四年に書いた回想録で使った表現）とうの昔に放棄された。

一方パレスチナ側の神話は、時間の経過と共にすっかり根付いてしまったが、一八八〇年当時パレスチナ人という民族がいたという内容である。なかには、シオニストの侵略で駆逐されたパレスチナ国家について語る者すらいる。

真実は、たいてい中間あたりにある。パレスチナは、無人の地ではなかった。その頃の人口データは信頼できないので、当地の人口動態を正確に再構築することは、不可能である。そして、再構築行為は、パレスチナ側イスラエル側双方共に、政治性を帯びているように思われる。しかし、大まかな計算は可能である。パレスチナを便宜上現在のイスラエルとウエストバンク及びガザ回廊を合わせた地域とすれば、一八八〇年代初期の第一アリヤーの頃の総人口は、恐らく五〇万に近い数字であった。この同じ地域が今日一〇〇〇万を超える人口を支えており、実際にははるかに多くの人口を支え得ると考えられる。さて、一九四七年の国連分割決議でユダヤ人国家に割り当てられた地域には、その五〇万人ほどの内ほんの一部が住んでいた。一〇万から一五万人の間と考えられる。

地理的単位としてのパレスチナは領域が定かではなかった。境界が度々変わったのである。そもそもパレスチナは政治的単位ではなかった。オスマン帝国の支配は一五一六年から一九一八年まで続くが、この時代パレスチナは、いくつかのサンジャック（郡）に分かれていた。サンジャックは行政単位で、その上にビライエット（県）がある。パレスチナの一番大きい地域は、シリアの県（ダマスカス・ビライエット）の一部で、ダマスカス所在のパシャ（高官）によって支配されていた。パレスチナが通常南シリアと呼ばれていたのは、そのためである。

一八三〇年代エジプトが一〇年間この地域を占領した後、パレスチナの行政区分が変わった。大きな地域はベイルート・ビライエット（イスラエル北部から現在のテルアビブまでを、ここに編入）、そしてエルサレム・サンジャック（ヤッフォからエルサレムまで、南はガザとベエルシェバまで）である。このように、パレスチナ人は、パレスチナ〝国〟にもともと住んでいた人々という表現は、意味不明である。

さらに、後年イスラエルへ割り当てられた地域の大半は、不在地主が所有していた土地であった。土地購入記録によると、地主の多くはベイルートやダマスカスに居住していた。地主のなかには、いろいろな所に住む徴税人もいた。地主達は外国に住む不動産投機師であり、土地は単なる投機の対象にすぎず、先祖代々の結びつきがあるわけでもなかった。地方の労働者やフェラヒン（農民）を搾取したのも、彼らであった。

パレスチナのユダヤ人難民は、ほかの国の難民と同じように、土地を買った。それはほとんどは耕作に適さない土地である。パレスチナ側の宣伝家は、ユダヤ人の土地購入によるアラブ人家族の土地喪失者数を、突拍子もなく誇張して伝える。

イスラエルの歴史学者ベニー・モリスは、「一方的な……反イスラエル」の本を書くとして一部の人々から批判されてきた研究者である[6]。ノアム・チョムスキー、エドワード・サイードをはじめとする反イスラエル派から、「シオニスト路線」に従わない「新しい歴史家」のひとりとして、よく記事を引用される。サイードは、モリスをはじめとする「歴史修正主義者」を「過去を理解しようとする誠実な意志」があると称え、その著書は「事実を隠したり嘘をつくような態度が微塵もない」と絶賛する。シオニズムを手荒く批判する人物が、かくも高く評価する。ニューヨークタイムズ・ブックレビューは、モリスの著作を「シオニスト・アラブ紛争に関する完成度の極めて高い、精緻な内容」と評価する[7]。

そのモリス教授が、史実を総括して「歴史学者は、一八八〇年代から一九三〇年代後半に至るユダヤ人に対する土地売却で、土地を失ったのは、数千家族との結論に達した」と述べている[8]。エジプトのアスワンダム建設、イラクの湿地帯干拓、その他アラブ諸政府の強制移動による住民の土地追放に比べれば、五十余年間の数千家族は、ものの数ではない。

後年、ユダヤ人の土地購入が増えた時でも「アラブの土地の売りこみは、ユダヤ人の購入能力をはるかに越えていた」のである[9]。一八八〇年から一九四八年までの土地購入に関する学術調査によると、ユダヤ人が購入した土地の四分の三は、自作農からではなく大地主からの取得であった[10]。ラシード・ハリリ教授のような親パレスチナ派の研究者でも、「不在地主（パレスチナ人、非パレスチナ人双方の）による」かなりの土地売却があった、と認めている[11]。後年イスラエルの初代首相になったダビッド・ベングリオンは、地方の「フェラヒン（農民）」に所属する土地あるいは彼らが働く土地」を絶対に買ってはならない、とユダヤ人難民に指示している[12]。

統計報告、土地の登記簿、人口動態報告などの客観的資料を提示して、この史実に反論できる人がいるなら、私はその挑戦を受けて立つ。誰も反論できないだろう。それにもかかわらず、ユダヤ人がフェラヒンの土地を盗んだという嘘の主張が、今なおまかり通っているのである。

これに付随した形で、別の嘘が唱えられる。それは、土地を失った数少ないフェラヒンが、全員「一三〇〇年も連綿として」その土地を耕し生きてきたアラブ人で[13]、つまりは「イザヤ、エゼキエル、ダビデ、モーセよりも古いカナンびとのルーツを持つ」土着アラブ人の子孫[14]という嘘である。

後年イスラエルとなった領域にいた住民の民族上の出自については、相当議論がある。ムスリムの支配を逃れて、多くのギリシア人がパレスチナへ来たし、ヨナが運命の船出をする聖書ゆかりの港町ヤッフォには、十八世紀中頃の時点で、トルコ人、アラブ人、ギリシア人、アルメニア人等々が住む町になっていた。キリスト教徒の歴史家ジェームス・パークスは、パレスチナ全域で何割かの村は「十九世紀にトルコ帝国の各地から来た入植者だけで居住する、ボスニア人、ドルーズ族、チェルケス族、エジプト人の村が、それぞれにある」と報告している*15。

一九一一年版大英百科事典（ブリタニカ）には、オックスフォード大学の研究者ロバート・マックアリスターがパレスチナの項目を担当、パレスチナの人口は、実にさまざまな民族集団で構成されており、「五〇をくだらぬ言語が使われている」とし、「パレスチナの民族学を簡潔にまとめるのは」至難のわざであり、エジプトからの流入後は特にそうで、「その流入は、各地村落に見られる」と書いた。十九世紀末から二十世紀初頭にかけて、アラブ人とユダヤ人のほかに、クルド族、テンプル騎士団、ペルシア人、スーダン人、アルジェリア人、サマリア人、タタール族、グルジア人、その他雑多な人々の集団がいたのである。

ある研究者は、一九八四年発表論文で、「ユダヤ人の入植が始まったとき……パレスチナに居住するわずかのアラブ人は、変動を繰り返す社会の小さな残留集団であった。その変動社会は、地方の部族と暴力的支配者との摩擦で不断に流動していた。疫病で多数の住民が死ぬこともあった」と総括している*16。

一八八〇年代の初めにヨーロッパのユダヤ人が移住し始めるが、それより少し前のアラブ人口は、後年ユダヤ人国家として分割されることになる地域では、人数が少なく、しかも縮少傾向にある。駐エルサレム英領事の本省宛一八五七年九月十五日付報告は、「この地はかなりの人口希薄状態にあり、したがって最大課題はまとまった人口の確保である」と指摘し*17、アラブ人は出てゆき戻らぬ傾向にあるが、ユダヤ人口はもっと安定しているとし、「ユダヤ人でアメリカ、オーストラリアに旅行した者がいるが、旅行先にそのまま残ることはなく、必ず戻ってくる」と述べている*18。四年後「人口は今や激減しつつある」と報じられ*19、さらに四年後「地域によっては土地が耕作されなくなり、村が消滅しつつある……定住人口が減少している」とするパレスチナ視察記が出された*20。

ほかの歴史家、人口学者、旅行家もアラブ人口が「減少」

し＊21、土地は「人口希薄」で＊22、「さびれ果て」＊23、「無人」であり＊24、「今やほとんど放棄されている」と指摘している。シャロン平野は、第一アリヤーのユダヤ人が後年入植し耕作するようになるが、一八七四年に当地を訪れたサムエル・マニング大司教は、「大人口を養うことができるはずなのに、住民のいない土地」であると指摘している＊25。

さらに、ヨーロッパのユダヤ人難民が来る前の現地生活は、羨望《せんぼう》に値するものではなかった。住民で読み書きのできる者は極くわずかであった＊26。保健衛生など無きに等しく＊27、乳幼児死亡率が高く、平均寿命は短く、水も乏しかった＊28。ヨーロッパのユダヤ人が移住した後、これがすべて劇的に改善されるのである。

縮小傾向にあるこの地域のアラブ・イスラム社会の人口が、流動性移動性を帯びていたのは、驚くにあたらない。これに対しユダヤ人口は、絶対数からいえば小さかったが、もっと安定していた。何世紀も同じ村に住み土地を耕してきたと称する安定したパレスチナ・アラブ・ムスリム社会が、シオニスト侵略者によって追いだされ、四散したとする神話は、記録された人口動態と整合性がない。このデータはユダヤ人シオニストが収集したのではなく、地方当局自体が集めたのである。シリアと聖地を訪れたJ・L・ブルクハルトは、「生れた村で死ぬ者は……少ない。家族は数年の間に何回も移動を繰り返し……扱いの良いところと聞けば、そちらへ飛んでいく」と観察した＊29。

第一アリヤーが始まって十数年たった一八九〇年中頃、さまざまな民族と宗教集団のいりまじるパレスチナにあって、ユダヤ人社会はすでに有力な存在になりつつあった。一九四七年の国連分割決議で、ユダヤ人国家として割り当てられた地域では、特にそうであった。決議で割り当てられた地域は、当時ユダヤ人が多数派社会を形成していた（ユダヤ人五三万八〇〇〇、アラブ人三九万七〇〇〇）＊30。非常な論争を呼んだ学説によれば――私はこれに依存することなく議論をすすめていくが――国連分割決議下のユダヤ人地域は早くも一八九〇年代中頃にユダヤ人が相対的多数派になっていたらしい＊31。その地域には、二十世紀に入る前かなりのユダヤ人が居住していたことは、疑問の余地がない。

ユダヤ人の移住と土地耕作によって、ユダヤ人開拓村の周辺に就業機会が生まれた。数は不明であるが、ムスリムのなかには、そこへひかれて行った者もいる。一八八二年に建設されたリション・レツィオン開拓村について、調査資料によると、入村したユダヤ人四〇家族に対し、四〇〇家族を超えるアラブ人が移ってきた。その多くはベドウィンとエジプト人であった。彼らは開拓村の近くに居を構え、〝見捨てられた廃墟〟の上に新しい村をつくったのである[*32]。この報告は、ほかの開拓村についても、同じようなパターンがあると指摘している。

分割決議でユダヤ人側に割り当てられた地域に、何世代も居住していたアラブ・ムスリム・パレスチナ人定着民がどれほどいたのか。正確な数字を自信をもって再構築するのは無理である。しかしそれでも、数字がパレスチナ側の主張よりはるかに下回ることは確かである。

歴史学者エルンスト・フランケンシュタインによると、「一八八二年時点でパレスチナ全域に居住していたムスリムの少なくとも二五％は、（一八三一年の）エジプトの占領後流入した新参とその子孫」である[*33]。エジプト人の流入に加えて、トルコ人、ギリシア人及びアルジェリア人の移民がかなり来た。さらに、一八八二年から一八九三年にかけて、パレスチナ人ムスリムが、多数東パレスチナ（ヨルダン川東及び西岸域）からやって来た。今日イスラエル国内には一〇〇万を越えるパレスチナアラブ人がいる。右の流れを総合すると、もちろん正確な数字の推定はできないが、ユダヤ人開拓村域に深いルーツを持つパレスチナ人の数は、この一〇〇万のうちの極くわずかという結論になる。

ユダヤ人開拓村の建設が進むと、ユダヤ人地域に住むムスリムの数が劇的に増えた。新しい開発地域や耕作地域に、就業機会を求めただけではない。ユダヤ人社会の保健衛生状態がよかったからである。おかげで乳幼児の死亡率は低下し、成人の平均余命が長くなった。一九三七年の英委任統治報告は、「（アラブ・フェラヒン――農民の）人口増加は、マラリア撲滅、乳幼児死亡率の低下、上水道の導入と改善および公衆衛生の普及など、主として保健衛生の向上による」[*34]としている。ヨーロッパのユダヤ人難民がパレスチナにもたらした近代的病院、上水道など公衆衛生システムによって、衛生環境の改善が始まったのである。

第一アリヤーの頃、一九四七年の国連分割決議でユダヤ人国家に割り当てられた地域の人口動態は、どうだったのだろうか。これは、正確な人口統計と土地登記の記録がないので、誰も正確には分からない。しかし、現有の人口調査資料、権威ある報告書、視察記そして数学的手法をベースにすると、何世紀もパレスチナのこの地域に大きいムスリム社会が存在し、これがヨーロッパのユダヤ人難民によって追い出されたという神話は、はっきり言って嘘であることが分かる。この主張が神話の性格を有することは、アラブ人知識人すら多くの人が認めているのである。

パレスチナ側指導者ムーサ・アラミは、一九四八年に「人民は、自分の意識と想像力を補うために、大いに〝神話〟を必要とする」と言った*35。ヨルダンのアブドゥーラ王は回想録で、ユダヤ人による地元パレスチナ人の追放話が作り話であることを認め、「アラブ人達は、土地をどしどし売りまくり……(それを嘆くにも)どしどし泣いた」と書いた*36。

3章　シオニスト運動は、パレスチナ全域の植民地化陰謀だったか？

告　発

たとい第一アリヤーの性格をパレスチナに居住地を求める難民の単なる移住としても、第二アリヤーは、パレスチナ全域の植民地化を意図する、シオニスト帝国主義者の陰謀の始まりであった。

告発人

▼パレスチナの植民地化は、ユダヤ人のためにユダヤ人によって推進され、パレスチナ人の追放によって完成する。これがシオニストのテーゼであり、イスラエルはこのテーゼから生まれた社会政治組織として出現した。パレスチナについて、シオニズムはその意識のなかに、そして喧伝《けんでん》した思想のなかで、まず先住民の数を減らし、ついで駆逐しようとした。これがすべて失敗すると、今度は先住民を押さえつけ服従させようとした。イスラエルは単なる現地住民（もちろん、そのなかにはアラブ人が含まれる）の国家ではなく、世界中の全ユダヤ人の国家であることを保証する手段として、その挙に出たのである。いかなる国といえども保持したことのない、土地と人民に対するある種の主権を持つというわけである（エドワード・サイード＊1）。

▼第二アリヤーの終わった段階でパレスチナにいた六万のユダヤ人は、圧倒的に反シオニストであり、その子孫も今なお同じ意見である（ノアム・チョムスキー＊2）。

真　実

第二アリヤーは、シオニスト思想に大いに鼓舞された側面があるが、同じように迫害から逃れた移住であり、パレスチナの全住民がより良き生活ができるように、地元ムスリムとの協力を考えていた。

立　証

第二アリヤー（一九〇四〜一四年）は、第一よりもっと難民の性格が強い移住であった。迫害から逃れてきたのである。歴史学者ベニー・モリスは「一九〇三〜〇六年にロシアで発生したポグロムが、第二アリヤーの主要因であった」と述べている*3。ロシア政府が教唆《きょうさ》扇動した暴力の嵐は、「一八八〇年代のポグロムより凶暴」であった*4。

二十世紀に起きた最初のポグロムは、キシネフで一九〇三年の過越し祭の日に発生し、ユダヤ人四九名が殺され、数百名が負傷した。さらにユダヤ人家屋、商店及び施設一五〇〇棟が破壊された。これに続いて、ユダヤ人強制隔離地域（ペイル）内で数百のポグロムが発生、ユダヤ人男女、子供数千名が殺された。

ユダヤ人は自衛することもできなかった。仕返しされ、さらに何倍も打撃を受けるからである。選択肢は難民になることしかなかった。数十万人がアメリカや西ヨーロッパへ流れた。数万人がパレスチナに避難地を求めている。その多くは、ユダヤ人の郷土を求めるヘルツェルの夢を追う、熱烈なシオニストであった。単なる難民ではあろうが、社会主義の楽園にしようと考え、苦難に耐えようとする人々もいた。

第二アリヤーは、同時期にアメリカへ渡ったユダヤ人難民と似たところがないわけではないが、労働者階級が含まれていた。この人々が労働組合と労働党をつくった。彼らはヘブライ語の新聞を発行し、小さな自衛組織も設置した。第一アリヤーがアラブの暴力の被害にあっていたからである。

一九〇五年、アラブ人作家ナジブ・アゾウリが長たらしい反ユダヤ文書を発表した。パレスチナ中にとび回った文書で、「ユダヤの秘密計画」なるものに警告を発する内容であった。「ヘルモン山からアラビア砂漠とスエズ運河まで」広がったシオニスト国家が秘密裡につくられるのだという*5。第二アリヤーで移住した青年ベングリオンは、「アゾウリの弟子達が、アラブのあらゆる階層でユダヤ人憎悪の種をまいている」と憂慮している*6。

ユダヤ人難民の多くは、全員というわけではないが、アラブの隣人と友好的関係を築こうとした。イスラエルに住む初期シオニストの著作に、『隠れた問題』と題する小冊子がある。著書は教育家のイツハク・エプシュタインで、現地のアラブ人にユダヤ人の病院、学校、図書館の利用を認めよと提案している*7。アラビア語を学び、アラブ人村落や聖所を含んでいる土地は購入するな、と提唱する人々もいた*8。

　しかし、ユダヤ人難民の数が増えるにつれ、摩擦が絶えなかった。一九一三年、ひとりのアラブ人要人が詩を発表した。それには次のくだりがある。

ユダヤ人、金貨をじゃらつかせる息子達よ
偽りはやめよ
我々はだまされぬ
我らが国を売り渡すことはない
……ユダヤ人、最低で下劣な民
我々が土地を求め、値切り倒そうとする
居眠りなどしておられようか

　ユダヤ人難民に対する挑発、宗教的憎悪につき動かされた暴力が絶えなかったが、それでも和解の努力が続いた。一九一四年初め、シオニスト指導者のひとりナフム・ソコロフは、カイロ紙のインタビューでアラブに呼びかけ、ユダヤ人難民を「故郷へ戻る」セム系の同胞と見てほしい、共存共栄できっと役に立つと語った。一九一四年の夏にユダヤ・アラブ対話が予定された。しかし第一次世界大戦の勃発で、沙汰やみになった。この戦争は、すべての対話努力を中断させたが、パレスチナのユダヤ人とアラブ人に重大な結果をもたらすのである。

4章　バルフォア宣言は拘束力のある国際法か？

告発

バルフォア宣言は、「パレスチナにユダヤのナショナルホーム（民族郷土）」建設を呼びかけたが、単に英政府の意見であるから、法的力はない。

告発者

▼バルフォア宣言は、(a) 一ヨーロッパ勢力が、(b) 非ヨーロッパ領について、(c) その非ヨーロッパ領の多数派先住民の意志を完全に無視して、つくったのである。そしてそれは、(d) この同じ領土について外国の集団に約束する形をとり、この外国の集団が、実際にこの領土をユダヤ民族のためのナショナルホームにしてしまうというのである……この宣言でバルフォアの声明は、植民地主義列強が領土を勝手に処分する権利のほうが高い、と当然視しているのである（エドワード・サイード*1）。

▼一九一七年、バルフォア宣言はユダヤ民族にナショナルホームを約束した。国際法ではこの宣言は無効である。パレスチナはイギリスに所属せず、国際連盟の規約下でトルコに属していたからである（イギリスのジャーナリスト、ファイサル・ボディ*2）。

真実

ユダヤの事実上のナショナルホームは、すでにパレスチナの一部に存在していた。そして、バルフォア宣言は、国際連盟が宣言にうたわれたナショナルホーム建設を英委任統治の一条件としたとき、拘束力のある国際公約になったのである。

立証

第一次世界大戦が勃発する時点で、将来イスラエルとなる地域には、八万から九万ほどのユダヤ人が居住していた。バルフォア宣言（一九一七年）が出される前、パレスチナには事実上のナショナルホームが生まれていたのである。西及び北東パレスチナに数十のモシャブとキブツがあり、テルアビブ、エルサレム、ツファットのようなユダヤ人が多数派を占める都市もあった。パレスチナのユダヤ人難民は、植民地主義や帝国主義勢力の支援を受けず、自助努力で社会を築きあげた。合法的に購入した土地を開墾し、インフラを整備し、額に汗し自己の手で社会を建設したのである。

第一次世界大戦で、連合国側のイギリスは同盟国側のドイツ、トルコ帝国などと戦った。アメリカは一九一七年に連合国側に立って参戦した。そしてアメリカのウッドロー・ウィルソン大統領は、トルコ帝国の支配地に関する戦後処理に関し、民族自決原則の適用を宣言した。ユダヤ人の民族自決支持については、ウィルソン大統領の原則が、多数派社会を形成するパレステナ域に適用される、と多くの人が理解した＊3。

この地域にパレスチナ国家が存在したことはない。ユダヤ人のナショナルホームは、既存のパレスチナ国家を切りとってつくるわけではない。アラブ人、ユダヤ人その他諸々の民族集団が住む旧トルコ支配地四万五〇〇〇平方マイル（一二万二六五〇平方キロ）の土地をどう割り振りするか。これが課題であった。それには基本的に四つの選択肢があった。即ち、（1）ユダヤ人が多数派を占める地域を含め、全域を新生アラブ国家に与える。（2）アラブ人が多数派を占める地域を含め、全域をユダヤ人社会に与える。（3）全域をシリアに与え、ダマスカスから支配させる。（4）アラブ人とユダヤ人に、自決をベースとするナショナルホームをつくることができるように、土地を公平に分割する。

選ばれたのは四番目の選択肢である。そして割り振りが決まった。自分の家として住み、大地を耕しインフラを整備してきた地域は、該当集団に割り当てるのである。民族自決の精神から見て、これ以上公平に、かつまたその精神に沿った方法が、他にあろうか。

〝終生シオニスト〟と言われたイギリスのウインストン・

チャーチルは、パレスチナにおけるユダヤ人の自決を長い間支持していた。チャーチルは早くも一九〇八年に、「力強い、自由ユダヤ人国家」の建設は、「世界に離散した民の統合に向けた注目すべき第一歩」、と考えた＊4。

イギリスが、ついにこの〝離散の統合〟実現を支援する立場になったとき、チャーチルは一段と鮮明に、次のように言った。

離散したユダヤ人が、過去三千年間愛着を有し深い関わりをもってきたパレスチナに、民族の中心地、ナショナルホームを持ち、ここで再統合されるのは、明らかに正しいことではないか。それは世界にとって良いことであり、ユダヤ人にとって大英帝国にとって、そしてまた、パレスチナに居住するアラブ人にとっても、良いことである、と我々は考える……アラブ人は、シオニズムの発展がもたらす利益にあずかるであろう＊5。

イギリス政府は対トルコ作戦を策定する段階で、外務大臣アーサー・バルフォア卿の書簡を通して、「大英帝国政府は、パレスチナにおけるユダヤ民族のナショナルホーム建設に賛成し、この目的の達成に資するため最善の努力を払う」と表明した。右の事情を考えれば、この表明は驚くことではない。宣言は同時に「このようなナショナルホームがパレスチナに存在する非ユダヤ人社会の公民権と宗教上の権利を損なってはならない」と付記している＊6。アラブ人の多くがバルフォア宣言に一番強硬に反対した個所は、パレスチナをシリアの一部とせず別個の存在とみる点であった。皮肉な話である。後年ピール調査委員会が指摘したように、「いつもアラブは、パレスチナをシリアに含まれた地域と見なしてきた」のである。彼らが一番望まなかったのは、別個のパレスチナである。バルフォア宣言のもとでは、別個のパレスチナがかなりの規模のユダヤ人社会のためのホームを含むことになる、と気づいたからである。

フランスの外務大臣は、数カ月前バルフォア宣言と同じ主旨の声明を出しており、「何世紀も前にイスラエルの民は追放された地におけるユダヤ民族の復活」は「正義と償いの行為」と述べた＊7。バルフォア宣言のテキストはすでにウィルソン大統領に送られており、大統領によって事前に承認された。そのあとフランスとイタリアの両政府も、宣言を承認した。一九一九年、ウィルソン大統領は「私は、連合諸国が政府と国民の十二分の理解を得て、パレスチナにユダヤ共和国（コモンウェルス）の基礎を築くべしとする点で意見の一致をみた、と確信する」と言った＊8。一九二二年アメリカの議会は「パレスチナにユダヤ民族のためのナショナルホーム建設」を支持する決議を採択した。

　チャーチルもまた、イギリス政府が「ユダヤ人国家の今後の建設を考えている」と確認し＊9、バルフォア宣言の本質的内容は、拘束力のあるいくつかの国際法と国際連盟の委任統治令で再確認されており、「変更は許されない」ことを認めた。宣言は拘束力のある国際法の一件になったのである。

　チャーチルは、ユダヤ人のナショナルホームが、イギリスの助けを借りず、すでにパレスチナに存在することを認め、次のように述べている。

　ユダヤ人は、この二、三世代のうちに、パレスチナに社会を再建した。その人口八万のうち約四分の一は、大地を耕す労働者や農夫である。この社会は独自の政治組織を有する。即ち、選挙で選ばれた議会があり、内政問題を扱っている。町にも選出評議会がある。学校教育にはその管理組織がある。主席ラビとラビ評議会も選挙で選ばれ、宗教問題を扱っている。商取引では、ヘブライ語が母国語として使われ、ヘブライ語の新聞や雑誌、書籍もある。ユダヤ人社会には独自の知的活動があり、経済活動も相当なものである。この社会は、町や村に人が住み、政治、宗教そして社会組織を持ち、独自の言語、風俗、習慣があり、独自の暦で彩られた生活がある。つまり、事実上国家の性格を持っているのである。パレスチナにユダヤのナショナルホームを築くとは、どういうことか。このような質問が発せられたとき、答は次のようになるだろう。つまり、それは、パレスチナ全体の住民にユダヤの国家を押しつけることではない。既存のユダヤ人社会を、ほかの世界に住むユダヤ人に支援されて、宗教と民族の基盤のうえに立ち、ユダヤ民族が誇りを抱く中心地になるように、発展させていくことである。しかし、この社会が、自由な発展の見込みを有し、ユダヤ民族がその能力を充分に発揮できる機会を持つためには、容認ではなく権利としてパレスチナに存在するとの認識が必要である。そこが肝心な点である。パレスチナにおけるユダヤ人のナショナルホームの存在をなぜ国際的に保証しなければならないのか。歴史的ゆかりの上に正式に承認されなければならないのか。理由は

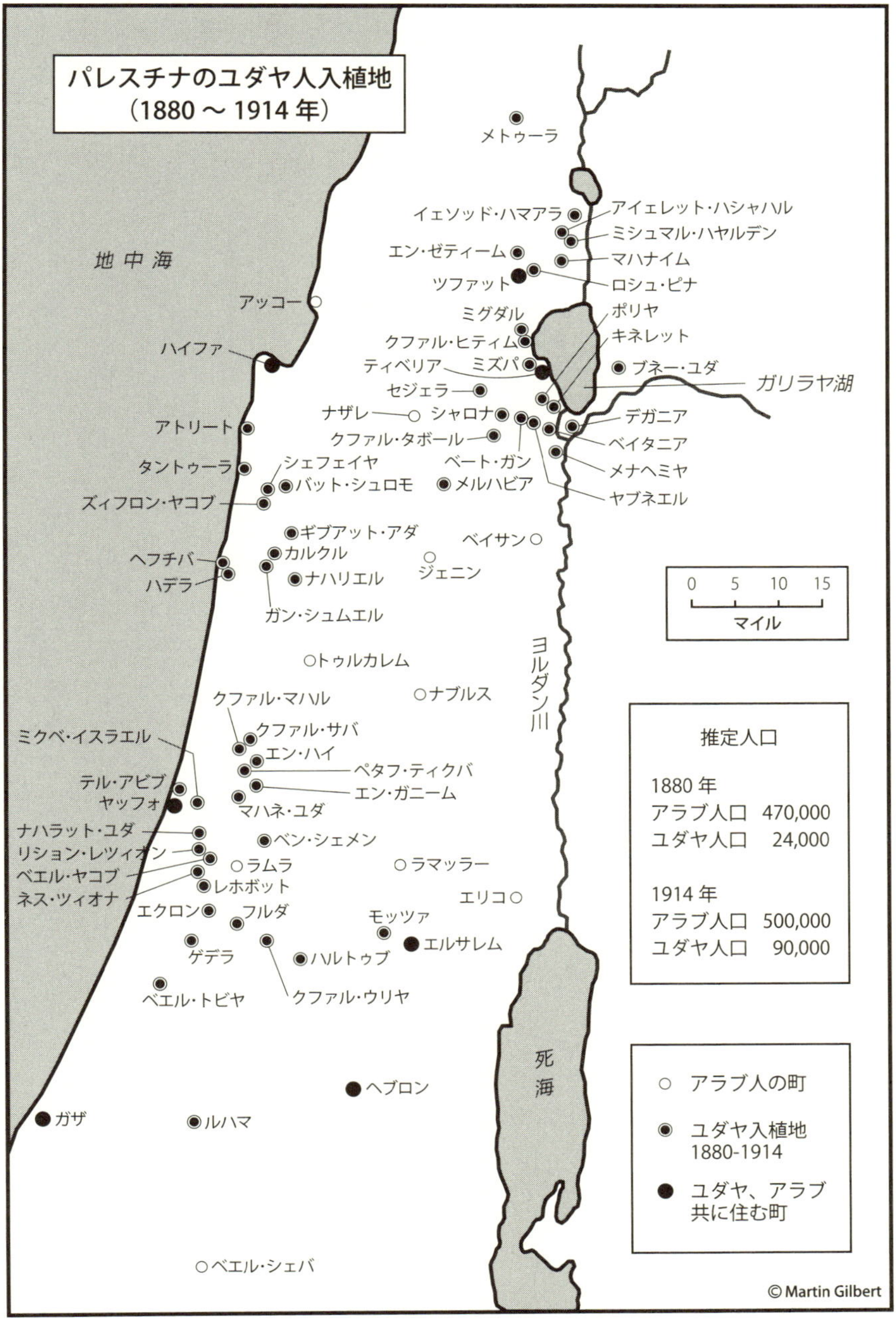
パレスチナのユダヤ人入植地
（1880 ～ 1914 年）
地中海
メトゥーラ
イェソッド・ハマアラ
アイェレット・ハシャハル
ミシュマル・ハヤルデン
エン・ゼティーム
マハナイム
ツファット
ロシュ・ピナ
アッコー
ミグダル
ポリヤ
キネレット
クファル・ヒティム
ハイファ
ティベリア
ミズパ
ブネー・ユダ
ガリラヤ湖
セジェラ
ナザレ
シャロナ
デガニア
アトリート
クファル・タボール
ベイタニア
ベート・ガン
タントゥーラ
シェフェイヤ
メナヘミヤ
バット・シュロモ
メルハビア
ズィフロン・ヤコブ
ヤブネエル
ギブアット・アダ
ベイサン
カルクル
ヘフチバ
ジェニン
ハデラ
ナハリエル
0 5 10 15
マイル
ガン・シュムエル
ヨルダン川
トゥルカレム
ナブルス
クファル・マハル
推定人口
クファル・サバ
ミクベ・イスラエル
エン・ハイ
ペタフ・ティクバ
テル・アビブ
エン・ガニーム
ヤッフォ
マハネ・ユダ
1880 年
アラブ人口 470,000
ユダヤ人口 24,000
ナハラット・ユダ
ベン・シェメン
リション・レツィオン
ラムラ
ラマッラー
ベエル・ヤコブ
レホボット
ネス・ツィオナ
エリコ
1914 年
アラブ人口 500,000
ユダヤ人口 90,000
エクロン
フルダ
モッツァ
エルサレム
ゲデラ
ハルトゥブ
ベエル・トビヤ
クファル・ウリヤ
死海
ヘブロン
アラブ人の町
ユダヤ入植地 1880-1914
ガザ
ルハマ
ユダヤ、アラブ 共に住む町
ベエル・シェバ
© Martin Gilbert

そこにある。

これが、一九一七年宣言について、大英帝国政府の下した解釈であり、そのように理解された。パレスチナのアラブ人社会に警戒心を引き起こしたり、ユダヤ人に失望感を与えたりするものは何も含まず、そのような意味もないというのが、外務大臣の見解である＊10。

国際法は、ユダヤ人社会が「権利によってパレスチナに存在」し、「ユダヤ人のナショナルホーム建設を（ユダヤ人移民の増加によって）促進する努力は、英委任統治上拘束力のある国際責務」であることを認めた＊11。「パレスチナ問題」に対する二カ国（あるいは三カ国）併存による解決の政治的、法的種子が蒔《ま》かれたのである。これこそ、自決が作動している完璧な事例であった。

パレスチナのユダヤ人は、確かに彼らの血と汗でバルフォア宣言を勝ちとった。マラリアの蔓延《まんえん》するフーラ湖を干拓してオレンジの木を植える計画は、アラブ人、ユダヤ人数千人を雇用した事業であった。第一次世界大戦では、ユダヤ軍団（リージョン）が英軍と肩を並べて戦い、トルコ軍撃破に一役買った。そしてエドワード・アレンビー将軍のエルサレム占領を歓迎した。これと対照的に、パレスチナアラブ人の大半は、アラブ人一般と同じように敗戦国トルコ帝国の側に立って戦った。イギリスのロイド・ジョージ首相が指摘したように、「アラブ民族のほとんどは戦時中一貫して圧制国トルコのために戦った……（特に）パレスチナアラブ人は、トルコの支配のために戦った」のである＊12。帝国主義、植民地主義トルコ帝国に組みし、自決権を支持する国と戦ったのは、パレスチナ人であった。

彼らは第二次世界大戦でも同じ轍《てつ》を踏むが、間違った相手を選択したにもかかわらず、アラブは、トルコの敗北から相当な利益を得た。なかでも大きい利得が、パレスチナの八〇%をアラブだけの領土として得たことである。ここはユダヤ人の入植を禁じられた（バルフォア宣言の適用外とされた）。この大きい地域とは東パレスチナであり、トランスヨルダンと名称が変えられた。

このように、パレスチナに最初に誕生した国は、パレスチナ人を多数派とした首長国であった。イギリスによって新生国家イラクの王となったファイサルの兄アブドゥーラが、同じくイギリスによって首長（シャリーフ）につけられ、ここを支配することになる。ここに居住するユダヤ人の多くは――なかには代々居住していた人々もいた―

—散発する暴動で追いだされ、最後まで踏みとどまっていた人達も、法律によってトランスヨルダン居住が禁じられた*13。新生王国トランスヨルダンは、広大な土地にわずか三二万の人口で、その多くは遊牧民のベドウィンであった*14。トランスヨルダンの人口は、西パレスチナよりははるかに小さかったが、それでもユダヤ人の居住は許されなかった。

パレスチナの残る五分の一がユダヤ人とアラブ人の共有地、あるいは二分割地の対象になるのである。少なくとも理論上はそうであった。しかしアラブは、地域がどこであれパレスチナにユダヤ人のナショナルホームが存在することを認めず、ユダヤ人が多数派社会を形成する地域での民族自決権にも反対した。彼らの態度は、第一次世界大戦とバルフォア宣言の出た後、特に暴力性を帯びるようになる。アラブ側指導者が最も嫌ったのが、自決権の相互承認であった。彼らは、トランスヨルダンにハーシム家の首長国をつくる帝国主義の決定に満足し、パレスチナを遠隔地にいるシリアのパシャの支配に任せるとする帝国主義の決定に対しても、同じように満足した。ユダヤ人のナショナルホーム建設を阻止するものなら何でもよかったのである。残る五分の一のパレスチナであっても、いかに小さくてもナショナルホームの建設には反対した。

アラブ側指導者は、ナショナルホームに反対するのみならず、ユダヤ人の存在そのものの排除を要求するようになった。トランスヨルダンと同じように、ユダヤ人無きパレスチナにするのが、彼らの狙いであった。エルサレムの名士アレフ・パシャ・ダジャナは、「我々が（ユダヤ人と）理解しあえるのは無理である。一緒に住むことも不可能である……どの国でも彼らは歓迎されない……なぜなら彼らはいつも他人の血を吸っているからである。国際連盟がアラブの訴えに耳を貸さなければ、この地は血の海になる」と率直に語っている*15。本人の予見はアラブ自身の手で実現される。彼らは暴力性を強め、流血事件をひき起こすようになる。

アラブの穏健派指導者がいなかったわけではない。彼らは、パレスチナにおけるユダヤ人の民族自決権を認めた。一九一九年一月、メッカの太守でヘジャーズの王フセインの三男であるエミール・ファイサル（後年イラク王）は、ハイム・ワイツマン（当時パレスチナ・シオニスト会議議長）と協定をかわした。この協定は「アラブの農民と小作農が権利を守られ、彼らの経済発展が支援される」ことを条件に、「より綿密な入植と大々的耕作（を目的とする）

ユダヤ人の大規模移住を奨励するため」＊16 必要な手段を取るとする内容であった。
その後ファイサルは、アメリカ・シオニスト会議理事フェリックス・フランクファター教授宛三月三日付確認書簡で、次のように述べている（ファイサルは、パリ平和会議で、シオニスト代表団の法律顧問になった教授と接触）。

アラブ人とユダヤ人は人種上従兄弟《いとこ》同士であり、強い力を持つ列強の手にかかって同じような抑圧に苦しみ、幸いにも時を同じくして、双方が共にそれぞれの民族的理想を達成すべく、第一歩を踏みだすことができました……

我々アラブ、特に教育をうけた者は、シオニスト運動に対し、深い同情の気持ちを抱いています。当地パリの我が方代表団は、昨日シオニスト機構が平和会議に出した提案を充分熟知しています。我々はそれが穏健で適切であると考えます。我々としては目的完徹に向けた支援に最善を尽くします。我々はユダヤ人の帰郷を心から歓迎します……我々は、近東の改革と改変のため、力を合わせて行動しているのであり、双方の運動は互いに補いあって完成するものです。ユダヤ人の運動は民族運動であり、帝国主義ではありません。我々の運動は民族運動であり、帝国主義でありません。シリアには双方のための場所があります。私は、双方のいずれか欠けても真の成功はない、と考えている次第であります＊17。

不幸にしてこの先見の明ある考え方は、遮断されてしまう。パレスチナのムスリム社会の指導者に選ばれた男（訳注・次章に出てくるフセイニ）が、敵意にみち偏執的反ユダヤ言動で、阻止にかかったのである。

5章　ユダヤ人はパレスチナを分かち合う気がなかった？

告　発

アラブ人はパレスチナをユダヤ人と分かち合う用意があったが、ユダヤ人は全パレスチナの独占を望んだ。

告発人

▼本腰を入れたシオニストのパレスチナ計画が始動してから……イスラエルをアラブパレスチナの廃墟の上に建てるという思考が、段々と浸透していく。我々はそれが確認できる（エドワード・サイード＊1。）

▼かつてアラブ人が一杯いた領土は戦争で、（a）先住民が空っぽにされ、（b）パレスチナ人が戻れないようにされてしまった。パレスチナ獲得を目指すシオニストの野望達成に向け、イデオロギー上組織上の準備がなされ、軍事戦略が導入された。その野望とは、領土を占領して（先住民を追い出し）新しい住民と入れ換えることである（エドワード・サイード＊2）。

真　実

アラブ指導部の目的は、ユダヤ人国家の建設阻止だけではなく、歴史的郷土であるパレスチナからユダヤ人を一掃し、ユダヤ人無きパレスチナにすることであった。一方ユダヤ側指導者は、パレスチナでユダヤ人社会が多数派を占める地域にナショナルホームを持つことができるならば、痛みが伴なっても妥協する用意があった。

立証

バルフォア宣言が拘束力のある国際公約になって間もなく、ユダヤ人難民に対する組織的暴力事件が、いくつか発生した。西エルサレム、そしてユダヤ人が代々住んできた旧市ユダヤ人地区で暴動が発生したとき、キリスト教徒のアラブ人教育家が、自分の目撃を次のように語っている。

　暴動が起きた。人々が逃げまわる。ユダヤ人達に石が投げられた。商店は閉まり、あちこちで悲鳴があがる……ほこりをかぶり血みどろになったシオニスト兵（ユダヤ系英兵）がいた……その後、ひとりのヘブロン住民がユダヤ人の靴みがきに近づいてきた。靴みがきの少年は、ヤッフォ門に近い城壁の一角で袋をかぶって隠れていた。ヘブロン住民は少年の箱をとりあげ、それで頭を散々殴った。少年は頭から血を流し、悲鳴をあげて逃げ始めた。ヘブロン住民は追うことなく、すたすたと暴徒の行列に戻って行った……暴動は最高潮に達した。全員が「ムハンマドの宗教は剣と共に生まれたり」と絶叫している……私はきびすを返し市営公園へ歩いて行った……人間の狂気には吐き気がする。暗澹とした気持ちである*3。

その後すぐ、複数のユダヤ人女性が暴行され、シナゴーグも数カ所襲撃され、破壊された。このポグロムを計画、実行したのはアルナディ・アルアラビと称するアラブの民族団体であった*4。英委任統治政府の調査は、「あらゆる証拠が老人、女、子供を狙った卑劣きわまりない犯行であることを示している。犠牲者はほとんど全員が背後から襲われている」と報じている*5。

　ヤッフオでもユダヤ人難民達が襲われ、一三人が殺された。数日後オレンジ園でさらに六人殺害された。その後すぐトゥルカレムのパレスチナアラブ人数百人が、ハデラのモシャブを襲撃した。パレスチナテロリストによる住民襲撃が、日常茶飯事になっていくのである。

　英委任統治政府は、暴力を押さえるため、ハッジ・アミン・アルフセイニ（以下フセイニと略称）をエルサレムのグランドムフティ（大法官）に任命した。パレスチナ・ムスリム世界の精神的指導者という役割であったが、実質は政治指導者であった*6。宗教、政治権力をひとりの人間に集中させ、その人間を通して統制すれば、暴徒の激情を局限できる、と考えたのである。しかし、イギリスは間違った人物を選んだ。フセイニは凶暴な反ユダヤ主義者であった＊7。

そのユダヤ人憎悪は宗教上人種上の敵意に根ざすもので、やがてアドルフ・ヒトラーの緊密な盟友兼アドバイザーとなる。フセイニは、ヨーロッパ・ユダヤ人社会の抹殺をめざす「最終解決」の熱烈な支持者で、一九四〇年には枢軸諸国に、パレスチナのユダヤ人問題の解決を求めた。「アラブの人種的関心に従い、ドイツでユダヤ人問題を解決するために使われた手段に従って」解決せよというのである＊8。フセイニはヒトラーに、パレスチナにたどりついたユダヤ人難民に最終解決を適用するように促した。そして一九四三年、ポーランドの死の収容所で起きていることが知れ渡ったとき、フセイニはヒトラーにユダヤ人のポーランド移送を勧告した。ユダヤ人の脅威から己れを守るため、という理由付けであった＊9。

フセイニは、グランドムフティという長期に及ぶ経歴のなかで、ユダヤ人に対する人種憎悪を、早い時期にあからさまにしている。反ユダヤ暴動を教唆扇動し、反ユダヤの説教をやった。〝イトバー・アルヤフード（ユダヤ人を殺せ）〟、〝ナシュラブ・ダム・アルヤフード（我々はユダヤ人の血をすする）〟が彼の語るメッセージであった。以前にもユダヤ人攻撃はあった。特に一九二〇年がそうである。今やその攻撃は、パレスチナ・ムスリム社会の公的指導者から祝福される行為となった。

フセイニは、アラブ側の非妥協姿勢に御墨付きを与えることもした。本人がパレスチナ・ムスリム社会の指導者として、権勢をふるうようになる前、土地と住民に対する権限の分割について、アラブに妥協の声もあった。例えば、あるアラブ紙は、世に聞こえたユダヤ人の〝エネルギー〟と〝勤労〟が、この国を改善、発展させ、アラブ住民の利益になる、と書いた＊10。バルフォア宣言に批判的であっても、例えば、一九一八年にアラブ側要人一〇〇名が連名で、英政府へ請願書を出したグループのように、「他国で迫害をうけたユダヤ人と彼らの不幸に心から同情してきた」としながらも、そのユダヤ人に支配されたくはないとし、公平に分割されたパレスチナの地で、互いに民族自決権を持つ形が実行可能であろう、と示唆する人々もいた＊11。

このような話や提案は、フセイニのグランドムフティ任命で、すぐに終わりを告げる。政治的な紛争で、政治的妥協で解決できるはずの課題が、妥協を一切排する宗教上の絶対的禁忌問題になったのである。エルサレムのグランドムフティによると、たとい一インチであってもパレスチナがユダヤ人に支配されるのは、イスラム法を侵害するという。フセイニが説明したように、ユダヤ人の都市・開拓地及び歴史的由緒のある地域、即ちユダヤ人が多数派を占める地域で自決権を持つことは、イスラム法で禁じられ、ムスリムは全員がそうならないように、聖戦敢行の備えをしておかなければならない。バルフォア宣言の諸原則が国際社会に認められ、二（または三）国併存による解決が現実味を帯びてくると、たちまちフセイニによって妨害されるのである。彼によると、解決法は二つしかない。暴力によってユダヤ人を全員追いだすか、ジンミー（訳注・ムスリムの絶対的支配に従う二級住民）として少数のユダヤ人の存在を許すかである*12。彼は、ムスリムが全パレスチナを支配すれば、大半のユダヤ人は国外退去、と至極明確に言った*13。

もちろん、ユダヤ人のなかには、全パレスチナを支配したい人や少なくとも残る二〇％のパレスチナ（アラブだけの国となったトランスヨルダンを差引いた地域）を願う人もいた。しかし、主流のシオニスト運動とその指導部は現実主義者であり、妥協が必要であることを知っていた。ユダヤ人を多数派とするナショナルホームの建設が、土地のサイズよりもはるかに重要であり、現実的に考えて、民族自決は、ユダヤ人社会としてのインフラが整備され、人口上もユダヤ人で占められる地域でのみ可能なのであった。ヨーロッパから来たユダヤ難民は、代々この地に住むスファラディ系ユダヤ人と共に、パレスチナの一定地域だけでナショナルホームを建設していたのであり、領土上の妥協は不可避と考えていた。ヨルダン川西岸域は、トランスヨルダンとは別のアラブ国家用なのである。

パレスチナのユダヤ人社会は、現実主義的な社会主義者のベングリオンに率いられ、一方のムスリム社会は、非妥協をつらぬきユダヤ人憎悪者として知られるフセイニに率いられていた。双方の衝突は、残る二〇％全域をどちらが独占支配するかの争いではなかった。実際には、公平に分割された地域をそれぞれが支配するという立場と、二〇％独占の立場の衝突であった。別の言い方をすれば、ウィルソン大統領の民族自決の原則を双方に適用するかどうかの話であった。これに対するフセイニの答は至極簡単で、ユダヤ人に適用せず、適用はムスリムだけであった。

パレスチナのユダヤ人社会に対するフセイニの戦術は力による破壊であり、抵抗力のない一般社会に攻撃を指向して流出に追いこみ、あるいは法による退去措置であった。

その具体化の第一歩が、一九二九年のヘブロン虐殺である。ヘブロンのユダヤ人は、全員がシオニストやヨーロッパのユダヤ難民というわけではなかった。多くの人は信仰心の篤いスファラディ系のユダヤ人であった。聖都ヘブロンはユダヤ教誕生の地であり、複数の由緒あるシナゴーグがあり、イェシバー（ユダヤ教神学校）もいくつかあった。そこは聖書ゆかりの地である。

宗教感情を利用した一連の虐殺事件が起きたが、それはフセイニのたきつけであり、一気にふきあがったのがヘブロン虐殺である。一九二八年十月、フセイニは、西壁で祈るユダヤ人に対して、一連の挑発行為を組織した。ここは、第二神殿の名残りをとどめる唯一の場所であり、ユダヤ教にとっても最も大切な聖域である。彼は「その横壁の真上」に煉瓦造りの建物の建設を命じた。その煉瓦が礼拝中のユダヤ人に落ちてくる。礼拝場所にラバを追い込むこともやった。ラバは糞尿をまき散らしながら、礼拝者の間をかけめぐる。あるいは、ユダヤ人の礼拝中に、ムアッジン（ムスリムの礼拝の呼びかけ者）の音量をあげさせた＊14。ユダヤ人側は抗議した。その後緊張が何カ月も続く。

一九二九年八月、ユダヤ人襲撃を指示するビラが、フセイニによって準備された。ユダヤ人が「イスラムの名誉を汚した」＊15、「女性を強姦し、未亡人や子供を殺した」と大書したビラもある。それはまさに伝統的な血の中傷であり、対ユダヤ聖戦を求める雄叫びであった。よく組織された暴徒が乱入し、西壁でユダヤ教の礼拝書を焼き、願いごとを書いた紙を壁の隙間からことごとく引き出して破り棄てた。暴徒はアラブ人警官も加わって、ユダヤ人の商店を焼いた。

八月二十八日、ヘブロンが襲撃された。身に寸鉄も持たないイェシバーの学生達が殺され、ユダヤ人の家が襲われ、住人が惨殺された。六七人のユダヤ人が殺され六〇人が負傷し、生残りは追い出されてしまった。シナゴーグが汚されたのはいうまでもない。かくしてヘブロンは、十字軍以来初めてユダヤ人のいない聖都になった。ユダヤ人を対象とするフセイニの民族浄化は、徹底して遂行されたのである。英委任統治政府のヘブロン警察署長は、後に次のように証言している。

室内の悲鳴を聞いたので、私はすぐトンネル通路を駆け上がった。ひとりのアラブ人が剣で子供の首をたたき斬るところだった。その男は、既に一撃を加えており、斬り落そうとして私を見たので、剣をふりかざして私に向かってきた。しかし切っ先がはずれた。男は私の構えたライフルのすぐ前にいる。私はとっさに引金をひき男の下腹部を撃った。その男の背後に、ひとりのユダヤ人女性が血まみれで倒れていた。そしてアラブ人警官が傍らにいた。ヤッフオ出身のイッサ・シェリルだった……短剣を手に女の上にまたがっている。私を見ると脱兎《だっと》の如く隣の部屋へ駆け入り、私を押し出そうとしながら、アラビア語で「閣下、私は警官です」と叫んだ。私は部屋に入ると撃ち殺した*16。

暴動はすぐツファットに飛び火し、暴徒は四五名のユダヤ人を殺傷した*17。ほかのユダヤ人居住地も襲われ、一連の組織的暴動で、ユダヤ人一三三名が殺され、三三九名が負傷した*18。

イギリス人は、「冷酷な悪人共による残虐行為」と非難し、「ヘブロンと同じように、ユダヤ人社会を襲い無抵抗の人々を言語に絶する残虐な方法で殺した」と痛烈に批判した*19。イギリス政府は「アラブ側にみられる人種憎悪」を非難している*20。

フセイニは、ポグロム煽動の責任を問われ、責任を逆に犠牲者へ転嫁した。『シオン長老の議定書』といえば、帝政ロシアでつくられた偽書で、反ユダヤ主義者が長年使ってきたユダヤ陰謀論の種本であるが、フセイニはこの本を引用して、ムスリムを襲ったのはユダヤ人である、と言い逃れている。

イギリス政府にはよく分かっていた。暴動は、イギリスが移民を止めないなら、フセイニの扇動する、計算ずくの暴力が続く、というメッセージである。しかし英政府は、首謀者を逮捕してムスリムの暴力を取り締まることはなく、逆に犠牲者を懲らしめてしまった。即ち、ユダヤ人移民を制限し、バルフォア宣言は、〝とんでもないへま〟とする高等弁務官の声明を出したのである*21。フセイニの思うつぼであった。身に寸鉄も帯びない民間のユダヤ人に対する、計算ずくの暴力は続く。英政府がこの種の暴力に報いてやるのは、これが最後ではなかった。その後パターン化するのである。

ユダヤ人社会が成長し、発展の成果をあげる度に、フセイニはテロの切り札を切り、何の関係もないユダヤ人を殺すのである。これがイギリスに対する説得材料になる。つまり、アラブは〝理性がない〟ので、何をするか分からない。要求を聞くのが無難というわけである（後年、フセイニの親戚筋にあたるヤセル・アラファトが、テロリズムに関してこのパターンを継承し、世界もまたテロに対して報いるパターンを引き継ぎ、テロをのさばらせるのである）。

〝民度の高い〟ユダヤ人に対しては期待値を高くし、〝非理性的〟アラブには下げてやる（このダブルスタンダードの人種主義は、アラブを貶《おとし》めるのであるが、結果をみるとアラブに有利に作用しており、これが現在も繰り返されているのである）。

フセイニは、一九二九年のヘブロンにおけるユダヤ人の女性、子供そして神学生殺戮を、反乱の始まりと位置づけた。この暴動は一九三〇年代に続き、イギリスからさらに大きい報酬を得るのである。時期的には、アドルフ・ヒトラーの登場と重なる。ドイツの総統になったヒトラーは、追放とジェノサイドでヨーロッパからのユダヤ人駆逐に着手する。

ユダヤ人に対するパレスチナ移住の削減は、タイミングからいっても、まさに最悪であった。

6章　ユダヤ人は二国併存方式による解決を拒否してきた？

告　発

アラブは二カ国併存による解決を受け入れていたが、ユダヤ人は一貫して拒否した。

告発者

▼なかでも重要な点は、ベングリオンをはじめとするシオニスト指導部の態度である。パレスチナ人は、彼らが妥協で満足するとは思わなかったし、妥協で我慢するとも考えなかった。換言すればパレスチナ人は、シオニストの国連分割決議「受諾」が腹黒い意図を秘めたもの、と考えたのである。つまり、シオニスト指導者達の真の意図は、聖書時代のパレスチナ全域を含むユダヤ人国家の拡張にあり、その後の拡張の踏み台として、パレスチナ分割という妥協を受け入れたということである（ニューヨーク州立大バッファロー校政治学部所属研究者ジェローム・スレーター＊1）。

▼これまでPLOは、交渉を呼びかけ、イスラエルとの平和的解決を提案してきた。しかるにアメリカとイスラエルは、今日もそうであるが、「平和を望む道理をわきまえた人々」であったためしがない（ノアム・チョムスキー＊2）。

▼人種差別的ではない意味でその用語（非妥協主義者）を使うのであれば、アメリカが非妥協派の代表格であることが分かる。そしてまたイスラエルも……一切の妥協を排する拒否主義者である。これは、九〇年代中頃まで全く論議の対象にされなかった……現在もそうであると思う（ノアム・チョムスキー＊3）。

真実

二カ国分割ないしは二つのナショナルホーム建設案が提示されると、ユダヤ人側は直ちにこれを受け入れ、アラブ側は拒否した。

立証

一九三七年、エルサレムのグランドムフティ、フセイニの教唆扇動するテロと暴動が荒れ狂っているとき、英政府は〝騒乱の原因〟調査にもとづく、**ピール調査委員会報告**を発表した。誰に責任があるのか。誰が悪いのか。この点に関する報告の結論は一点の疑念も残さず明快で、「今回が初めてではないが、一方の当事者は暴力に訴えて間違いを犯し、もう一方の当事者は、忍耐強く法を守った」と指摘している[*4]。

一般市民に対する残虐な暴力は一九二〇年代に始まり、フセイニとアラブ高等委員会の指示にもとづく意図的な行為であることを、調査委員会が認めたのである[*5]。

調査委員会は、パレスチナへ移住したユダヤ人が難民であることを確認し、シオニズムを、ディアスポラのユダヤ人が苦しみに満ちた迫害からの〝脱出信念〟と呼んだ。広い意味で、委員会はこの問題を〝基本的には〟過去に深いルーツを待つ、〝権利対権利の紛争〟とみている。ユダヤ人とアラブ人双方の歴史上の言い分を検討した後、委員会は双方共に説得力のある主張と判断するのである。

現状についてピール調査委員会は、「パレスチナアラブ人はシリアの縁者と心が通じ合う……両者は、パレスチナがシリアの一部であり、シリアから切り離してはならないと考え、その原則を固持している」と認識した[*6]。

一方ユダヤ人に関しては、ユダヤ人がヘブライ語の新聞を発行し、ヘブライ語を使用言語とする学校を整備し、大学をつくったこと。ユダヤ人の病院があり、医療制度があること。活動的な政治・労働組合システムもあり、その他国家機構と比肩すべき組織を持ち、本質的なナショナルホームを築きあげている点を考えれば、「パレスチナをアラブ一カ国だけとし、そのなかで少数派としての地位受け入れを、ユダヤ人に期待することは、全く筋が通らない」とした[*7]。

パレスチナのユダヤ人地域は、アラブ地域に比べれば発展中の国家の様相を有していた。テルアビブは一五万以上の人口を有するユダヤ人社会の中心都市であり、西エルサレムはユダヤ人口七万六〇〇〇で、ムスリム人口をはるかに凌駕していた。人口一〇万のハイファは、内半分がユダヤ人口で、港湾があり、その関連業務を含む事業の大半は、〝ユダヤ人のビジネス〟であった。中央機関と地方自治体は民主的に運営され、二〇ほどの政党が政治活動を行なっていた。少なくともユダヤ人地域のパレスチナに、民主主義が根付いていたのである。芸術と文化も然りであった。

一方に、高度に組織化された民主的近代社会があり、他方に旧弊なアラブ世界があり、年々その差が広がり、顕著になるばかりであった。文化面ほどそれを如実に物語るものはないだろう。ナショナルホームで毎年出版される文芸作品の数は、社会規模からみれば極めて多いと言える。アリストテレス、デカルト、ライプニッツ、フィヒテ、カント、ベルグソン、アインシュタイン等々の哲学者、あるいはシェークスピア、ゲーテ、ハイネ、バイロン、ディケンズ、ロシアの大作家その他近代文学者の作品が次々と翻訳、出版された。ヘブライ文学では、ビアリク（一八七三〜一九三四）がヘブライ詩で、あるいはナフム・ソコロフ（一八六〇〜一九三六）は、ヘブライ散文詩の分野で、それぞれ優れた作品を残した。当時さまざまなヘブライ語小説が出版されているが、内容的には、ナショナルホームにおけるユダヤ人の精神生活に及ぼす影響を反映している。

ヘブライ語の新聞は日刊四紙、週刊一〇紙に増えた。日刊紙はハアレッとダバールの二紙が一番影響力を有し、質も高かった。定期刊行物のうち文学誌が二誌、演劇関係が一誌あった。ナショナルホームの文化で最も輝いていたのは、恐らく音楽の分野であろう。音楽に対する愛は並々ならぬものがあった。たまたま我々がパレスチナに滞在中、トスカニーニが、パレスチナ・シンフォニーオーケストラを指揮し、六回コンサートをやった。楽団員は七〇人ほどのパレスチナユダヤ人音楽家、演目はブラームスとベートーベンの作品であった。いつも満員の入りであった。特筆すべきは、そのうち一回は肉体労働者三〇〇〇人を招いて行なわれたことである。四〇万の小さい社会の文化活動とその成果は、実に目を瞠《みは》るものがある。ナショナルホームで最も注目すべき分野である*8。

一九三七年、ピール調査委員会は、「小さくて狭い領域の中で二つの民族社会の間に生じた……制御できない紛争」を解決するために、パレスチナ分割を勧告した*9。「アラブ人とユダヤ人に対するムスリムの憎悪と敵意の故に、ユダヤ人の民族的融合は……あり得ない」からである*10。グランドムフティのフセイニが、ムスリムによる完全制覇の暁には、ユダヤ人の大半はパレスチナから追い払うと公言していたから、ユダヤ人がムスリムの支配を受け入れるとは思えなかった*11。ピール調査委員会は、分割が唯一正しい解決法であるとの結論に到達し、次のように指摘した。

アラブ人かユダヤ人に希望するものを全部与えても、問題は解決できない。〝結局のところ、どちらがパレスチナを支配するのか〟の問いに対しては、どちらでもないが答であるに違いない。偏見のない公正な政治家が、二民族協和の希望実現不能が証明された今、イギリスはユダヤ人四〇万をアラブの支配へ引き渡すべきとか……あるいはユダヤ人を多数派にすべきで、一〇〇万ほどのアラブ人はユダヤ人の支配へ引き渡すべしと思うのであろうか。考えられない話である。これまでの経緯であきらかなように、いずれの民族もパレスチナ全体の支配はできない。そうであるなら、双方がそれぞれ一部を支配すべきであるという意見は、それが実際的であるのなら、それを否定する理由はない。

問題解決策としての分割案が、研究者の間でしばしば検討され、結局は日の目を見なかったのは確かである。聖地を切り分けることに、本能的な嫌悪感を抱く人が多い。歴史的パレスチナからトランスヨルダンを切りとった経緯があり、それだけでも充分すぎるほどの悪しき前例、というのである。その点に関して我々の見解は、次のとおりである。即ち、果てしなく続く憎悪、争いそして流血事件の対価を払ってまでパレスチナの政治的一体性を維持する道義的意味は、ほとんどなく、パレスチナに政治的線引きをした場合、それによって長い目で見た場合双方の間に、平和と友好が築かれていくのであれば、道義上の打撃はまずないと考えられる……分割は、少なくとも究極の平和の機会を与えると思われる。我々は、ほかに選択肢はないと考える*12。

ピール調査委員会は、ユダヤ人のナショナルホームとして、ユダヤ人が明白に多数派を占める二地域を提示した。

二つの地域は地理的につながっていない。北地域は、テルアビブから現在のレバノン国境までの領土である。沿岸地帯は、地中海から丘陵地帯西端までの幅一〇マイル（約一六キロ）の細長い帯状を呈し、ハイファから東のガリラヤ湖までの内陸部は、やや幅がある。南域は、英委任統治政府の直轄地帯によって北域から分断されているが、ヤッフォの南からガザの北までの地域である。

ちなみに直轄地は、ユダヤ人が多数派を占めるエルサレムを含む。

一方アラブ側は地理上連続した地域で、ネゲブ全域、ウエストバンク、ガザ回廊を含む。ユダヤ人のナショナルホームに比べ何倍も大きい。ユダヤ人地域の人口は、ユダヤ人三〇万、アラブ人一九万で、七万五〇〇〇人を越えるエルサレム在住ユダヤ人は、英委任統治政府の支配下におかれることになる。

委員会は、そのうち土地と人口の交換もあり得るとし、次のように指摘している。

ユダヤ人は、アラブ人国家内に所有する土地の一部ないしは全部を手放し、そこにいる住民がユダヤ人国家へ移ることを望むかもしれない……アラブ人は……ユダヤ人国家内に所有する土地の売却（並びにアラブ人国家への移動）を同様に望むかも知れない*13。

委員会は分割が双方にとって良いとし、その利点を次のように総括している。

我々が提案した分割線について、アラブの利点は次のように要約される。

Ⅰ．国家としての独立を得て、アラブの統一と進歩の大目的に沿い、近隣アラブ諸国と対等の立場で協力できる。

Ⅱ．ユダヤ人が〝氾濫〟し、やがては、ユダヤ人支配に従属させられるのではないかという恐怖から解放される。

Ⅲ．特に、ユダヤ人のナショナルホームを固定境界内に制限し、国際連盟による厳粛な保証をもって、聖所保護を目的とする新しい委任統治を発効すれば、聖所がユダヤ人の支配下に入るという懸念は、すべて払拭される。

Ⅳ．アラブが自分達のものとみなす土地の喪失については、アラブ人国家がユダヤ人国家から相当分の保証を

1938年パレスチナ分割英国提案
0 5 10 15
マイル
ユダヤ人国家
アラブ人国家
英委任統治領に残る
アラブ領内部のユダヤ人所有地
メトゥーラ
ハニータ
ナハリヤ
ツファット
アッコー
ガリラヤ湖
ティベリア
ハイファ
ナザレ
地中海
アフラ
ベテシャン
ジェニン
ネタニヤ
トゥルカレム
ナブルス
ヨルダン川
テル・アビブ
ヤフォ
バイト・ヴェガン
リション・レツィオン
レホボット
ラムラ
ラマッラー
エリコ
カリア
エルサレム
ベツレヘム
死海
ファルジャ
ヘブロン
ガザ
ハン・ユニス
ラファ
ベエル・シェバ
© Martin Gilbert

受けて、相殺する。トランスヨルダンの後進性に鑑みて、アラブは大英帝国の国庫から二〇〇万英ポンドの補助金を得る。土地と人口の交換がとり決めで可能になれば、アラブ人国家の不毛地開拓事業に、別途助成金を与える。緑化が可能という前提に立つが、耕作可能地への転換は、耕作者と国家の利益になる。

ユダヤ人に対する分割の利点は、次のように要約される。

Ⅰ．分割は、ユダヤ人のナショナルホームの設立を確かなものとし、将来アラブの支配に従属する可能性を排除する。

Ⅱ．分割でユダヤ人は、まさに字義どおりに彼らのナショナルホームを自分のもの、と呼ぶことができるようになる。それがユダヤ人国家へ転換するからである。国民は、吸収可能と思うだけのユダヤ人を受け入れることができる。彼らは、シオニズムの主目的――パレスチナにおけるユダヤ人国家の建設――を果たし、他国が国民に認めている同じ地位を、自国民に与えることができる。彼らは〝少数派としての人生〟に終止符を打つのである＊14。

委員会は、ヨーロッパのユダヤ人をナチズムの手から救出する問題に関連して、分割が救出の一助になると示唆、次のように結んだ。

アラブ人ユダヤ人双方に、分割はひとつの期待を提示している。ほかの政策では見込みの立たない期待、即ち、計り知れない平和の恵みが得られるという期待である。委任統治が起こした争いを終わらせることができるのであれば、双方がそれぞれいくらか犠牲を払っても、分割は絶対に価値がある。争いは自然発生ではなく、昔から延々と続く確執でもない。アラブ側の立場に立つある有能なアラブ人は我々に、次のように述べている。即ち、アラブ史上に反ユダヤ人感情があらわになったことはなく、アラブ人の生き方には、妥協の精神が深く根付いていると。このアラブ人は語を継ぎ、ヨーロッパのユダヤ人が直面する苦境に同情の意を表明し、窮状から救い出すための人道的行為が必要であると述べ、「この行為がほかの人々に同じような窮状をもたらすことがないこと」を条件としつつも、「人道的なことをしたくない人は、まともな心の持ち主ではない」と言った。苦悩する多数のユダヤ人にとって、パレスチナに避難できることが何を意味するのか。その意味を考えるとき、分割によって引き起こされる〝窮状〟は、大きいかも知れないが、アラブの寛容が耐え得る限度を越えるもの、とは思われない……この重大時期に国際関係を傷つけ、平和と繁栄の道を妨害している問題なら沢山ある。ユダヤ人問題は特に然りである。アラブ側がいくらか犠牲を払ってこの問題の解決を後押しできれば、ユダヤ人だけでなく西側世界全体から感謝されるであろう＊15。

ユダヤ人は渋々ピール分割案を受け入れたが、アラブ側は断固として拒否し、パレスチナ全域をアラブの支配下に置き、パレスチナユダヤ人の大半については「この国はユダヤ人達と融合できない」ので、「国外への移送」を要求した＊16。

ピール調査委員会が暗に認めていることがあった。アラブは、民族自決権を望む気持ちより、ユダヤ人の民族自決、あるいは辛苦して開発した土地に対するユダヤ人の主権を拒否する気持ちの方が、強いということである。結局、パレスチナ人は、シリアの一部として遠くにいる王の支配下にいたいのである。

ユダヤ人は、国際連盟の委任統治令に従い、拘束力を持つ国際法に準拠しつつ、自分の力で民主的ナショナルホームを築きあげた。アラブ人は、その現実に耐えられなかったのである。たといピール提案の拒否でパレスチナ人の国家ができなくても、領土上つながりのない小さい国をユダヤ人に認めなければよいのである。

英委任統治政府が当事者を招いた会議（ロンドン円卓会議、一九三九年）を招集したとき、「アラブ側はユダヤ人と同じ部屋にいたくなかった」のである＊17。

さらに彼らは、ユダヤ人民間人、英委任統治政府の警察及び公務員に対する大々的暴力をもって、ピール案に答えたのである。

アラブが「パレスチナにユダヤ人の主権を認めようとする試み」をすべて拒否するため、事態は行き詰まってしまった＊18。さらに、英政府側は、ピール調査委員会報告で「ユダヤ人はお情けではなく権利としてパレスチナに来ている」とし、「ユダヤ人移住は単に認可されているだけでなく、厳粛なる国際合意によって定められている」と認めているにもかかわらず、アラブの暴力で、ユダヤ人のパレスチナ流入制限を決めた＊19。

一九三九年にイギリス政府が出した白書（マクドナルド

白書）は、ユダヤ人の移民数を今後五年間で七万五〇〇〇人に制限した。大英帝国は、パレスチナにおけるユダヤ人社会の独立と国家成立を阻止する障壁になった。英帝国主義は今やそのパートナーをユダヤ人からアラブ人に切り換えたのである。

マイケル・オレンが述べたように、「大英帝国は、ユダヤ人のナショナルホーム建設から次第に離れていき、放棄するに至る。しかし、そのホームはすでに初期的国家としての実体を有し、発展しつつあった」のである*20。しかしその国家は、路頭に迷う難民のために門戸を開くことができなかった。アラブの要求で、大英帝国が阻止したからである。その阻止行動は、六〇〇万のユダヤ人が虐殺されたホロコーストの始まりと時期的に重なる。アラブ側が、暴力で応じる代わりにピール委員会の二国併立による解決を受け入れていれば、数十万いや一〇〇万以上のユダヤ人が、救われていたはずである。ナチのユダヤ人駆逐計画は、一九四一年まで、必ずしも抹殺ではなくヨーロッパからの追放であったのである。ヨーロッパのユダヤ人に、ガス室と原野の殺戮《さつりく》以外に行き先がないことがはっきりしたとき、ナチスは〝最終解決〟を選択したのである。

7章　ユダヤ人はホロコーストを逆用した？

告　発

ユダヤ人は、同情を買ってユダヤ人国家建設の支持を得るために、ホロコーストを利用した。踏みつけにされたのはパレスチナ人である。彼らに、ヒトラーの反ユダヤ・ジェノサイドに対する責任は全然なく、踏みつけにされるいわれはない。

告発者

▼ホロコーストは、有力な武器であることが分かった。その逆用によって、世界でも屈指の恐るべき軍事力を誇る国家のひとつが、いまわしい人権侵害の経歴を持ちながら、〝犠牲〟国家としての役回りを演じ、アメリカでは最も強盛を誇るエスニック集団が、やはり犠牲者の地位を手にしている。このもっともらしい犠牲の立場から相当な配当が生じる。特に大きいのが批判免除で、批判がいかに正しくても、許されてしまうのである（ノーマン・フィンケルシュタイン*1）。

▼パレスチナをナチスと同定するため、ホロコーストの記憶が利用されている。これくらいパレスチナ人、アラブ人を激怒させることはない。このような危ない同類化と宣伝手法が、執拗に続けられ、イスラエルとユダヤ人学童に最初からこれが叩きこまれる。ヤドヴァシェム・ホロコースト博物館参観が、特にそうである。エルサレムの西方、デイルヤシンからさほど遠くないヤドヴァシェムに、ヒトラーと並べてハッジ・アミン（フセイニ）の等身大写真が沢山展示され、同一視が強調されている。イスラエル国民とユダヤ人が、第二次世界大戦時指導者の一部がやった事

例には目をつぶりながら、ハッジ・アミンの〝不運な〟事例をパレスチナ人の責任にするのは偽善である（〝ハッジ・アミン・アルフセイニが第二次世界大戦中ナチスと協力したとするイスラエル・シオニストのプロパガンダに答える〟www.PalestineRemembered.com）。

真実

パレスチナ側指導部は、パレスチナアラブ人の大方の黙認を得て、ホロコーストとナチ・ドイツに積極的に加担し支持した。多数のユダヤ人殺害に関し、相当の道義的、政治的そして法的罪すらもある。

立証

ヒトラーが権力の座について間もなくして、フセイニはヒトラーを見習うことに決めた。そしてエルサレム駐在ドイツ領事に「パレスチナ内外のムスリムは、ドイツの新政権を歓迎し、ファシスト反民主主義政治体制が諸外国へ広がることを望む」と伝えた＊2。フセイニは、この体制をパレスチナへ持ちこもうと考え、ヒトラーユーゲントにならって「ナチ・スカウト」を編成した＊3。パレスチナ人の間ではカギ十字が非常な人気であった。

一九三〇年代の後半は、パレスチナへの移住をめぐる相克の時代であった。アラブ側は移住阻止に躍起となり、ユダヤ人側は、ヒトラーのヨーロッパからユダヤ人難民を救出しようと必死であった。この時期は、フセイニを初めムスリム指導者達の指揮するムスリムの暴力が、エスカレートした時代でもあった。アラブのテロリズムが新しい局面を迎えたのが、一九三六年。当初ターゲットは、病院、映画館、住宅、店舗など無抵抗のユダヤ人住民であった。その後ストライキと店舗の閉鎖となり、さらにその後英政府官庁の爆破と続いた。ドイツのナチ政権とイタリアのファシストは、この暴力を支持し、多額の金をフセイニに送って援助した＊4。

ハインリヒ・ヒムラーを長官とするSS（ナチス親衛隊）は、パレスチナにおける反ユダヤ・ポグロムに、財政及び兵站《へいたん》支援を与えている。パレスチナのフセイニの許を訪れたアドルフ・アイヒマンは、その後本人と常時連絡を取り合った。あるアラブ人評論家が「アラブは、ユダヤ人の圧力と影響力のムチを常日頃感じており、ユダヤの陰謀と国際金融圧力にからめとられて苦悩するナチスとファシストに同情したのである」と指摘したように、支援は双務的性格を有していた*5。暴力に対するイギリス側の反応は、当初宥和的で、ユダヤ人移民の割り当て制限で答えた。その後イギリスは武力をもって対応するようになり、処罰と抑止のため、家屋爆破などで答えた。ヤッフォでは、家屋二二〇軒を爆破し、旧市の一部を組織的に破壊した*6。

パレスチナ人とその味方であるアラブは、ヨーロッパ・ユダヤ人社会の悲劇に中立ではあり得なかった。パレスチナ人の公的指導者でエルサレムのグランドムフティ（大法官）であるフセイニは、ナチスと同盟し、やがて戦時中はヒトラーと同じくベルリンで過ごし、ユダヤ問題に関する相談役を果たしたが、ヒムラーに連れられてアウシュビッツへ視察に行き、ヨーロッパ・ユダヤ人の大量虐殺を支持すると表明した。フセイニは、「枢軸諸国で使われている同じ方式」による「パレスチナとアラブ諸国にあるユダヤ人問題の解決」を求めた。パレスチナのユダヤ人は、その多くはスファラディ系で、数百いや数千年前から居住する人々の子孫であった。しかしフセイニは、ムスリム国家の少数派としてパレスチナに残ることすら、良しとしなかった。ヒトラーと同じように、「ユダヤ人をひとり残らず」駆逐したかったのである。フセイニは回想録で次のように書いている。

我々の自由裁量をもって、ひとり残らず駆逐する。これが我々の対独協力の基本条件であった。私はヒトラーにお願いした。我々の民族的人種的願望に合致するやり方で、かつまたドイツがユダヤ人処置用に開発した科学的手段に従って、ユダヤ人問題を解決したいので、それを許すはっきりした保証をいただきたい、と言ったのである。するとヒトラーは、「そのユダヤ人達は君達のものだ」と答えた*7。

フセイニはドイツ勝利の暁にパレスチナへ戻り、アウシュビッツにならった絶滅キャンプをナブルス近郊に建設する計画を立てていた。彼は親ナチ同胞に決起を促がし、「立て、アラビアの息子達よ、聖なる権利を守るため戦え。手当り次第ユダヤ人を殺せ。皆殺しにせよ。あふれ出るユダヤの血は、アッラーがお喜びになる。我らが歴史と信仰を満足させる。これで我らの名誉は救われる」と煽動した。一九四四年、フセイニの統括するドイツ・アラブ・コマンド隊が、落下傘でパレスチナに降下した。目的は毒物によるテルアビブ市の水源汚染であった。

フセイニは、イラクの親独クーデターに手を貸し、バルカン半島ではムスリム部隊の編成に協力した。この部隊はハントゼラー師団という名で知られ、ユーゴスラビアのユダヤ人、セルビア人そしてジプシーを虐殺した。ヒトラーと会談した後、フセイニは日記に次のように書きとめた。

フセイニ。アラブはドイツにとって本来の友人である……心からドイツに協力する心構えができている。破壊活動や革命教唆《きょうさ》といった消極型の戦争協力だけでなく、アラブ軍団の編成による積極的参戦の用意もある。この闘争でアラブは独立を求め、パレスチナ、シリア及びイラクの統合を目指している。

ヒトラー。ドイツの決心は固い。ヨーロッパ諸国で一国ずつ順をおって、ユダヤ人問題の解決を求める。そして、適当な時に非ヨーロッパ諸国にも同じことを求める。それからドイツは、イギリスの保護下にあるアラブ域のユダヤ人殲滅《せんめつ》に専念する。ドイツの戦車師団と航空部隊がコーカサスの南方に進出したら、グランドムフティが求めた公の要望にこたえ、アラブ世界へ行くことができる*8。

パレスチナにおけるムスリムの公的指導者ハッジ・アミン・アルフセイニは、歴としたナチの戦争犯罪人といっても過言ではない。ニュルンベルク裁判でもそう宣告された。戦後戦争犯罪人として、ユーゴスラビアと大英帝国によって追求され、フセイニはエジプトへ逃げた。当地で亡命を認められ、反イスラエル闘争を目的とする元ナチス及びナチ・シンパの組織化で、いろいろ支援を受けた。

フセイニの親ナチ共感とナチ支持が、パレスチナの同胞の間に広く浸透していたと言っても、これまた過言ではない。パレスチナ人同胞は、戦後ナチの虐殺行為における役割が明らかになった後も、本人を英雄視した。フセイニの伝記の著者エルペレグによると、「パレスチナアラブ人やアラブ諸国内では、フセイニの人気はナチスと一緒いた頃と比べ、実際には今の方が高くなっている。第二次世界大戦時、アラブ世界の多くが、ナチ・ドイツに共感を抱いており、それが根底にある」からであり、ナチ・イデオロギーに対する支持熱を高めたのは、シオニズム憎悪であり、「そのユダヤ人憎悪は……計り知れなく、フセイニは対ナチス協力の活動時代（一九四一年十月～一九四五年五月）、その憎悪をぶちまけた」のである。ベルリン放送で流されたフセイニの演説は、骨の髄まで反ユダヤ的であり、「手当り次第ユダヤ人を殺せ。皆殺しにせよ。これが神と歴史と信仰を喜ばせる」と言った。

一九四八年、パレスチナ民族評議会はフセイニを議長に選んだ。戦争犯罪人として追及され、エジプトに身を隠す立場にありながら、選ばれたのである[*9]。

今日、フセイニに対するパレスチナ人の態度は、二つに大別される。現在もフセイニを民族の英雄として崇めたてまつる者があり、その対極にパレスチナ史からフセイニを消すそうとする者がいるのである。ヤセル・アラファトは前者のカテゴリーに属する。二〇〇二年にインタビューを受け、それが二〇〇二年八月二日付パレスチナ紙「アルクッズ」に掲載されているが、そのなかでＰＡ（パレスチナ自治政府）議長アラファトは、ハッジ・アミン・アルフセイニを我ら（パレスチナ人民）の英雄と叫んだ。さらにアラファトは、フセイニが、「ナチスの同盟者と考えられていた」ことを知ったうえで、「自分が彼の軍勢の一員」であったことを自慢したのである[*10]。（今日ドイツ人がヒトラーを〝我らの英雄〟と呼ぶならば、当然のことながらネオナチのレッテルを貼られるだろう）。

エドワード・サイード教授すらも、「パレスチナアラブの民族的総意を体現するハッジ・アミン・アルフセイニは、パレスチナで活動していたパレスチナ人の政治諸党の支持を受け、アラブ諸政府によってパレスチナ人民の声を代表する者として、認められていた」と述べている[*11]。

ヒトラーと同盟を組み、ホロコーストに積極的な役割を演じていた頃、フセイニは「パレスチナの民族指導者」であったのだ[*12]。

ヨーロッパのユダヤ人殺害に関して、パレスチナ人にその責任を押しつけるのは、公正ではないだろうが、その公的な指導部は、ホロコーストの責任なしとは言えないのである。指導部はヒトラーの最終解決、そしてアメリカをはじめとする連合諸国とのヒトラーの戦争を、積極的に支持した。フセイニは、強制収容所におけるユダヤ人数千人の殺害に、個人的に関わった。ある場合には、ハンガリー政府が数千人の児童をナチの手から逃がす計画であることを知ると、彼はアイヒマンと共に介入し、計画中止を求めた。政府は中止し、子供達は絶滅キャンプへ送られた[*13]。彼はナチスに軍事協力も申し入れた。当時ユダヤ旅団が連合軍側にたって戦っていた。その向うを張ってアラブ軍団を提供し、連合軍と戦わせるというのである[*14]。

一九三〇年代から四〇年代にかけて、パレスチナ指導部とナチズムは緊密な関係にあった。この過去を考えると、親パレスチナ派がイスラエルを非難するとき、イスラエルのシンボルとしてカギ十字を使うのは、実に皮肉な話である。ナチスはユダヤ人を共産主義者と呼び、スターリンがユダヤ人をファシストと呼んだように、パレスチナ人とその支持者の多くは――過激右翼と過激左翼の双方が――イスラエル、ユダヤ人そしてシオニズムを〝ナチ〟という用語で表現する。

ある研究者が指摘したように、ユダヤ人はいつも黒と赤の間をこづきまわされる。彼らは再度不快な立場に押しやられている。過激右派と過激左派が共にユダヤ人国家にナチなどと誤ったレッテルを貼るからである。ユダヤ民族の皆殺しを実行したイデオロギー、そしてパレスチナ人指導者達が支持したジェノサイドとそのイデオロギー。そのレッテルを逆に被害者に押しつける。

パレスチナ自治政府の警察長官ガージ・ジャバリは、イスラエルの初代首相で社会主義者のダビッド・ベングリオンを、退治すべき悪鬼にたとえ、「ヒトラーとベングリオンの間に違いはない」と言った＊15。今日大学のキャンパスでは、イスラエルの首相をヒトラーに例え、「シャロンとヒトラーは同じ、違うのは名前だけ」といったシュプレヒコールが聞こえてくる。シャロンを例えば、ピノチェトやスターリンに喩える者は誰にもいない。喩えるのは、いつもヒトラーとナチズムである。ダビデの星とカギ十字を並列させたサインなら、いたる所にみられる。このサインを使う者は、もちろん意図的にジョージ・オーウェルの〝ニュースピーク〟（注・客観的にみえるが、世論操作のために用いる言語操作）を使い、カギ十字がユダヤ人を強く傷つける侮辱的シンボルであることを承知のうえで、ダビデの星とカギ十字を同一視しようとする。

この数年、いくつかのユダヤ人グループが、イスラエル攻撃でカギ十字が使用される問題に心を痛め、使用禁止について筆者の尽力を求めた。筆者は検閲に反対であるから、彼らにはいつも、これを教育の機会として利用するようアドバイスしている。

パレスチナ人がイスラエルをナチズムと同一視しようとするなら、パレスチナ人のナチズム支持がはびこった事実を、世界中の人々に思い出してもらおうではないか。

エジプトでは、戦後ナチ戦争犯罪人達がかくまわれ、その彼らはエジプト政府を助け、イスラエルの民間人をターゲットにする作戦に一役買ったのである。パレスチナ人やその支持者がカギ十字を使うなら、動かぬ歴史的証拠をつきつけ、世界中の人々に思い出してもらおうではないか。

彼らが崇めたてまつった指導者は、ヒトラーのユダヤ人皆殺し計画であるジェノサイドを積極的に支持し、ヒトラーを後押してパレスチナへホロコーストを広げようとしたのである。ジェノサイドでヒトラーのパートナーになった人物は、今やパレスチナ自治政府議長の〝英雄〟となり、自治政府首相は、ヒトラーのホロコーストはなかったと称して、それを〝証明〟しようとしたのである。これが現実の姿である。言語操作で犠牲者を加害者に変えようとしたり、悪人を英雄に仕立て直そうとしたりしても、歴史は変えられない。

通常、戦争の敗者側を支持する者は、特にナチスのようにとてつもない悪の権化側を支持する者は、敗者の降伏で始まる戦後の再編で得することはない。第一次世界大戦時、パレスチナのムスリムは大半が同盟側につき、その同盟側は敗北した。一方パレスチナのユダヤ人は勝者となる連合側についていた。第一次世界大戦では、英軍と共にユダヤ軍団（第三八、三九及び四〇大隊）が戦うなど、ユダヤ人のイギリス支持が、一九一七年のバルフォア宣言をかちとる一助となったのである。第二次世界大戦では、パレスチナのユダヤ人青年数万が志願し、そのユダヤ旅団（JBG）は連合軍の一翼をになって戦った。この連合国支持が、一九四七年の国連分割決議を勝ちとる一助になったのである。チャーチルは「アラブは、戦後処理で……何の貸しもない」と言った。戦時下広範囲に及ぶナチズム支持のためである。ウインストン・チャーチルはパレスチナ側指導者を「不倶戴天の敵」と位置づけた＊16。

まともな人間の目からみると、戦後処理の段階でパレスチナ人やアラブは要求を突きつける立場にない。彼らの（そして広範なアラブの）ナチス支持が、その資格を奪ったのである。いや剥奪されて然るべきであった。例えば、ズデーテン系ドイツ人は、チェコスロバキア境界地のズデーテンランドに、何世紀も居住していたが、戦後境界の狭くなった新しいドイツへ移動させられた。戦前戦中のナチズム加担が、その資格を奪ったのである。ウインストン・チャーチルは、移動させられる者の反対があり、彼自身人道的見地から懸念も抱いていたが、それでも「もちろん移動がなければならない」と言った＊17。

ところがパレスチナ人は、資格剥奪どころか一九四七年に一九三七年の時とほぼ同じ提供（不毛のネゲブ砂漠を除く）を受けたのである。ヨーロッパの絶滅キャンプの生残り数十万が緊急に住地を必要としているにもかかわらず、その提供を受けたのである。国連で分割計画が討議されている頃、ヨーロッパでは二五万のユダヤ人難民が、親兄弟や子供あるいは連れ合いを殺した国に留め置かれ、おぞましい強制キャンプに住んでいた。生残りはポーランドへ戻ることができなかった。ポーランド人がナチスの敗北後もユダヤ人を殺し続けていたのである。ポーランドの共産党指導者は、ユダヤ人難民の帰還などもってのほかと考えていた。行き場のない難民が、臨時キャンプのあるドイツに残留するのは無理な話だった。

分割されたパレスチナのユダヤ人側ナショナルホームへ受け入れることが、唯一可能な難民問題の解決法であった。一方ユダヤ人が多数住むアラブ諸国でも、問題が大きくなりつつあった。ムスリム諸国のユダヤ人は、せいぜい二級市民として扱われるのが関の山で、悪くすると集団暴力から手頃なターゲットにされていた。イスラム世界のユダヤ人が、ホロコーストのように抹殺対象にされたことはないが、長い間宗教上の差別にさらされ、ポグロムの犠牲になっていた。

イスラム世界には、アパルトヘイト式のシステムがあった。宗教上のカテゴリーであるジンミーは、ユダヤ人とキリスト教徒が含まれ、劣等民とみなされ、不平等の扱いを受けた。まだその制度を持つところがいくつかあるが、ジンミーは、官公庁の職務から排除され、他と区別するための衣類着用を強制され、シナゴーグと教会の建設及び運用に制限をうけた。確かに、ジンミーが自分の信仰生活を守り文化を持つことは許されたが、それも特別税ジズヤ（人頭税）を払うことで許容されたのである。もちろんムスリムにはその義務はない。ジンミーは、国家による保護と交換に、特別税を払うのである。つまり、政治組織を持っている社会（ポリティカルコミュニティ）の枠の外に置かれているのであり、ジンミーは二級市民という表現は正しくない。市民という概念の埒外《らちがい》にある存在である。たといどこかのムスリム政権が、比較的寛容に扱うとしても、ジンミーがアウトサイダーであることに変わりはなく、為政者の気まぐれに左右されて生きているのである。

ムスリムとアラブが支持したホロコーストの後、差別する多数派の気まぐれな保護を受け、劣等民たるジンミーとして生きることも、難しくなった。イスラム世界のユダヤ人は難民予備であった。彼らは行き先を待っていた。宗教や人種で差別されず法的に平等の市民として生存できる所の出現を待っていたのだ。イスラエルがその行き先であった。建国直後、約八五万のスファラディ系及びミズラヒ（東方）系ユダヤ人が、先祖代々数千年も居住してきたアラブ世界を追いだされ、あるいは出国を〝選択〟した。12章で分かるように、強制されあるいは恐怖につき動かされ、あるいはまた迫害される少数派として生き続けることに耐えられなくなって、先祖伝来の地を離れたのである。新生ユダヤ人国家に対して、アラブ正規軍が大々的攻撃をもって侵攻し、その戦争でアラブ難民が発生した。双方の状況は比較対照できる点が多々ある。

ユダヤ人難民のためパレスチナ人が犠牲になるいわれはない、と主張する向きもある。それによると、終戦時難民になったホロコーストの生残りは、どこかに居住地を持つ権利があるといっても、その居住地がアラブ一般特にパレスチナ人の犠牲の上に生まれてはならないとし、ホロコーストはドイツが引き起こし、ドイツやポーランドそしてオーストリアからのユダヤ人難民の受け入れを拒否したアメリカを含む諸国の過失が重なったのである。二〇〇一年にイランのハタミ大統領が言ったように、「西側のナチスとファシストがユダヤ人に対して罪を犯したのであれば、なぜパレスチナ人が代償を払う必要がある。罪を犯した者が払うべき*18」である。

この論法は少なくとも二つの理由で成立しない。

第一、イスラエル国は、アラブやパレスチナ人を犠牲にして誕生したわけではない。国連でユダヤ人国家に割り当てられた地域は、ユダヤ人が多数派を形成しており、そこで支配者の大英帝国（そしてその前のオスマントルコ帝国）との関係で、民族自決権を行使したのである。問題の地域は、アラブのものでもパレスチナ人のものでもなかった。領土自体は帝国から帝国へと引き継がれてきたのである。やがて、二つの集団に、それぞれの地域で民族自決権を行使する時が来た。歴史上、人口動態上、経済上そして法制度上それぞれ独自のユダヤ人とアラブ人の地に、独立するのである（パレスチナに存在した最後の独立国家は、紀元七〇年にローマに滅ぼされたユダヤ人国家である）。

第二、アラブとパレスチナ人指導者のなかに、ホロコーストに対する相当の責任を有する者がいるのに、この論法はこの事実に目をつぶる。彼らはホロコーストを支持し、助け、自分達のために利用し、そして見返りを期待したのである。さらに、ユダヤ人難民が路頭に迷う緊急時に、イギリスがドアを閉ざしたのは、アラブとパレスチナ人の圧力のためである。一九三七年にピール調査委員会が提案した小さな地域であっても、そこへ受け入れることが許されていたならば、数十万の、恐らくはもっと多くのユダヤ人の命が救われたはずである。

第二次世界大戦時アラブとパレスチナ人はホロコーストに関して間違ったことをやり、さらに罪を犯した側を支持するなど罪は重い。大激動の世界紛争後には必ず領土及び人口動態の再編が起きる。罪を犯した側には、それなりの損害分担が求められるのである。ズデーテン系ドイツ人が、罪を犯した側にいたことによって、負担に堪えざるを得なかったように、アラブとパレスチナ人が戦後の難民問題解決を分担するよう国連から求められたのは、当然である。

さらに、国連がパレスチナ分割によって行なったのは、ユダヤ人に民族自決権の行使を認めたことである。この権利は、人権と市民的自由の擁護者が昔から主張してきたものであり、ユダヤ人国家として割り当てた地域で、ユダヤ人多数派がその権利を行使してよいとしたもので、今日パレスチナ人がウエストバンクとガザにその行使を求めているわけである。

アラブ、ムスリム諸国では、宗教指導者と政治指導者双方が何世紀もユダヤ人少数派に二級の（それよりもっと悪い）地位を押しつけてきた。アラブ、ムスリム世界でユダヤ人が慈悲深い扱いを受けたというのは、神話にすぎない。その神話は、最近の研究でものの見事に打ち砕かれている。南アフリカでは、マンデラ以前のアパルトヘイト政権によって黒人に制度としてのアパルトヘイトが課せられたが、ユダヤ人は多くの点で共通するシステムの犠牲者であった。区別するための衣服着用、自衛用武器の所有禁止、特別税の支払などの法的宗教的差別のほかに、ポグロムや血の中傷に周期的に見舞われたのである。ダマスカスの血の中傷事件（一八四〇年）はその例であるが、モリスによると、次の事件が起きている。

モロッコのテトアン虐殺事件（一七九〇年）、ペルシアのマシャード虐殺事件（一八三九年）及びバルフルシュ虐殺（一八六七年）、バグダッド虐殺事件（一八二八年）。一九一二年には、フェズのユダヤ人地区がムスリムの暴徒によってほぼ完全に破壊された。第二次世界大戦時の一九四一年には、親ナチ暴徒がバグダッドでユダヤ人地区を襲撃、数十名を殺害した。ジンミーの地位では自分の信仰だけは守れるはずであるが、イスラム世界のさまざまな地域で、ユダヤ人社会が改宗か死かの選択を度々迫られた。いつもというわけではないが、ムスリム帝国における集団暴力はゆるぎない中核ではなく、通常動揺しやすい末端域で発生した。しかし、ユダヤ人が邪教徒でイスラムの敵であり神の目からみて劣っているとする基本認識は変らず、代々ムスリムの地で引き継がれてきた＊19。

中東北アフリカでは致命傷になることはないが、侮辱もはなはだしい悪習が、定着していた。

イエメンやモロッコなどの地域で、田舎の風習にまでなっているのが、ムスリム児童による投石。ユダヤ人侮辱の一手段であり、シンボル的行為である。時は十九世紀、ヨーロッパのある旅行家が、次のように書いている。

「六歳前後の小さい男児が、幼児達を引き連れていた。ぷっくり肥ってよちよち歩き、年齢も三歳か四歳位である。その男児は、ひとりのユダヤ人をまとに、石投げを教えていた、すると、小さな腕白小僧が、あわてる様子もなくよちよち歩いて行き、足を踏んばって、そのユダヤ人の肢に唾をペット吐いた。ユダヤ人は何もしない。マホメット教徒をぶてば、命に関わるのである」＊20

歴史学者エリー・ケドゥリは、ユダヤ人に対するムスリムの伝統的扱いを〝蔑視的許容〟と総括している＊21。ユダヤ人は〝劣等人種〟として扱われたのである＊22。異端審問とホロコーストがなかった事実は、キリスト教世界のヨーロッパがもっと苛烈であったことを示すにすぎない。ヨーロッパのキリスト教徒とアラブ諸国のムスリムは、少数派のユダヤ人を残酷に扱ってきた。違うのは程度の差だけである。このような事情を背景に第二次世界大戦が終局に向かう頃、ユダヤ人が平等に扱われ迫害から身を守れる環境の必要性が、世界に認識されるようになった。その環境とは、ユダヤ人が多数派を形成するユダヤ人国家である。

筆者が別の著書で詳しく論じたように＊23、正義が悪事から生まれるのなら、ムスリム諸国とキリスト教徒諸国のユダヤ人に押しつけた悪事が、ユダヤ人に多数派を占める地に民族自決を行使する権利があることを、世界に教えたのである。四半世紀前、ウインストン・チャーチルは、そのような国がすでに存在すると、言った。その指摘は正しかった。ユダヤ人が多数派を占めるパレスチナ域に、国家運営に必要な政治、経済及び文化的仕組みが形成され、さらにユダヤ人の軍隊も生まれていた。その部隊が、第一次世界大戦とその後の第二次大戦で、勝者の側に立って戦ったのは、既述のとおりである。

国連がやったのは、ユダヤ人が権利を持った地域でその民族自決を行使した現実を、追承認することであった。その権利は、国際法と条約そして国際連盟によって認められているのであり、さらには国連の多数決で支持されている。合法的に不在地主から購入した土地を耕作し、その地に生きる権利を認めたのである。

一九四七年十二月一日付ロンドン・タイムズが論説で指摘したように、「パレスチナには、コンパクトで高度に組織化された、実質的にユダヤ人の自治社会が存在する。この既成事実を単に認めるだけであるのに、アラブ世界がましてやパレスチナのアラブ人が苦しむというのは理解できない」のである[*24]。

ユダヤ人難民が、ナチズムとイスラムのアパルトヘイトから生まれ、非常な苦境下にあった。パレスチナ人とアラブ人に非難すべき点を問うと、それを拒否する。パレスチナ人の広範なナチズム支持の歴史に照らしてみれば、納得のいかない態度であるが、他人の手にかかって非常な苦しみをうけた人々を考えると、差別撤廃措置の事由は強い説得力を持つ。

アフリカ系アメリカ人に対する差別の撤廃を支持する我々は、過去の過ちに対する補償の理論にもとづいて、そうしている。我々(ユダヤ系アメリカ人)の先祖は、奴隷制があった頃この国にいなかったから、責任がないかも知れないが、我々は、進んで補償を分担しなければならない。我々の孫、曾孫は、第一志望の大学や職業につけないかも知れない。その場所は、奴隷や少数民族の子孫に割り当てられているからである。当り前のことだが、奴隷制で直接利益を得た者は、補償分担では特に責任が重いだろう。それと同じで、ホロコーストから利益を得た者は、犠牲者に対して特別の責任を負うのである。

しかし、広い意味では全世界が、奴隷制、ホロコースト、その他諸々のジェノサイドに対して責任を認め、一種の差別撤廃措置に踏み切る必要がある。ピール調査委員会すらも、その要素をナショナルホームの存在承認の提言で、次のように認めている。

偏見のない観察者がこのナショナルホームを見てその将来を願わないというのは、あり得ない。不当の苦しみにはそれだけの意味はある。ナショナルホームは、多大なるエネルギーと進取の精神を発揮し、そして共通の大義に対して献身している。大英帝国がその建設を支持したことに関して、我々はバルフォア卿と共に、キリスト教徒世界が「犯した悪をすべて忘却したのではない」ことを示した、と主張するものである*25。

ムスリム世界は史上ユダヤ人を二級の非市民（ジンミー）として扱った。この世界も、犯した悪をすべて認めるべきである。

パレスチナ分割が、国際社会による一種の差別撤廃措置とみられた一九四七年当時、それがパレスチナ人のためと信じなかった者にとっても、分割は公平以上のものがあると思われる。多様性の必要をベースとした差別撤廃措置を支持する者にとって、ユダヤ人国家は、多様性の世界に、一層の多様性を付加することを意味する。世界には四〇を越えるムスリム国家があり、ヒンズー国があり、キリスト教国、仏教国なら沢山ある。ヨルダンには、パレスチナ人を多数派とする国家がすでに存在する。パレスチナ人が統治する新しいパレスチナ国家が、ウエストバンクとガザにできれば、多様性がひとつ増えることになる。

8章　国連の分割決議はパレスチナ人に不公平であった？

告発

一九四七年の国連分割決議は、パレスチナ人に不公平であった。

告発者

▼シャビット「あなたなら、一九四七年の分割決議を受諾しましたか？」

サイード「私の本能はノーと言います。少数派が多数派と同等の権利を得る。これをベースとした不公平な決議です。多分我々は退場すべきではなかったと思う。我々自身の決議案を提示すべきだったのではないか。しかし私は、分割決議が当時のパレスチナ人には受け入れ難かったという点は、理解できます」（エドワード・サイード＊1）

▼一九四七年、国連が解決策を提案した。受諾したのはユダヤ側だけであった。国連の歴史では、通常双方が合意しないと、その解決策を履行しない。そしてその解決策に反対するパレスチナ居住の多数派にその策を押しつければ、彼らが力で反撥しても不思議ではない。

……しかし我々には、分割決議拒否は間違っていたと言う権利など無い。彼らはシオニズムを植民地主義運動とみなしていた。その見解は充分に理解できる。例えば五〇年代のアルジェリアを考えればよい。アルジェリアの民族運動が、アルジェリアを白人入植者と分け合い、分割して国を二つ作ることに同意したであろうか。アルジェリアの民族指導部に「歴史的機会を逃すな」などと誰が言うであろうか（ハイファ大学政治学部講師イラン・パッペ＊2）。

真実

国連の分割決議は双方に公平であった。それはアラブ人とユダヤ人相互の自決を反映したものであり、それは現在国際世論の総意となっている。

立証

一九四七年のパレスチナ分割決議時、国連が判断したように、双方の主張する「紛争の歴史的起源」や「ことの真相」をベースとした問題の解決は不可能である。分割のベースにある基本前提は、「パレスチナに対するアラブ人とユダヤ人の権利主張は、共に妥当な言い分があり、両立しない」ということである。現在、二国併存方式によるパレスチナ・イスラエル紛争の解決が、国際合意になっている。その基本となっているのが、一九四七年の国連報告であるから、その結論の引用は大いに参考になる。即ち、

1．分割提案のベースになる基本前提は、次のとおりである。第一、パレスチナに対するアラブ人とユダヤ人の権利主張は、共に妥当な言い分があり、両立しない。第二、これまで提案されたさまざまな解決法のなかで、分割が現実的かつ実行可能な解決策であり、双方の主張と民族的願望をある程度満たすための、実現可能なたたき台である。

2．双方の人民共にパレスチナに歴史的起源を有し、経済及び文化生活に大事な貢献をしていることも事実である。分割による解決は、以上のことを充分に考慮したものである。

3．パレスチナにおける紛争は、二つの強烈な民族主義の衝突である。紛争の歴史的起源、公約と逆公約の真相、そして委任統治に対する国際介入に関わりなく、パレスチナには現在ユダヤ人六五万人とアラブ人一二〇万人が居住し、生活様式の異なる生き方を守り、それぞれの政治的関心によって分かれている。それぞれが抱くその関心が、充分かつ効果的な政治協力を難しくしている。

4．衝突する民族的願望がそれぞれ相当にかなえられ、双方の人民が国際社会と国連に独立国としてそれぞれ場所を得るには、分割による方法しかない。

前に述べたように、二国併存による解決が本書の前

提でもある。筆者は、一九三七年のピール調査委員会や一九四七年の国連、そして二〇〇〇年当時のエフード・バラク首相と同じように、双方にある過激主義者の主張を拒否する。これは、世界の大方の総意でもある。具体的にいえば、筆者は、「大イスラエルの全域」をユダヤ人国家にすべきとするユダヤ人過激主義を拒否する。そして筆者は、「たとい切手のサイズであっても……ユダヤ人国家に生存権なし」とするアラブ人過激主義者の主張を拒否する*3。

現在世界の総意は、この前提を支持する。即ち、ユダヤ人国家とパレスチナ人国家の併存である。双方の領土のサイズと正確な境界線については、合意が成立していない。しかし、二国併存による解決原則は、一九四七年の時よりも、受け入れられる下地ができている。アラブ諸国の大半とパレスチナ自治政府が、少なくとも外部に語るときは、受け入れているように思われるからである。

現在この原則を拒否している者が、イスラエル、アメリカのユダヤ人社会にいる。いずれも社会の周辺部に位置する極く小さい少数派である。アラブ・イスラム側で拒否戦線を形成しているのは、ハマス、ヒズボラ、イスラム聖戦、パレスチナ人テロ集団、シリアとリビア、そしてイランである(二〇〇三年二月、ローマで記者会見したイラクの前副首相タリク・アジズは、イスラエル人記者の質問すら受け付けなかった)。

二国併存の解決が、平和の望みをかなえる最良の選択肢であり、一九四八年に受け入れ、イスラエル側はまず一九三七年に、そして再び一九四八年に受け入れ、それに対しアラブ諸国、パレスチナ人そして文字どおりすべてのムスリム指導者がまず一九三七年に、そして再び一九四八年に断固として反対し、暴力をもって拒否したのである。イスラエルの主張の正しさはここにある。反イスラエルの立場をとる者は、これにきちんと回答しなければならない。

パレスチナの第一次分割で、アラブの首長国が誕生した。最初から割り当てられているわけではなかったが、分割による分離域はトランスヨルダン（ヨルダン川の向こう側）と名付けられ、ついでヨルダンと改称された。ユダヤ人国家とアラブ人国家に分ける第二次分割は、トランスヨルダンを除いた地域を対象とした。その構想は不名誉な過去の植民地主義や帝国主義の残響ではなかった。それは、ウィルソン大統領をはじめ多くの進歩的人士が提唱し擁護した新しい概念、即ち民族自決にもとづく。ユダヤとアラブの二カ国に分ける国連の分割決議以来、自決の結果重い責任がある。

として多数の国家が誕生した。イスラム国家が数カ国含まれる。パキスタンのように、分割によって生まれた国もある。戦後次々と生まれた国家のなかで、ユダヤ人の民族自決だけが――それもユダヤ人国家として割り当てられた地でその地の多数派であるユダヤ人が自決権を行使するのである――イスラエルの敵によって植民地主義や帝国主義と脚色されるのである＊4。それは単なる罵倒でありスローガンにすぎない。事実や歴史に合致しないのは、むろんである。

植民地主義、帝国主義と言うのであれば、一九二三年に大英帝国がつくったヨルダンとハーシム家の支配者をすえた行為こそ然りである。

正式にそこからユダヤ人を全員排除したのは、露骨な人種主義的行為であった。

しかるに、その国の非嫡出の出生由来については、ほとんど話題にされない。国連によって割り当てられたパレスチナのユダヤ人域をユダヤ人が統治する。それに対し、ヨルダンでハーシム家が多数派のパレスチナ人を支配する。どちらが民族自決の道に沿っているか明らかである。それでも、選択的罵倒者やスローガン屋は、ユダヤ人国家だけに見当違いのレトリックを投げつける。彼らには説明する

9章　ユダヤ人はイスラエルとなる地域で少数派であった？

告　発

ユダヤ人国家は、ユダヤ人がパレスチナ総人口中の少数派にすぎないのに、そのパレスチナに建国された。

告発者

▼イスラエル・パレスチナ紛争に関して、アメリカ人は情報のほとんどを、法人の統制下にある、政治的に操作された主流メディアから受けている。ほとんどの人は、歴史の真実を精査する機会がない。パレスチナ人が正真正銘の土着住民であり、現在イスラエル人が占領している地は、もともとパレスチナ人が所有していたのである。一八七〇年時点で、人口の九八％はアラブ人で、ユダヤ人はわずか二％にすぎなかった。一九四〇年には、ナチスから逃れようとしてヨーロッパからユダヤ人が殺到したが、それでもパレスチナ人が六九％を占めていた。そして一九四六年（ママ）、国連が土着の住民の承認なしでイスラエルをつくったとき、全人口一八四万五〇〇〇人の六五％はパレスチナ人であり、ユダヤ人は三五％以下であった。このような事実を知る人はほとんどいない（カリフォルニア州　ラバーン大学英語学教授ウィリアム・A・クック＊1）。

▼一九四七年時点で、ユダヤ人六〇万人が居住していた。つまり、国連がパレスチナを分割したとき、ユダヤ人は少数派（全人口の三一％）であったのだ。この分割は、帝国主義列強が、スターリンの支持を得て推進したもので、沃土の五四％をシオニスト運動に与えたのである（ブラジル人ジャーナリスト、セシリア・トレド＊2）。

▼五〇年に及ぶ民族浄化と占領、強奪の後であっても、パレスチナ人（八二〇万）とイスラエルのユダヤ人（四五〇〜五〇〇万）の人口比率は、一九四七年十二月時点と変わりない。この比率は当時も今も二対一で、パレスチナ人が多いのである。しかるに、イスラエルは人口的に〝ユダヤ人国家〟であるために、特に〝ユダヤ的性格〟を維持するために、民族浄化を行ない、パレスチナ人の八〇％を居住地から、農場から商業、銀行、船舶……等々から追い出したのである（「アラブは一九四七年の国連分割決議を拒否、ユダヤ人国家を攻撃し一九四八年の戦争に敗北した」とするイスラエル・シオニストのプロパガンダに反論するwww.PalestineRemembered.com）。

真　実

ユダヤ人は、国連がユダヤ人国家として割り当てた地域で、多数派を形成していた。

立　証

パレスチナ擁護派は、先に結論ありきの話を補強するため、人口の実態をいい加減に扱い、数字をもて遊ぶ。一九四七年の国連分割時におけるパレスチナのアラブ人口を推定するにあたって、アラブの大義派は、ウエストバンクとガザのみならず、現在のヨルダン人口を含めたりする。

一九四七年の国連分割決議の公平性を評価するには、割当て地域における当時の人口構成をみなければならない[*3]。その数字もいくつかあるのではあるが、国連の公式数字は、ユダヤ人国家への割当て地人口を、ユダヤ人五三万八〇〇〇人、アラブ人三九万七〇〇〇人（このなかには、キリスト教徒のほか、ベドウィン、ドルーズ、チェルケスなどの少数民族を含む）である。

民族自決と分離問題について住民投票がなされていたら、国連がユダヤ人国家として割り当てた地域の住民は、疑いなく圧倒的多数が国連決議を支持したであろう。土地の分割については、確かにユダヤ人国家の方が大きい。しかしそれは、ネゲブ砂漠を含めてのことである。当時この砂漠は居住と耕作に適さぬ不毛の地とみなされていた。不適地としてのネゲブを除外し、あるいは砂漠を割り引いてみると、アラブ側に割り当てられた適地の方がずっと大きいのである。

さらに、ユダヤ人国家に割り当てられた土地の多くは、元々湿地や砂漠地であった。それをユダヤ人が労力と資金を投資し、干拓あるいは灌漑して沃土に変えたのである。アラブ人に割り当てられた土地は分断されることなく、ひとつにまとまった地域であり、トランスヨルダンと隣接していた。そこはパレスチナ人が圧倒的に多いが、大英帝国によって、ハーシム家が支配者にすえられたところであった。

ユダヤ人に割り当てられた土地は、西エルサレムを含んでいなかった。そこはユダヤ人が多数派を占めるところである。ユダヤ教にとって二大聖地のひとつヘブロンは歴史的にも由緒のある地だが、ここも除外された。ユダヤ人口一〇万を擁するエルサレムは国際化され、ユダヤ人地域から切り離されるのである。

ヘブロンは、一九二九年と一九三六年にパレスチナ人がユダヤ人住民の女子供や老人を虐殺して、住民を追い出した。それまで何千年も居住してきたユダヤ人を排して、アラブ地域に割り当てられた。

ユダヤ人が住むことになる地域は、アラブ地域によって分断され、地理的にひとつにつながっていなかった。アラブの攻撃を受ければ、防衛が難しい。エルサレムだけでなくツファットも、ユダヤ人社会が孤立する。テルアビブすらも危ないのである。沿岸地帯は細長い帯状を呈し、地中海からアラブ地域までせいぜい九マイル（一四キロ強）しかない。その沿岸部に位置するテルアビブは、敵部隊が容易に分断できる。

それでもイスラエル側は直ちに国連決議を受諾し、英委任統治の終了に合わせて独立を宣言したのである。アラブ側はこの分割決議を拒否し、新生ユダヤ人国家を空陸から攻撃した。イスラエルが撃退した後、パレスチナ人国家として残った地域は、ヨルダンとエジプトに占領された（ヨルダンはウエストバンクを占領した後、併合した。ガザ回廊を占領したエジプトは管理地区として維持した）。

アラブ側が国連の分割決議を受諾していれば、（現在対象域にされているものより）大きく地域的につながっている領域がパレスチナ国となり、ユダヤ人国家と並んで存在しているはずである。今日国際総意になっている二国併存による解決は、流血もなく達成されたであろう。パレスチナ国家は一九四七年に（その前の一九三七年にも）誕生可能であった。

現在二国併存による解決を受け入れている者は、国家創設の提案を拒否したアラブ、パレスチナ人指導者を当然非難すべきだろう（16章および17章で検討するが、二〇〇〇年のキャンプデービッドとタバで、エルサレムを首都とするパレスチナ国家の建国が提案されたが、再度パレスチナ人によって拒否された。彼らは対案をもって話をつないでいくことはせず、イスラエル国民に対する自爆テロの拡大をもって拒否したのである）。

10章　イスラエルがパレスチナ人を犠牲にしたのが アラブ・イスラエル紛争の根本因？

告　発

イスラエルがアラブ・イスラエル紛争の原因である。

告発者

この紛争に対称性はない。そう言わざるを得ない。この紛争には加害者と被害者しかいない。パレスチナ人は被害をこうむった、犠牲者である。私ははっきりそう考える（エドワード・サイード＊1）。

真　実

アラブによるイスラエルの存在権拒否が、今なお続く問題の根源である。

立　証

拒否したのは、グランドムフティ（フセイニ）だけではない。パレスチナ解放機構（ＰＬＯ）が拒否し、アラブ世界が拒否してきた。パレスチナ人も、最初に正式提案のあった一九三七年以来、二国併存の解決をつい最近まで拒否してきた。紛争の中心にあるのが、この拒否姿勢である。アラブ・ムスリム指導者の大半は、パレスチナ人の民族自決を推進あるいは行使することより、ユダヤ人の民族自決を拒否する方に関心があるのである。これが悲しい現実である。長い間あまたのパレスチナアラブ側指導者が、言葉と行動で示してきたのが、これである。

この現実は道理に合った論議の域を越えている。一九三七年一月、ピール調査委員会がグランドムフティから意見を聴取したとき、彼はユダヤ人の自治、〝政治権力〟あるいは〝基本的権利〟を拒否するのみならず、「アラブパレスチナ国家出現の暁には、ユダヤ人社会の安全を保障する」ことはないとまで言い切った。もちろん、これで、パレスチナ国家あるいは連邦化がないことを、はっきりさせたのである。グランドムフティが証言を終えた後、委員会は〝皮肉をこめて〟次のように指摘した。

我々は、ムフティ及び本人の同僚達が抱く意図の誠実さや人間性を問題にしているわけではないが、条約や確約による保証があるにもかかわらず、イラクの少数民族アッシリア人に起きたことを忘れるわけにはいかない。我々は、アラブ人政治家達がナショナルホームに対する憎悪を隠すこともなく、その憎悪がアラブ人社会全体に浸透している事実も、忘れることができない*2。

それからずいぶん時間がたったが、事情はほとんど変わっていない。一九九九年四月三十日、パレスチナ自治政府（ＰＡ）の公共放送が、次の内容の説教を放送した。

ムスリムパレスチナの地は単一の領土単位であり、分割できない。ハイファとシュケム（ナブルス）の間に違いはなく、ロッドとラマッラの間も、エルサレムとナザレの間にも違いはない……東から西までパレスチナの地は、全ムスリムの利益のための、聖なるワクフの地である。この地の分割や一部の放棄の権利は、誰にもない。パレスチナの解放はパレスチナ社会のみならず、すべてのイスラム共同体の責務である*3。

二〇〇二年六月、ヤセル・アラファトに任命されたエルサレムのムスリムトラスト（信託財産）の首席代表は、「パレスチナは全域がイスラムの土地である……ユダヤ人がこれを強奪したのである……イスラムの土地に関しては、妥協は一切ない」と述べた*4。

ユダヤ人への土地売却を禁じるファトワ（イスラム法に基づく判決）もあり、土地売却は「背教行為でありイスラムの否定である」と規定する。イスラム法学者達によると、ユダヤ人によるムスリム支配やムスリムの地支配が禁じられている*5。

主流派のパレスチナ指導部は、近年になってやっと、イスラエルの存在を認めると言うようになった。しかし、その言葉はあいまいで、論旨が変わることもあるが、パレスチナ人が以前には暴力で拒否した、その境界へイスラエルが戻るならば、認めてもよいという発言である。

しかし、主流以外のパレスチナ人やアラブ側指導者の多くは、まだ二国併存による解決を拒否している。それには、拒否戦線国（シリア、イラン、リビアなど）やパレスチナ拒否戦線（ハマス、ヒズボラ、イスラム聖戦など）だけでなく、パレスチナ人を代弁すると称する偉い〝主流派〟人士の声も、含まれる。

この声の代表格のひとりがコロンビア大教授エドワード・サイードで、世俗派に〝政治的に受け入れられる〟という見地に立つイスラエルの存在、を断固として拒否しようとした。そのサイードは次のように言っている。

筋の通った道はただ一つ……闘争再開である。パレスチナ人とその支持者に、歴史的パレスチナの地で〝非ユダヤ人〟を、屈従の立場に追いやる根本思想に対して、闘争を再興せよと促すことである……内在する矛盾が、神政主義・人種排他主義と真の民主主義との対決であらわになった時に初めて、イスラエル・パレスチナの和解と平和への希望が生まれる＊6。

サイードが指摘を怠ったことがいくつかある。パレスチナ自治政府を含め、ムスリムおよびアラブ国家はひとつの例外もなく、ユダヤ人を屈従の地位に追いやり、貶《おとし》めており、その立場は、おおむね世俗社会であるイスラエルの非ユダヤ人が置かれた立場より、はるかに劣るのである。

サイードは、イスラエルに代わるものとして〝真の民主主義〟を口にする。しかし、イスラム国は、パレスチナ自治政府を含めてひとつも存在しない。サイードはこの事実を認めない。

イスラエルは法の支配と慣習共に、中東でも抜きんでた民主主義国家であり、神政云々とは一番縁の遠い存在であるのに、サイードは、イスラエルだけを取りだし、あたかも中東でイスラエルだけがひとつの宗教を優越的地位にひきあげる国であるかのように扱う。サイードは、このダブルスタンダードに対する説明責任がある。

パレスチナ側の世論調査機関による近年の世論調査は、大半のパレスチナ人もまた、二国併存の解決を拒否していることを示している。この調査によると、実に八七％が「パレスチナ全域の解放」を望んでいる＊7。ヤセル・アラファトは、長い間二国併存の解決を拒否していたが、その後この解決法を受け入れるような素振りをしたものの、二枚舌を使い続けた。

　オスロ合意が二国併存による解決の道筋をつけたわけであるが、その合意に調印した後、ストックホルムのグランドホテルで、アラブ側指導者に対し次のような声明を出したことが、ばれてしまった。

> 　これから我々ＰＬＯは、力を結集して心理的にイスラエルを二つに分断する……五年以内に我々はウエストバンクとエルサレムに七〇〇万のアラブ人を住まわせる。パレスチナアラブ人は全員歓迎する。ユダヤ人が、エチオピア人、ロシア人、ウズベク人、ウクライナ人をユダヤ人として輸入するなら、我々も負けてはいない。あらゆるアラブ人を輸入する……（ＰＬＯは）イスラエル国を抹殺し、純粋なパレスチナ国を建設する。心理戦と人口爆発でユダヤ人を耐えがたい状況に追いつめる。ユダヤ人は我々アラブ人のなかで住みたくないだろう＊8。

　これは、アラファト側近のひとりアブ・イヤドが一九八〇年末に言っていたことと全く変わらない。彼らの主張は首尾一貫しており、アブ・イヤドは「段階計画に従い、我々は敵の後退域にパレスチナ国家を建設する。その後この国家を闘争拠点として、全パレスチナの解放を目的に長期闘争を展開する」と述べている＊9。

　パレスチナ人、アラブ人の現在の見解が何であれ、彼らがつい最近まで二国併存による解決を全員一致で拒否していたのは、紛れもない事実である。そしてまた、この拒否姿勢が紛争を長びかせ、沢山の妥協の機会を逃し、流血をもたらしたのである。

11章　イスラエルの独立戦争は拡張主義者の侵略行為だった？

告　発

イスラエルの独立戦争は、イスラエルが始めた拡張主義者の侵略行為であった。

告発者

▼シオニストは、イスラエルを犠牲者に仕立てるため、一九四九《ママ》年五月十四日にイスラエルが建国された日の翌日、エジプト、シリア、ヨルダンのアラブ正規軍が侵攻した、と主張する。

アラブは、パレスチナに対する歴史上、道義上、法律上正当な権利を持つ定着国家を攻撃したのであろうか。それとも、二大帝国主義勢力の英米に相次いで支援された外来勢力の占領に反対し、領土と家と歴史的権利を守っているだけのことであろうか。

一九四八年にアラブが行なったことは、アメリカ人もやる。絶対間違いない。彼らは外来者の侵略から国土を守ったのである（M・シャヒード・アラム＊1）。

真　実

イスラエルは、皆殺しの殲滅《せんめつ》戦争に直面し、自衛したのである。

立　証

イスラエルが独立を宣言すると、エジプト、ヨルダン、シリア、イラクそしてレバノンが、サウジアラビア、イエメンそしてリビアの支援をうけて、直ちにイスラエルを攻撃した。パレスチナ人テロリストの手引きを得たアラブ正規軍は、新生ユダヤ人国家の撃滅と住民駆逐を目的とし、勝利を確信して進撃したのである。

イスラエル攻撃はまず空襲をもって始まった。エジプト機がイスラエル最大の都市テルアビブを、爆撃したのである。一九四八年五月十七日付AP通信は、「アラブ機テルアビブ、ティベリアを空襲、侵攻軍ユダヤ側前哨拠点を猛砲撃」と報じている。アラブのユダヤ人攻撃は、最初の難民がパレスチナに到着した時から、いやその前から、いつも無辜の一般住民に指向した。このAP電は「複数のアラブ側首都から至急報――アラブ五カ国の正規軍、パレスチナのユダヤ人開拓村を猛爆」と、アラブ側のニュースを伝えている。

この報道記事は、アラブが一般の住宅地を砲撃していることも伝え、「敵機アシュドット・ヤーコブ、アフィキム、エインゲグ《ママ》、ティベリアを空襲。エインゲグはトランスヨルダンの丘陵地帯からも砲撃をうけている――ハイファに到着したユダヤ人開拓民の語るガリラヤ地方の戦闘」と報じた。レバノンからの攻撃に対して、AP電は当時イスラエルの民間防衛隊であったハガナー（国防軍の前身）の防衛戦を伝え、「レバノン国境に近いマルキヤで戦闘、敵の損害二〇〇、ハガナー側の反撃」と書いている*2。

エジプト空軍機の空襲はその後も執拗《しつよう》に続き、一般民に被害があった。特にテルアビブの中央バス停空爆では、多数の死傷者がでた。エジプト軍はテルアビブ砲撃も試みた。誕生まもないイスラエル空軍は、軽飛行機を使って、アンマンとダマスカス近郊の軍事施設を攻撃したが、民間人は殺していない。

このようにして双方の攻撃パターンが明らかになる。それは将来も続くが、アラブは都市や町、村、キブツあるいはモシャブなどの軟目標攻撃に集中し、女子供や老人などの非戦闘員の殺傷を専らにした。それと対蹠的なのがイスラエルである。戦闘兵、軍事施設など戦争法規が認めるものしか攻撃対象にしない。非戦闘員である民間人の攻撃は、国際法と交戦規定に違反する犯罪行為であるが、アラブのテロリストやゲリラのみならず、ヨルダン、エジプト、シリア、イラクの各正規軍が、好んでターゲットにしてきた。これは歴史事実であり、まっとうな戦史研究家であれば、反論などしない。

13及び20章で考察するが、イスラエルの正規軍は、航空機の攻撃圏内にあってもアンマン、ダマスカス、カイロなどの人口密集地攻撃で報復爆撃をしたことはない。世界のほかの正規軍と同じように、イスラエル国防軍が、軍事目標を攻撃する過程で、民間人を殺傷したことはある。アラブ諸軍やテロ集団は、自分達を守るため民間人の中に隠れ、あるいは民間人を人間の盾にすることがよくあるのである。一方イスラエルは、軍事基地を人口密集地から極力離して設けている。

　アラブが常套手段にしてきたあからさまな民間人攻撃と、攻撃対象になる危険な軍事施設の近くにいる民間人が巻添えになるのとでは、道義上、法規上、天と地ほどの違いがある。前者は人道に反する犯罪行為であり、国際法で厳しく禁じられている。後者は不可避な巻添えの犠牲を最小限にとどめる努力をするなど、状況に応じた無理のないものであれば、戦争法規上許容される。

　イスラエルの独立戦争は、ユダヤ人殲滅《せんめつ》を目的に、アラブ側が始めた。〝ユダヤ人を殺せ〟〝地中海に叩きこめ〟がアラブ侵攻軍の合言葉であり、ときの声であった。不正規軍のアラブ解放軍は、ファウジ・アルカウクジに指揮されていた。第二次世界大戦時ナチ・ドイツに居住、アラブ世界向けにナチのメッセージを放送していた人物である。ナチの前諜報員なども、このユダヤ人殲滅戦争に参加した。その攻撃対象になるユダヤ人の多くはホロコーストの生残りであった。

　アラブ解放軍がまずやったのは、「主要都市をターゲットにしたテロ。もちろん、狙いは民間人であり、恐らくフセイニの祝福をうけて行動したと考えられる」のである*3。

　アラブ正規軍も民間人を虐殺し、彼らが手をあげて投降した後、殺すこともあった。近くに軍事目標など絶対にない人口密集地に、意図的に爆弾を投下するケースがよくあった。フセイニの〝爆弾製造部長〟ファウジ・アルカタブは、「ナチ・ドイツでSS教育課程に学び、技術を身につけた」男であった*4。戦争目的は、ヒトラーが着手した事業の完遂であり、分割採択時アラブ連盟事務総長（後述）が述べたように、「これは一大殲滅戦になる」はずであった*5。ところが、エドワード・サイード教授は、アラブ諸国軍の対イスラエル一九四七〜一九四八年戦争を「パレスチナの二集団間戦争！」などと言うのである*6。

　この戦争でイスラエルは多大な人的損害をこうむった。寄せ集めのイスラエル軍が侵攻アラブ諸国軍とパレスチナ集団を撃退した。しかし、イスラエルのこうむった損害は大きかった。全人口の一％が死亡したのである。イスラエルが勝利したのは、モリスが指摘しているように、第一に国民の関わりがずっと大きかったからである。彼らには、士気の源泉となるものがあった。

彼らには守るべきものがあった。自分の家、畑（文字どおりその場合が多かった）、そして愛する者である。これは、彼らが体験した最初の市民戦争であり、その前段は、極めて危機的状況にあり、ユダヤ人達は負けたら、抹殺されてしまうと肌で感じていた。あとがないのである。彼らの心にはホロコーストの記憶がまだ生々しかった。ハガナーの隊員達は勇猛心をふるいおこした。彼らには無限のモチベーション（動機づけ）があった＊7。

一方アラブ側の兵隊は、侵略戦争で遠くから派遣されて、ここで戦っているのであり、その戦闘目的も〝抽象的な大義〟であった＊8。

アラブ侵攻軍を撃退したイスラエルは、国連分割決議の割当地を死守したほか、一部地域を占領した。そこは、例えば西ガリラヤのように、ユダヤ人の開拓村があり人口も相当にあったところであり、孤立した開拓村の防衛や兵站《へいたん》線の確保、あるいは防衛態勢の改善などに起因する占領である。エジプト軍とヨルダン軍も土地を占領したが、その理由は極めて明快で土地を増やしパレスチナ人住民を支配するためである。モリスによると、戦争末期になると、「アラブの戦争計画は変わり……アラブ地域の国際分捕り合戦になった。パレスチナ人のためとか、パレスチナ人の政治的願望を考慮するといったことと、無関係になってしまったのである」＊9

アラブの進めた戦争計画のキーワードは、パレスチナ人の完全〝無視化〟である＊10。ヨルダンはウエストバンクを欲し、エジプトはガザ回廊を欲した。ヨルダンとエジプトは、国家建設用としてパレスチナ人に割り当てられた地域、を占領したのである。

両国によるパレスチナ占領の廉《かど》で、イスラエルが非難される筋合いはない。この二地域におけるパレスチナ人の自決行使が否定されたのは、イスラエルの責任ではない。つくろうと思えば、この二地域で国家を建設できたのに、ヨルダンとエジプトはいずれもそれを望まなかった。

これが論争の余地がない明白な歴史事実であるが、親パレスチナ似非《えせ》歴史学から、その点が故意に省かれている。ヨルダンとエジプトによるパレスチナ占領が、国連の非難対象になったことは、一度もない。人権グループが、憂慮の意を表明したこともない。パレスチナ人が大いに抗議したことすらない。

12章　イスラエルがアラブ難民問題をつくった？

告　発

> アラブ難民問題をつくりだしたのはイスラエルである。

告発者

▼イスラエル国は、入植者・植民地プロジェクトとしてつくられた。それを背後で支えたのが、さまざまな思惑を持つ各種植民地主義列強であった。人口の多数を占める土着の先住民を追放しなければ、ユダヤ人国家の建設は不可能であったから、この一九四八年戦争は、広範な組織的追放をカバーアップする機会であった（イスラエル国会議員アズミ・ビシャラ*1）。

▼シャビット。そして一九四八年であるが、パレスチナ人の悲劇に対する道義的責任は、ユダヤ人だけにあるのだろうか。アラブにも責任の一端があるのではないか。

　サイード。一九四八年の戦争は強奪、追い出し戦争であった。あの年に起きたのは、パレスチナ社会の破壊、別の社会による社会の置き換え、望ましからざる者とみなされた人々の駆逐であった。つまり、邪魔な人々の排除である。すべての責任が一方だけにあると言うのは難しい。しかし、町村の無人化と破壊の最も大きい責任は、明らかにユダヤシオニストの側にある。ラムレとリッダの住民五万人を追い出したのは、イツハク・ラビンである。私は、他に責任者を見つけることは無理である。パレスチナ人には、そこに居住していたという責任しかない（エドワード・サイード*2）。

▼一九四七〜一九四八年戦争時、イスラエル人は〝民族浄

化〃をやった。シオニストは、アラブ側指導者が住民に退去指示を出したと言うが、そのような主張は誰も信じない……今では誰ひとりとしてこの主張を唱えない。ベニー・モリスは、アラブ人達がイスラエル人によって〃追い出された〃ことを明らかにした（ノアム・チョムスキー*3）。

真実

問題は、アラブ側が始めた戦争によってつくられたのである。

立証

イスラエル殲滅を目的としてパレスチナ人とアラブ諸国軍が起こした侵略戦争（一九四七〜四八年）で、アラブ側はパレスチナ人の土地を奪っただけでなく、第一次難民問題をつくりだしたのである。

アラブ諸国軍は、民間のユダヤ人を殺し、逃げようとする沢山の人々を虐殺した。一方イスラエル軍は、民間のアラブ人がアラブの支配地へ逃げることを許した。例えば、ヨルダンのアラブ軍団第六大隊は、クファルエツィオンを占領したとき、ユダヤ人難民をひとり残らず片付けてしまった。降伏した村民達は、両手をあげて中庭の中央へ歩いてきた。モリスは「アラブ兵達が進みでて掃射し皆殺しにした」と書いている*4。アラブ兵達はユダヤ人一二〇名を殺した。そのうち二一名は女性であった。これが一般的なアラブの政策であった。「輸送隊をめぐる、いわゆる輸送《コンボイ》戦で捕虜になったユダヤ人は、たいてい殺された。そして死体が切り刻まれる場合がよくあった」のである*5。

アラブ諸国軍と違って、イスラエル軍は意図的に民間人を殺すことはしなかった。難民問題が生じたのは、まさにこのためである*6。

一九四七年から四八年にかけて、いくつかの地域ではアラブの対イスラエル攻撃で、難民問題が生まれている。第一は一九四七年十二月から一九四八年三月までの期間で、汎アラブ諸国軍の侵攻に先立つ数カ月、パレスチナ人による攻撃で、難民が生まれた。

ベニー・モリスは、イスラエルとシオニストに極めて批判的な難民問題の専門家であるが、そのモリスによると、「イシューブ（訳注・間もなくイスラエル国民となるパレスチナのユダヤ人社会）は守勢にあり、一方上流及び中流層のアラブ人達は——総数七万五〇〇〇人ほども——逃げ去った」のである。その時の状況を調べたモリスは、カイロ、アンマンあるいはベイルートへ移る資力のある人々が、一九三〇年代後半の暴動時と同様、終息後に戻れると期待して、居住地を離れたと述べている。

出ていった者のなかには、「アラブ高等委員会（ＡＨＣ）とハイファ民族委員会のほとんどのメンバーを含め……政治指導者とその家族が多くいた」のである。モリスによると、この要人達は、ユダヤ人による支配を恐れると同じくらい、フセイニ支配下のパレスチナに恐怖を抱いていたのであろう。

モリスが指摘するように、ユダヤ・アラブ紛争は「国連の分割決議後に生じたパレスチナにおける法と秩序の崩壊」の一部にすぎない。英国の撤収に伴い、行政サービスが崩壊し、取って代わった「アラブ不正規軍が、富裕層から金をまきあげ、路上で通行人に乱暴を働いて」混乱に拍車をかけたのである*7。

第二次難民問題は、一九四八年四〜六月に発生した。ハガナー（訳注・ユダヤ人社会の正規自衛組織）が攻勢に転じ始めた頃である。ハイファとヤッフォがイスラエル側に占領されると、ドミノ倒しの効果が出て、ほかの都市からも流出が始まり、それが周辺の村へ連鎖反応式に広がった。

チョムスキーは、「アラブ側指導者がパレスチナ人に退去を指示したことはない」というのがモリスの結論、であるという。しかし、チョムスキーの主張と違って、モリスは実際には次のように述べているのである。

地域によっては、アラブ側指揮官が、村民に作戦目的のため地域の無人化を命じ、あるいは降伏不可を命じた。この時期エルサレムのすぐ北とガリラヤ湖南方（ガリラヤ地方南部）では半ダース以上の村が、このような命令の結果、放棄された。ほかのところでも、例えば東エルサレムや全土の多くの村で、アラブ側指揮官が、女性、子供、老人を安全地帯へ移すように命じた。まさにそのとおりの状況になる。戦場から手足まといの者を安全な地へ移す心理的準備が、一九四六〜四七年に始まった。アラブ高等委員会とアラブ連盟が、パレスチナにおける将来戦を考慮して、定期的にこのような移動をすすめていた*8。

モリスの計算によると、アラブが戦闘を開始した第一段階で、二〇万から三〇万のアラブ人が流出した。

チョムスキーはモリスの見解をいろいろ潤色するが、ここでも、モリスはチョムスキーの潤色と違うことを述べ、なかにはアラブ人が去るのを嬉しく思う人もいたが、この第一段階で、「アラブ人を追い出したり、脅して退去させるようなシオニストの政策はなかった」と指摘している。第二段階も然りで、「包括的追放政策はなかった」のである*9。

しかし、ハガナーの軍事行動が、退去の原因になったことは確かである。どの戦争でも、戦闘域から住民が流出する。流出しない場合は、アラブ側がやったように、逃げようとする人を殺してしまう場合である。アラブ諸国軍がユダヤ人の都市を占領したら、住民がほかのユダヤ人の町へ逃げるのを許さなかったであろう。アラブの勝利で生まれるはずのアラブ国家に、ユダヤ人難民問題を抱えこみたくないからである。

フセイニは「聖戦」を宣言し、「ユダヤ人を殺せ。皆殺しにせよ」とムスリム同胞に命令した*10。ユダヤ人で難民はおろか生残りも出ないはずであった。かつてピール調査委員会で証言した彼は、アラブパレスチナは四〇万のユダヤ人すら吸収不能と言った*11。これが彼の考え方であった。ユダヤ人口は、一九四八年時点で、六〇万を超えていた。難しい難民問題を作らないのがアラブの狙いであった。ユダヤ人の一般社会を攻撃するアラブの目標は、抹殺であった。

既述のアラブ連盟事務総長アッザー・パシャが率直に言ったように、「これは、モンゴル軍や十字軍の虐殺にも比すべき一大殲滅戦、大虐殺になる」はずであった。フセイニのスポークスマン、アフマド・シュケイリは、アラブによる攻撃の最終目標は、「ユダヤ人国家の抹殺」と定義した。大規模なユダヤ人難民問題の発生は予定外のことであり、アラブが勝利した暁、その集団をどう処置するかの話や計画などもなかった。「何人（ユダヤ人が）いるか問題ではない。我々は全員海へ叩きこむ」とアラブ連盟事務総長は言った*12。当時ユダヤ人は「負けたら、皆殺しになる」ことを充分認識していたのである*13。

一方イスラエル側は、ユダヤ人国家のアラブ人に完全な市民権を認める用意があった。なるべくなら人数の少ない方がよいというのが、多くのユダヤ人の率直な心情であったかもしれない。しかし、ユダヤ人側の公的機関は、数に関係なく全員に認めるのである。アラブ人口を少なくしようとする意図も、もちろんなかった。

イスラエルの軍指揮官が、いくつかの村に対し村民の退去を命じたことはある。そこは南北及び東西（エルサレム―テルアビブ）の各交通線を制する所に位置し、しかもアラブ不正規兵が基地として使用し、「交通線に脅威を与えていた村」であった*14。

ハガナーにアラブ住民の退去を促す政策はなかった。ただし、反主流派のシオニスト修正主義運動に属する准軍事組織イルグン（別称エツェル、指導者メナヘム・ベギン）、レヒ（別称シュテルン隊、指導者イツハク・シャミール）は、その政策を持っていたと思われる。

一九四八年四月九日、この准軍事組織は、アラブの村デイルヤシン制圧で苦戦していた。ここはエルサレム街道を制するアラブの重要拠点であった。激しい戦闘でイルグンとレヒは戦闘員の四分の一以上を失っていた。狙撃兵に狙われて身動きがとれない。家屋の多くに立て籠り、その窓から撃ってくるのである。住民の大半はそのうちに逃げてしまう。イルグンの拡声装置付き装甲車が一両進出し、まだ残っている住民に投降を呼びかけ、武器を棄て家の外に出よと放送した。モリスによると、「その装甲車は溝にはまりこみ」*15、メッセージは届かなかった。戦闘は続き、終わってみると一〇〇から一一〇名のアラブ人が死んでいた*16。

死者の多くは女性であった。アラブの戦士は女性の衣服をまとい、〝投降〟者に近づいてくるイスラエル人を撃っていたからである*17。二〇〇三年のイラク戦争でも、イラク兵が同じ戦法を使っている。老人子供も何名か殺された。

死亡に関わる状況については、当時から現在に至るまで、今なお激しい論争が続いているが、その一方でこの事件が虐殺と呼ばれるようになり、その話が広がって、周辺村落のアラブ人が逃げるきっかけをつくったのは確かである。

アラブ側はこぞってこれを利用し、死亡人数と残虐性を誇張して、宣伝に努めた。意図的に一般のユダヤ人住民を虐殺してきたこれまでの政策をみれば、極めて偽善にみちているが、ユダヤ人が自分達より悪質な証拠に仕立てようとしたのである。英国もユダヤ人の信用失墜を願った。イルグンとレヒは、「テロで脅してアラブ人が逃げ出す」ことを願った。そしてハガナーはイルグンとレヒの「名誉を汚そうとした」のである*18。

ハガナーとユダヤ機関（訳注・独立と共に正規軍と政府の中核になる）は、直ちに声明を出し、虐殺とそれに関与した者を非難した。事情説明を付けて公式の謝罪文書が、アブドゥーラ王に送られた。このデイルヤシン虐殺が、イスラエルの初代首相ダビッド・ベングリオンの決心を促したのは確かである。それは議論を呼ぶ命令であったが、いずれにせよベングリオンは一九四八年六月に、この准軍事組織の強制武装解除を断行した。しかしデイルヤシンの影響とその宣伝が、アラブ人の更なる流出を促したのである。

パレスチナ側指導者のなかには、女性強姦はデマであることが分かり、事実関係をつきつけられると、例えばパレスチナ側指導者のひとりフセイン・ハリディは、「アラブ諸国軍が支援し、ユダヤ人からパレスチナを解放してくれるよう、そう言わざるを得なかった」と言った＊19。当時ジャーナリストであったハザム・ヌセイビは後年ＢＢＣに、強姦のデマを意図的にでっちあげたのは、「我々が犯した最大の誤まりであった……デイルヤシンで女性が強姦されたというニュースで、パレスチナ人達が恐怖にかられ逃げ出したからである」と語っている＊20。

デイルヤシンは、パレスチナにおけるアラブ・ユダヤ紛争史で突出している。ユダヤ人の性格からとびはなれており、極めて希であるからである。

アラブの犯したユダヤ人虐殺は、ひとつも突出した犯罪として扱われない。余りに多過ぎるからである。アラブの学童と宣伝家は、デイルヤシンを知っているし、その話をする、ところがヘブロン、クファルエツィオン、ハダサ病院、ツファット等々、数多くあるアラブの計画的ユダヤ人虐殺に触れる者は、ほとんどいない。過激派が自慢気に犯行を発表するくらいのものである。

アラブ側は、デイルヤシン事件に報復した。それも当事者のイルグンやレヒに仕返しをしたわけではない。別のターゲットに的を絞り、はるかに計画的意図的な虐殺を実行したのである。デイルヤシンから四日後の四月十三日、ハダサ病院の患者の治療に向かう医療輸送隊《コンボイ》が、アラブに伏撃された。医師、看護婦、大学医学部教授、患者から成る民間の医療班であった。アラブ側は七〇名を殺し、生残りが出ないよう医療関係者を閉じこめたままバスと車にガソリンをかけ、火をつけたのである＊21。

非戦闘員である医療関係者の意図的計画的虐殺について、アラブ側は謝罪も釈明もしなかった。イスラエル軍は、これに報復しなかったし、アラブの民間人をターゲットにすることもしなかった。やったのは、虐殺に関与する武装殺人犯の捜査であった。パレスチナテロ集団とアラブ諸国政府の多くは、民間人に対する意図的計画を今なお持っているが、一方のデイルヤシンは、准軍事組織が味方の一般社会を守る過程で犯した悲劇で、もちろん弁解の余地がない汚点ではあるが、類例のない事件である＊22。

アラブ難民問題の別の面があらわになったのは一九四八年四月末。ハイファ攻防戦でハガナーが勝利した時である。モリスによると、「アラブ側指導者達は、降伏を肯《がえ》んぜず、指導部とアラブ社会は町から退去すると発表した。ユダヤ人市長が踏みとどまるように要請したが、無駄」であった＊23。

同じようにヤッフォでも、激戦となりユダヤ人側に大きな損害がでた。その激戦でアラブ側はパニック状態となり、多くの住民が逃げ出した。モリスは、「ヤッフォのアラブ戦闘隊の行動も、流出に一役買った。彼らは無人家屋に押し入って略奪し、残留住民を脅迫したり、物品を奪ったりした」と書いている。ベングリオンは、戦闘終息後ヤッフォを訪れ、日記に「理解できなかった。何故住民は……町を出たのだろうか」と書いた＊24。

もちろん、ヤッフォはアラブの町として残った。今日でも、アラブ系住民が多数居住している。ハイファは、アラブ、ユダヤの混合都市であり、やはりアラブ人が多数住んでいる。ほかにも、アラブ人が流出した町村がいくつもあるが、やはり両住民が共存している。アラブ人が戻ってこなかった町村もいくつかある。

モリスは、難民問題に関して、伝統的なイスラエル史観を厳しく批判する研究者であるが、問題はパレスチナ人とアラブ諸国軍の攻撃によって生じた、と総括し、「パレスチナ難民問題は、戦争によって生まれた。意図して生じたのではない……パレスチナ内外のアラブ側指導部が、恐らく脱出を助長した……指導や中央統制は明らかではない」とし＊25、「最初の数カ月、上、中流層が町から逃げたことは、アラブの関心を引かなかった」と指摘する＊26。

一九三〇年代後半の暴動時に流出が見られたが、その繰り返しのように見えた。そしてまた、フセイニは「この富裕な、反対陣営ファミリーの流出で、恐らく喜んだ」とし＊27、「アラブの政府で国境を封鎖したところはひとつもない。脱走をくいとめようとした形跡もない」と指摘する＊28。そして、この難民について、モリスは次のように総括するのである。

この後、難民はアラブ諸国によって強力な政治の抵当物としてプロパガンダの道具として、反イスラエル戦に利用された。記憶あるいは、一九四八年の代理記憶と、難民キャンプにおける数十年に及ぶ屈辱と喪失感が、後世代のパレスチナ人を潜在的ないしは現役のテロリストに変え、〝パレスチナ問題〟を世界で最も厄介な問題のひとつにしてしまったのである*29。

ノアム・チョムスキーは、公衆を前にした演説で、モリスの結論を変質させて伝える。例えば、今日、アラブ側指導者がパレスチナ人の流出に一役買った、と主張する者はいない。これがモリスの結論である、とチョムスキーは言う。あるいは、モリスが「イスラエルに全責任があると主張している」とか、「アラブ側指導者が退去指示を出したことはなく、これはシオニストのプロパガンダで、一五年ほど前すでに放棄されており、今では誰も信じていない、とモリスは主張している」とチョムスキーは言う*30。モリスはそのような主張をしていない。モリスは、「アラブ側指揮官達が村民に退去を命じ、アラブ連盟はこのような動きを度々是認した」と言っているのである。

チョムスキーと違って、モリスは他の歴史研究者と同じように、難民問題発生に共同責任があることを明らかにし、どちらの側も〝計画的に〟、問題発生を意図したわけではないが、パレスチナ内外のアラブ側指導部が脱出助長に一役買った、との結論に達したのである。チョムスキーは「誰も信じていない」と聴衆に向かって断言したが、少なくともモリスはそう考えていない。

チョムスキーの発言は、特にイスラエルについて言及する時は、その引用資料をチェックする必要がある。

シリアの元首相ハリド・アルアズムは、一九七二年に出した回顧録で、難民問題の全責任はアラブ側にあるとし、次のように述べている。

> 一九四八年以来、難民の帰還を求めているのは我々である……一方、彼らを退去させたのも我々である……我々が、招き寄せ、退去するよう圧力をかけて圧迫し、アラブ難民に災厄をもたらした……我々は彼らの喪失に手を貸し……彼らに物ごいの習慣をつけさせた……我々は彼らのモラルと社会的階層の低下にあずかり……そして、殺人、放火、男、女、子供に爆弾を投げるなどの犯罪行為に彼らを利用した。すべてこれ政治目的に使ったのである*31。

パレスチナ自治政府（PA）のマハムード・アッバス首相（二〇〇四年十一月以降議長）すら、「パレスチナ人に郷土からの退去を強制した末、ユダヤ人が居住していたゲットー同様の牢屋にぶちこんで放置した」として、アラブ諸国軍を非難している＊32。

アラブの大義に同調するほかの資料も、同じ意見である。一九八〇年、ハイファのアラブ民族委員会は、アラブ諸国に覚え書を送った。そこには、「アラブ住民の移動は……自主的であり、我々の要請で実施された。そのアラブ代表団は誇りをもってアラブ住民に疎開と近隣アラブ諸国への移動を求めた……このアラブ住民は誇りと矜持をもって自分達の名誉と伝統を守ったのである。我々はこれを喜びとする」旨表明されている＊33。アラブの後援する在ベイルート・パレスチナ研究所の研究報告、ムーサ・アラミ著「パレスチナの教訓」（一九四九年十月ザ・ミドルイースト・ジャーナル）によると、アラブ難民の大半は追放されたのではなく、その内六八％は「イスラエル兵の姿を見ることもなく、現地を離れた」のである＊34。せいぜいのところ、問題が余りに複雑かつ多面性を有するため、一本の指で一方だけを非難することはできないとかしか言えない。

パレスチナ人とアラブ諸国軍の対ユダヤ人攻撃の結果、居住地から流出したアラブ人の数については、諸説あって一致しない。自分の意志で出たのか。追い出されたのか、あるいはアラブ側指導者の指示に従ったのか。この三つの比率については、もっと意見が割れている。さらに難民の出身地居住年数についても、相当に意見がくい違っている（なかにはパレスチナに来て数年後に難民になった人もいる）。そしてまた、実際の難民と自称難民の割合については、意見が一致することはまずない。

パレスチナ人とアラブ諸国軍の攻撃（一九四七〜四八年）に起因するアラブ難民の総数については、研究者によって四七万二〇〇〇から七五万まで、ばらつきがある。国連調停官は、総数を四七万二〇〇〇人とし、そのうち支援を要する者三六万人としている＊35。イスラエル政府の公式算定数は五二万人である。モリスは七〇万と計算し、パレスチナ側は九〇万と高い数字をあげている。

実数がどうかは別にして、自主疎開、追い出し、指示による退去あるいはいくつかの併合因の割合を算出するのは不可能である。

モリスが結論として指摘するように、「問題の生起は、次の現象をみれば、ほぼ不可避であった。それには、地理的な人口混在、一九一七年以来のアラブ・ユダヤ紛争史、双方の多民族国家案（二国併存方式と異なる）反対、ユダヤ人に対するアラブの憎悪の深さ、ユダヤ人支配に対するアラブの恐怖が含まれる」のである*36。別の言い方をすれば、多くの人が、ユダヤ人国家で少数派社会の一員として残りたくなかったのである。

　主張する帰還権については、少数派としての帰還が唱えられているのではない。ユダヤ人国家にある特定の村や家へ戻る個人的願望が、ベースになっていないのである。いつも帰還権は多数派集団としての帰還をベースとして、主張される。ユダヤ人国家を抹殺し、ムスリム国家に変えたなかで居住するための帰還である。

　アラブ高等司令部の書記長エミール・ゴーリは、一九四八年八月四日付ベイルート・テレグラフ紙で、「ユダヤ人に占領されているのに、難民をその占領地の家へ戻すべしというのは、考えられぬことである……そのようなことをすれば、彼らのイスラエル承認の第一歩になってしまう」と語った*37。それから間もなくして、エジプトの外相ムハンマド・サレフ・エディンは、「周知のとおり、アラブ側の要求する難民のパレスチナ帰還は、奴隷ではなく主人として戻ることを意味する。もっともはっきり言えば、イスラエルの抹殺を意図しているということである」と明言した*38。換言すれば、難民は人道上の関心事ではない。イスラエル撃滅をひき起す政治戦術の道具であった。イスラエルが自己の政治自殺に手を貸すとは誰も思わないだろう。

　次は居住歴である。つまり、難民になるまで何年〝出身〟の町や村に住んでいたかという問題であるが、モリスさえも、「十九世紀の中頃（八〇年代の第一アリヤーのずっと前である）に始まる経済及び社会的変化で、地方人口の大部分は、一九四七～四八年の事件の前に、土地なき住民になっていた」とし、次のように指摘している*39。

　　その結果、農村から都市の仮設小屋スラムへ人口の移動が続き、その規模が大きくなっていった。心理的物理的に土地から切り離されていったということである。（彼らは）生活手段も失った。人によっては、外部への疎開は魅力ある選択肢であったかも知れない。少なくともパレスチナ情勢が沈静するまで*40。

国連は、難民の多くが出身村に長い間住んでいなかった事実を認め、難民の定義変更という特異な決定を行なった。即ち、イスラエルを出たアラブ難民は、退去するまでイスラエルに二年以上住んでいたアラブ人という定義である[*41]。即ち、近隣諸国から来て二年後に疎開することになった人は、難民の資格を与えられる。さらに、パレスチナ内で居住地から数キロ離れた所へ移動した者でも、難民の資格を与えられた。たとい元の村に戻っても、そしてまた家族がまだその村にずっと住んでいた場合でも、その資格を得るのである。パレスチナ内で単に移動しただけのアラブ人ならかなりいる。なかには、ユダヤ人の支配地に残るよりは、アラブ人の支配地がよいとして、移動した人もいる。それはユダヤ人の場合も同じで、分割で居所がアラブ圏内に入ってしまったユダヤ人は、やはり同胞の支配する圏内へ移った。ところが、やむなく何キロか移らざるを得なかったユダヤ人は、難民とは呼ばれず、同じ距離を動いたアラブ人は難民なのである。これは、史上かつてない異常な難民の定義である。

世界に難民は沢山いる。しかし国連は、パレスチナ人難民だけに、特別の定義を適用し特別の機関で世話しているのである。後述するように、機関の任務も特異である。難民の標準的定義を適用すれば、パレスチナ人難民の数は急落するであろう。

パレスチナ人難民を除く世界の難民は、国連難民高等弁務官事務所（UNHCR）で扱われるが、この組織による難民の定義には

1．迫害されているという確かな根拠にもとづく恐怖から流出し、
2．（自分の）国籍がある国の外にあって、
3．その国籍のある国の保護を受けられないか……あるいは保護を受けたくない人である。

しかし、パレスチナ人難民だけを扱う国連難民救済事業機関（UNRWA）は、はるかに幅のあるガイドラインを適用する。「迫害されているという確かな根拠にもとづく恐怖」からかどうかに関係なく、「定住国」かどうかに関係なく出てきたパレスチナ人を、難民と定義する。特にこの機関はパレスチナ人難民を

1．普通の住居が一九四六年六月から一九四八年五月までパレスチナにあり、
2．一九四八年のアラブ・イスラエル紛争の結果（退去の理由に関係なく）住居と生活手段を失った人、と定義する。
3．それに加えて、右の二条件を満たす者の子孫も難民

である＊42。

さらにUNCRとUNRWAの任務が全く違う。前者は、難民に永住地を世話するのが主任務である。それに対しUNRWAに与えられた任務は、解決ではなく、パレスチナ人を難民キャンプ内にとどめ、そして世話するだけである。今日でも、その多くがキャンプに残っている。難民の定義が大まかで枠を広げすぎているうえに、任務そのものが依存度を強める性格であるから、UNRWAの抱える人数は、一九五〇年時点の一〇〇万以下から、今日では四〇〇万を越え、人数勘定が今でも続いている。つまり人数が年々増えていくのである＊43。

難民問題に対するこの仕組みは、問題を解決せずに温存し、痛みを強め悪化させることを狙ったものである。アラブの難民問題は、ヨルダンがウエストバンクを占領し併合していた一九四八年から一九六七年までの間に、容易に解決できたはずである。この時代同地は人口が少なく、未開墾地が多々あった。そこは宗教、言語そして文化上同質の社会でもあった。しかし、その社会に難民を吸収し統合する代わりに、難民キャンプと称するゲットーに閉じこめ、国連の与える施し物で生活させ、その一方でプロパガンダを叩きこまれ、二年ほどしか住んでいなかった村への栄光の帰還を煽《あお》りたてられるのである。

四七万二〇〇〇から七五万のアラブ人が難民になった時とほぼ同じ頃、ほかの地域で数千万の人が難民になっていた。第二次世界大戦の結果生まれたのである。文字どおりこの難民全員が、二年どころか何十年何百年と住んできた居所を失った人々であった。

例えば、戦後ズデーテン系のドイツ人は、数百年住んできたチェコスロバキアの境界地から、ひとまとめにして排除された。ホロコーストにからくも生き残ったユダヤ人は、数百年も住んでいたポーランド、ドイツ、チェコスロバキア、ハンガリーそしてロシアの居所を失い、戦後離散民キャンプに収容された。

アラブ人は、イスラエル国となる地域にたかだか二年間住んだ結果、子孫を含め何十何百万も半世紀以上難民キャンプに閉じこめられ、政治的抵当扱いをされ、イスラエルを悪者扱いにするだけでなく、イスラエル壊滅の道具に使われてきたのである。

同じ時代に世界各地で発生したほかの難民問題は、たいてい解決している。逃げていった先の国が受け入れ、国民として統合したのである。いくつかの国の間では、人口の交換もあった。例えば、インドとパキスタン、ギリシアとトルコがそうである。それぞれの国から流出した難民は、もちろん苦しい体験をしたし、経緯について論争が続いているものもありはするが、常設の難民キャンプをつくることなく解決し、元難民はすでに市民として統合されている。

アラブ諸国がパレスチナアラブ人の吸収統合を拒否しているため、問題はいつまでも続いているが、ほかの難民問題はそのような状態になっていない。

ほかの難民問題では、一九四八年から一九六七年の間に数千万の難民が、新しい社会で建設的な市民になった。ところが、エジプトがガザ回廊、ヨルダンがウエストバンクを支配した二〇年ほどの間に、パレスチナ人難民はキャンプに残ったままで、人口だけでなく絶望感も年々大きくなるばかりであった。ヨルダンのフセイン国王は、この難民問題を解決できたはずであるが、その本人すらアラブ諸国が紛争の初めからパレスチナ人難民を抵当として利用したとし、「一九四八年以来アラブの指導者達は……パレスチナ人を利己的な目的のために利用してきた。これは、犯罪行為だ」と言った＊44。

中東に影響を及ぼした大きい難民問題があとひとつあった。アラブ・ムスリム諸国から流出した数十万のユダヤ人難民である。何百何千年も前から、イスラム誕生の前から居住していた土地を追われたのである。ムハンマドとその同輩は、ユダヤ人のアラビア居住を禁じ、ユダヤ人難民問題をつくりだした。そして、イスラエル建国後、アラブ・ムスリム諸国における反ユダヤ環境が険悪な状況になり、出ていく以外に選択の余地がないと判断されるに至った。イスラエル建国後数年間で、いわゆるアラブ系ユダヤ人八五万人が、出生地から難民として流出した。この数は、イスラエルから流出したアラブ人難民の数より、少し多い。

ここで起きたのは、〝人口の交換〟であった。しかし、ユダヤ人達は、パレスチナアラブ人よりもはるかに大きい資産を、後に残した。大きい家屋や企業そして現金を含む資産を放棄して流出したのである。違いはまだある。このユダヤ人難民を受け入れたイスラエルは、（完全に成功したとは言えないが）懸命に吸収し、イスラエル国民として統合に努めた。一方アラブ側は、アラブ人難民をキャンプに入れたままにして、同質的な社会へ受け入れることを拒否し、意図的に傷口をひろげた。

シリアやヨルダンのように人材不足に悩み、労働集約型経済に沢山の労働力を必要とする国もいくつかある。しかし、それでも難民はキャンプに閉じ込められ、イスラエルの合法的存在を否定する道具として使われる。一九九五年のオスローII合意の履行によってパレスチナ自治政府がウエストバンクとガザの全主要市町村を統治するようになっても、キャンプから難民を移し、パレスチナ社会に統合する努力はされていない。パレスチナ人は、ユダヤ人国家としての性格を破壊する手段として、〝温存〟されている。敵意を抱く集団でイスラエルを埋め尽す魂胆なのである。

パレスチナ人難民とユダヤ人難民は性格が違う、と論じる人もいる。それによると、パレスチナ人は強制的に郷土から引き離されたが、ユダヤ人は、古来の居住地から出る道を選択したのである、という。既述のように、パレスチナ人が退去した背景には複雑な理由があり、ひとつの簡単な理由では片付けられない。ユダヤ人がアラブ、ムスリム諸国から逃げた経緯をみると、やはり背景には複雑な理由がある。二つの問題を並べてみると、解決の仕方は全く違ったが、背景には類似するものがある。

歴史研究者ディビッド・G・リットマンは、その間の事情を次のように総括している。

イスラエル独立に至る数年、アラブ・ムスリム諸国のユダヤ人達は、身の危険を肌で感じるようになった。一九四五年十一月、トリポリ（リビアの首都）のユダヤ人社会の指導者は、状況を次のように説明している。「アラブ人は、不可解な命令に従って、ユダヤ人を襲撃した。野獣のように荒れ狂って襲ってくるのである。動機がまるで分からない。彼らは五〇時間にわたってユダヤ人狩りをやり、家や商店を襲って破壊し、老若男女を手当り次第殺しまくり、郊外の孤立した所にいるユダヤ人を拷問にかけ、手足を切断するなど残虐のかぎりを尽くした……彼らは、ナイフ、短剣、杖、棍棒、鉄棒、回転式拳銃、そして手榴弾すら使って虐殺した＊45。

独立戦争が一九四七年に始まると、暴力は一段とひどくなった。アレッポで発生したポグロムで、住宅三〇〇棟とシナゴーグ二カ所が破壊された。アデンでは、ユダヤ人八二人が殺されている。イラクとエジプトでは暴動が発生し、ユダヤ人は国外へ追い出された。アラブ世界では、政治に起因する暴力が市中で荒れ狂うようになって、ユダヤ人は恐怖の中で押し出されたのである。それは、イラクのように、政府が堂々と暴力を教唆扇動していた。ちなみにイラクでは、シオニズム運動関与は死刑であった＊46。

　イスラエルを出たアラブ系イスラエル人弁護士サブリ・ジリイスは、パレスチナ民族評議会（ＰＮＣ）メンバーとなったが、「アラブ諸国のユダヤ人は、古代から連綿と続く居住地から追い出され、資産を接収されたあげく追い出された……起きたのは人口及び資産の交換であった……アラブ、ユダヤ双方は、結果を耐え忍ばなければならない……アラブ諸国は、自分達のなかにパレスチナ人を受け入れて、彼らの問題を解決しなければならない」と述べている＊47。しかし彼らは、そうする代わりに意図的に問題の傷口をひろげている。

　アラブの攻撃が失敗したおかげで領土を広げたのは、イスラエルだけではない。ヨルダンはウエストバンク全体を占領して併合し、エジプトはガザ回廊を占領した。この両国の占領に終止符を打つことを求めて、決議が採択されたことはない。この両国の方が残忍で苛酷な抑圧的政策をとることが往々にしてあったが、誰も非難しないのである。ガザについて研究者のダニエル・ドロンは「エジプトの巨大な監獄」と表現した＊48。パレスチナ人は自分達の土地や家あるいは町や村が、ユダヤ人に占領されていないのなら、誰に占領されても構わないようである。またパレスチナ人のなかには、特にキリスト教徒は、ヨルダンとエジプトの占領によって難民になっても、文句を言わなかった＊49。一九四七〜四八年の難民問題は、新生ユダヤ人国家撃滅用の武器として、アラブが意図的に未解決のままにしているのである。

　パレスチナ人ムスリムを含むアラブ世界が、前に提案のあった二国併存による解決策を受け入れていたら、アラブ・イスラエル紛争は、どう変わっていただろうか。それを理解するためには、ピール調査委員会報告に戻って考えなければならない。

　アラブ側がピール委員会の分割案を受け入れていたならば、トランスヨルダンのほかに、西パレスチナの大半を領土としたパレスチナ国家が、とうの昔に生まれていたはずである。

　パレスチナのアラブ人、ムスリムの圧倒的大多数は、パレスチナ人国家の統治下に居住し、ユダヤ人国家に割り当てられた地域にいるアラブ人は選択肢を持つ。少数派としてユダヤ人国家に踏み止まるか、アラブ人国家の方へ行くかである。アラブ人国家にいるユダヤ人も同種の選択肢を持つことになる。

　ユダヤ人国家は、移民に門戸を開放し、ホロコーストから逃げようとするヨーロッパのユダヤ人数十万——恐らくはそれ以上を救うことができたはずである。ピール調査委員会の提示するユダヤ人国家は、アラブ人国家よりずっと小さかった。アラブへの割当分としてトランスヨルダンを加えれば、規模の差はもっと広がる。しかしそれでも、数百万の難民を受け入れることが可能だったであろう。今日、それ位の規模の地域に何百万も居住している事実が、何よりの証拠である。

その後国連で分割決議が採択された。アラブ諸国が受け入れていれば、アラブ人難民問題は生まれなかったであろう。しかしアラブ世界は、一九三七年にユダヤ人の自決を拒否し、一九四八年にも再度拒否し、新生国家の撃滅と、ユダヤ人社会の抹殺を期し、生残りは地中海に叩きこむ意図で、攻めこんだあげく難民問題をつくりだしたのである。一九六七年の時もそうである。イスラエルに撃滅、抹殺の戦いを仕掛けてくるのである。

13章　イスラエルが六日戦争を始めた？

告　発

イスラエルが六日戦争を始めた。

告発者

▼一九六七年、イスラエルがエジプト、ヨルダン、シリア及びイラクを空襲し、六日戦争を開始。東エルサレム、ウエストバンク及びガザを占領した。一五〇万のアラブ人は、大半がパレスチナであるが、イスラエルの占領下に入った。さらに、三〇万を越えるパレスチナ人が流出したのである。イスラエルはまだこの地域を占領している（ノルウェー・人民支援事務局長エバ・ビヨレング、ノルウェー難民委員会事務局長シュタイナー・ゾーリ＊1）。

真　実

イスラエルがエジプトに対して先制攻撃をかけたのは確かであるが（ヨルダンに対しては先に発砲していない）、そのエジプトは、エイラートに通じる国際水路のチラン海峡を封鎖して、イスラエルの船舶航行を阻止し、さらに境界域に展開して緩衝《かんしょう》役を果たしていた国連軍をシナイから撤収させるなど、すでに戦争行為に走っていたのである。

立　証

最初に発砲したのはイスラエルではあるが、エジプト、シリア、ヨルダンが戦争を開始したのは、周知の事実がある。軍事力によるチラン海峡の不法封鎖は、国際社会によって戦争行為であると認められている。

エジプトのナセル大統領は、「アカバ湾の封鎖がイスラエルとの戦争を意味することは、我々全員が知っている……目的はイスラエル撃滅である」と豪語した＊2。海峡を制圧するシャルム・エルシェイクのエジプト軍守備隊隊長は、エイラートへ向かうイスラエルの船舶には発砲し航行を阻止する、と警告を発した。守備隊長は、「海峡封鎖は宣戦布告であった」と認めている＊3。

そしてナセルによると、戦争はチラン海峡ではなく、イスラエルの〝存在〟をめぐる戦いになるのである＊4。降伏をもって終結するわけでもない。それは考慮外であり、一九四八年の戦争時の動機と同じように、殲滅の戦いが意図された。

ダマスカス放送は「アラブの民衆よ。時は来た。戦場へ馳せ参じ……帝国主義者を最後の一兵まで血祭りにせよ、シオニストは一人残らず内臓をさらしものにせよ……」と煽動した＊5。アサド大統領の訓示もすごい。「敵の居住地を粉砕せよ、アラブの道をユダヤ人の頭骸骨で敷き詰めよ、情けは無用である。撃て」と命じた＊6。アサドは、来たる対イスラエル戦争を〝抹殺の戦い〟と定義している。カイロの「アラブの声」放送も同じように「イスラエル抹殺」を大いに煽りたてた＊7。イラクの首相も負けてはいない。「ユダヤ人で生き残る者はひとりもいないであろう」と予言した＊8。カイロ市中は、アラブ兵が「あご髭でカギ鼻のユダヤ人を撃ちまくり、押し潰し、めった切りにして、首をはねる」おどろおどろしい反ユダヤのポスターで、あふれ返った＊9。

これはレトリックに終始したのではない。アラブ諸国軍は大部隊を境界域に展開し、攻撃態勢をとった。押収したエジプト軍の作戦計画には、テルアビブ占領と〝住民殲滅〟が含まれていたし、パレスチナ解放軍の計画にも、イスラエルとその住民の抹殺がうたわれていた。イスラエルの情報機関は、侵攻エジプト軍が「毒ガス缶」を携行していた、と報告している＊10。残る問題は、アラブ諸国軍が第一撃を加え得るかどうかであった。

一九六七年五月二十一日、イスラエルのエシュコル首相は閣議の席上「エジプトは、海峡封鎖かディモナの原子炉爆撃を計画している。それで戦端を開き、総攻撃が始まる。戦争になれば最初の五分で運命が決まる。問題は、どちらが最初に相手の航空基地を叩くかである」との判断を示した（ナセルの封鎖宣言は翌日である）＊11。外交上の選択肢がすべて尽きて＊12、さらにエジプト軍機がイスラエルの領空に飛来して偵察飛行を行なっていることも判明した。攻撃間近という緊迫した事態になって、イスラエル空軍機が行動を起こした。一九六七年六月五日に、エジプト、シリア、イラクの軍用航空基地を叩いたのである。国家抹殺の脅威に直面したとき、まっとうな国がこれとは違った別の対応をするものであろうか。

イスラエルはヨルダンを攻撃しなかった。ヨルダンはエジプトと共同防衛条約を結んでいたが、それでも参戦しないことをイスラエルは願ったのである。イスラエルは、国連の休戦監視団長オッドブル少将などを介して、フセイン国王に何度かメッセージを送った、それは、ヨルダンが攻撃しなければ、イスラエルが先に攻撃することはないという内容であり、攻撃されない限り、ウエストバンクや西壁のあるエルサレムのユダヤ人地区に対して、意図するところはない、とはっきり伝えたのである。ヨルダンとイスラエル間の戦闘をひき起こしたのは、ヨルダンのアラブ軍団である*13。

ヨルダンは、イスラエルの度重なる表明と和平姿勢を無視して、イスラエルの主要都市やその周辺の人口密集地に対する砲撃を開始した。ヨルダンは住宅地に六〇〇〇発を撃ちこんだ。住民約一〇〇〇名が負傷、その多くは重傷であった。住民の死亡は二〇名。建物九〇〇棟が破壊された。テルアビブ郊外は、ロングトム（長距離砲）で攻撃されている。さらにヨルダン空軍機が、シリア及びイラクのミグ機と共に都市部やキブツ、モシャブを空襲した。ダマスカス放送は「シリア空軍機イスラエルの都市爆撃を開始」と高らかに報じている*14。それは、一九四八年の繰り返しであった。イスラエル軍が軍事施設を攻撃したのに対し、アラブ諸国軍は意図的に不法な攻撃を行ない、一般住民をターゲットにしたのである。

ヨルダンは、挑発もされないのにイスラエルの民間施設と一般住民を攻撃した。しかしそれでもイスラエルは隠忍自重して、反撃しなかった。ヨルダンが緒戦の砲撃に限定する、と期待したからである。イスラエルが従来の自重政策を転換したのは、ヨルダン軍がナタニア、クファルシルキン及びクファルサバの住宅地空爆を目的に空軍機を発進させてからである。イスラエル空軍機はヨルダンの軍用航空基地を空爆した。それからイスラエルは、国連の休戦監視団長の停戦提案を受け入れた。ところがヨルダン軍は戦闘を続けた。イスラエルが地上戦に踏みきり、ウエストバンクとエルサレム旧市を占領したのは、その後である。イスラエルは、ハーシム王国と軍事紛争を望まぬとする明確なメッセージを伝えた後、ヨルダンに攻撃されたのであり、この防衛戦で先の結果になったのである。

この六日戦争で別の難民問題が生まれた。二国併存の解決方式からみれば、解決がずっと容易な問題である。ガザとウエストバンクをイスラエルが占領し、二〇万から二五万の難民が流出したが、パレスチナ人国家が建設されると、この二地域へ帰還する権利を行使できる（イスラエルへの帰還権主張と違って、イスラエルに対する政治上人口構成上大きい影響を及ぼさない）。

難民の大半は自主的に出て行った。一九六七年戦争史の決定版であるマイケル・オレン著『六日戦争』は「一般住民と接触したイスラエル人はほとんどいなかった。この住民の大半は、攻撃側が侵攻するずっと前に、シリアの指令で逃げた」と指摘している*15。

全体的にみて、六日戦争時における民間人の被害は、驚くほど少なかった。オレンは、「イスラエルが人口密集地を避けて決戦にもちこんだため」と分析している。一般住民の主な被害は、アラブ諸国のユダヤ人地区で発生した。戦闘の起きなかったアラブ諸都市で、アラブの暴徒が、何の罪もないユダヤ人住民を襲撃したのである。オレンは、その状況を次のように総括している。

イスラエル勝利のニュースが伝わると、エジプト、イエメン、レバノン、チュニジアそしてモロッコで暴徒がユダヤ人地区を襲撃した。シナゴーグを焼き、住民を襲うのである。リビアの首都トリポリにおいて発生したポグロムで、ユダヤ人一八名が殺され、二五名が負傷した。生残りは拘留センターへ移送された。エジプトでは、ユダヤ人四〇〇〇名のうち八〇〇名が逮捕された。カイロとアレキサンドリアの首席ラビも含まれる。逮捕された人々の資産は政府によって押収された。ダマスカスとバグダッドの由緒あるユダヤ人社会は厳しい監視下におかれ、社会の指導者達は投獄されたうえ、罰金を課せられた。合計七〇〇〇名のユダヤ人が追放された。多くの人は小さな鞄ひとつで追いだされている*16。

この難民問題が国際社会で取りあげられたことはない。前述のように、アラブが市町村を迫撃砲で攻撃し、ユダヤ人一般住民に被害が出ている。アラブ側一般住民の被害は極くわずかであり、近現代史で発生した同規模の戦争と比べてみても、被害が一番少ない。一般住民の無差別殺害、ジェノサイドなどイスラエルを非難する者は、このような事実に目をつぶるのである。六日戦争が持つ主たるインパクトは、占領であった。

14章　イスラエルの占領は正当化できない？

告　発

イスラエルは、六日戦争の勝利でウエストバンク、ガザ回廊、ゴラン高原を占領したが、その占領は正当化できない。

告発者

▼プロパガンダと偏向報道でも隠せない明白な事実が二つある。第一は一九四八年の行為。イスラエルは、領土を確保するためパレスチナの民族浄化をやり、その結果、英委任統治領パレスチナの七八％を取った。第二が一九六七年の行為。イスラエルは、残る二二％に当たるウエストバンクとガザ回廊を、容赦なく占領したのである（イラン・ラッペ＊1）。

▼最近発生している殺しと破壊〔原注・第二次インティファダに起因する暴力をさしている〕の大半は、ウエストバンクとガザで発生している。この両地域は、イスラエルが一九六七年の戦争で占領した（東エルサレムを含む）領土である。アメリカも賛成票を投じた国連安保理決議二四二は、この領土の継続的占領を不法としている。決議によると、「戦争による領土獲得は認められない」のである。

しかしイスラエルは、占領終結を拒否しているのである（マックス・エルバウム及びハニー・ハリル、対テロ戦争反対を主張する刊行物「ウォー・タイムズ」寄稿家＊2）。

真実

イスラエルは、自衛戦で占領した領土を平和と交換する用意がある。エジプト及びヨルダンとは、この原則にもとづいて平和条約を締結している。しかるにパレスチナ人もシリア人も、国連安保理決議二四二が求めている土地と平和の交換を執拗に拒否しているのである。

立証

アラブ諸国軍はイスラエル抹殺を誓い、その計画を立てた。イスラエル政府は、そのアラブ諸軍を圧倒すると直ちに平和の呼びかけを行ない、国連安保理決議二四二を受け入れた。この決議は、自衛戦という正当な行為による占領地の返還を一国家に命じた、史上初の決議である。しかしそれは、イスラエルに「安全に生存する」権利を認め、和平合意という大きい枠組の構築を求めたものであり、占領地返還はその一環にすぎない。決議二四二は、次のように規定している。

安全保障理事会は……

I．国連憲章諸原則の履行上、次の二原則の適用を含む中東の公正かつ永続的な平和の確立が必要であることを、確認する。

i．最近の紛争で占領された領土からのイスラエル軍部隊の撤退。

ii．あらゆる敵対的主張の中止あるいは敵対状態の終結、並びに同地域のすべての国家の主権、領土保全及び政治的独立、および武力による威嚇あるいは武力の行使を受けることなく、安全かつ承認された境界内で平和裡に生存する権利の尊重と承認＊3。

英語原文では、領土からの撤退という表現に定冠詞の the がついていない。つまり、決議は全占領地からの撤退を求めていない。安全保障との関連で、領土上の調整を認めているのである。

二〇〇〇年にキャンプデービッドとタバでイスラエルが提案した解決策は、この線に沿ったものである（タバの決議交渉では、アメリカのアーサー・ゴールドバーグ大使が主役になって奔走されたが、筆者は大使に対しいささかインフォーマルな相談役の役割を果たした）。安全な境界線の保持には、領土上の調整が必要であり、それをイスラエルに認めさせるため、明確な表現の時につける定冠詞が、省かれたのである。それは、アメリカの働きかけで生まれた妥協であった。

　イスラエルは、決議二四二の諸原則を直ちに受け入れた。モリスによると、「イスラエル政府は、赫々《かくかく》たる戦勝を政治的成果に転換したいと願った。占領地は平和と交換できるはずであった」のである＊4。

　当時国防相だったモーシェ・ダヤンは、土地と平和の交換を話し合うため「フセイン国王からの電話を待っている」と言ったそうである＊5。随分後になるまでその電話は来ないのである。国王が呼びかけに応じたのは、一九八八年、ヨルダンがウエストバンクの切り離し宣言をした後であった。パレスチナ解放機構（ＰＬＯ）に任せるという国王の意志表示であった。

　一九六七年六月十九日、イスラエルはエジプト及びシリアと「平和と交換にシナイとゴランを放棄する」閣議決定をおこなったが＊6、「数日もたたない内に、エジプトとシリアは共にこの提案を蹴った」とモリスは書いている＊7。

　その後の経過をみれば分かるように、イスラエルは、決議二四二の重要原則を履行した。エジプトがイスラエルに対する敵対的主張をすべてやめたとき、同国が求めていた占領地（シナイ）全域を返還したのである。イスラエルは、ハーシム王国との平和の一環として、ヨルダンが主張していた土地（アラバ）の返還に応じた。そしてイスラエルは、ヨルダンから占領した残りの土地（ウエストバンク）のほぼ全域を、平和と交換にパレスチナ自治政府に引き渡すことを提案した。これは、二〇〇〇年のキャンプデービッド及びタバの協議で提案されたのであるが、パレスチナ側はこれを拒否し、テロの増加をもって応えた。

　アラブの主要諸国は、パレスチナ指導部と一緒に一九六七年の安保理決議二四二の諸原則を、はっきりと拒絶した。拒絶したのは、イスラエルと平和を結ぶことを条件にしているからである。

　アラブ側は断固としてこれを拒否した。アラブ首脳会議が、六日戦争の二カ月後にハルツームで開催され、アラブ側指導者達は、「イスラエルと平和を結ばず、イスラエルを承認せず、イスラエルと交渉せず」の悪名高い「三つのノー」を採択した。

　一方パレスチナ側は、決議二四二受諾をベースとしたイスラエルの和平提案に対し、パレスチナ民族憲章の手直しをもって応じた。イスラエルの存在権をはっきりと否定し、全パレスチナ解放の唯一の手段としての〝武力闘争〟の継続を誓ったのである。民族憲章は、パレスチナの領域がイスラエル全域（そして明らかにヨルダン全域も）を含むとし、「英委任統治時代の境界を持つパレスチナは、不可分の領土単位」としている（第二条）。この民族憲章は、国連に対して挑戦的であり、「パレスチナ人民の意志に反する」が故に、「一九四七年の国連分割決議とイスラエルの建国は全面的に不法」としたうえで、シオニズムとイスラエルは人種主義、植民地主義のファシストと定義し、「全パレスチナの全面的解放に代わる解決はすべて」拒否するとした。

一九三七年にピール調査委員会が提案し、一九四七年に国連が決議した線に沿った二国併存による解決（イスラエル側は直ちに受け入れた）方式は、パレスチナ側にはっきりと拒否されたのである。

彼らは四つの侵略戦争で敗者の側について敗北したにもかかわらず（第一次及び第二次世界大戦、一九四七〜四八年のイスラエル抹殺戦争、そして六日戦争）、全パレスチナの支配を要求した。イスラエルのエバン外相は、「勝者が平和を懇願し、敗者が勝者に無条件降伏を要求している史上初の戦争」と述べた＊8。事実そのとおりで、パレスチナ人は、国家としてのイスラエルの降伏以上のことを要求しているのである。

パレスチナ民族憲章は、ユダヤ人全員をパレスチナ外へ移送することも求めている。移送対象からはずれるのは、「シオニストの侵略開始までパレスチナに正規に居住していたユダヤ人」だけである。パレスチナ人の見解では、シオニストの侵略は随分前に始まったので——早くて一八八二年、遅くて一九一七年——この公式化は数百万のユダヤ人移送を求めることになる。イスラエルになっている地域には父母や祖父母など何世代にもわたって住んできたのであり、多くの場合、追放する側に立つパレスチナ人よりもずっと居住歴が長いのである。

ウエストバンクは、イスラエルが自衛の戦いでヨルダンから占領したのであるが、そのヨルダンはその後パレスチナ自治政府を支持（領有権の移ることを期待）して、ウエストバンク切離し（領有権放棄）宣言を出し、さらに自治政府はウエストバンクと交換の平和を拒否した。つまり（イスラエルを含む全パレスチナの解放をうたう）民族憲章が足枷《かせ》になり、この憲章のため交渉は行き詰まったのである。

イスラエルが返還したくても、決議二四二に沿ってウエストバンクを返すことのできる主体が向こうにない。パレスチナ側が、決議二四二第一条第二項の求める「あらゆる敵対的主張の中止あるいは敵対状態の終結」とイスラエルの「国家主権、領土保全及び政治的独立」の承認を、拒否しているからである。

イスラエル側は受け入れたのに、パレスチナ人はほとんどのアラブ諸国と共に、決議二四二を拒否した。ピール委員会提案、国連分割決議を拒否したのは既述のとおりである。パレスチナ人とアラブ諸国は、再び拒否した。今度は二国併存による解決法である。イスラエルは、その方向を目指すステップを踏むことに同意している。

この歴史事実があるにもかかわらず、ノアム・チョムスキーのような反イスラエルの学者は、学生をミスリードし、アラブ諸国とPLOは受け入れたのに、イスラエルとアメリカは常に政治妥協に反対する〝拒否戦線〟国である、などと唱えるのである*9。

もちろん、イスラエル政府は、取ろうと思えば一方的行動を取ることもできた。筆者はそうすべきであったと考える。つまり、六日戦争でウエストバンクとガザ回廊を占領したとき、たといこのような一方的行動が決議二四二の要求ではないにしても、そしてそれが平和とアラブ諸国の承認を伴なっていないとしても（筆者はシナイに関しては、その後平和と交換にエジプトへ返還しているので、この論議からはずす）、イスラエルはアロン・プランかその類型のプランを一方的に適用することができたはずである。いや、そうすべきであった。

このアロン・プランは、当時労働相で首相のアドバイザーでもあったイガル・アロン（一九六七〜六九年、副首相）の提案した撤退案である。決議二四二がうたっている〝安全な〟境界内での〝領土保全〟を守るうえで必要な地域は確保する。平たく言えば、イスラエルの安全保障上必要な無人地帯を除き、ウエストバンクの人口密集地を含む大部分の地域から撤退する。アロン・プランは、決議二四二と違って、領土支配と人口支配を区別する。

安保理決議は、住民ではなく土地だけに焦点をあてる。しかしウエストバンクは、都市、町、村そして広大な無人地より成る。アロン・プランは〝領土上の妥協〟を行なう。つまり、ウエストバンクのヨルダン川沿いに、幅六〜七マイルの帯状地域を〝安全保障地帯〟として確保する。さらに、エルサレムへ至る道路に多少の境界修正を加える。ハト派のアバ・エバンが、アウシュビッツ路線と呼んでいた所で、イスラエルの人口密集地を危険にさらしたことで知られる。

一九六七年当時、イスラエルには平和のパートナーがいなかった。つまり、平和と土地の交換に応じる国はなかったが、イスラエルが一方的にナブルス、ラマッラ、エリコ、ヘブロン、ジェニン、ベツレヘム、タルカルムなどの人口密集地から撤退し、無人の安全保障地帯を確保しておけばよかった。そちらが賢明な措置であったと思う。イスラエルがこのコースを取っていれば、イスラエル兵が人民を支配する占領軍になることはなかったのである。

それでもアラブは、自分達の土地が占領されていると文句を言うだろう。しかし決議二四二は、「脅威あるいは戦争行為」を避けられる安全な境界の設定、を求めているのである。たといイスラエルが、一九六七年に占領した地域を一センチ残らず全部返しても、アラブは自分達の土地が占領されていると文句を言うだろう。テルアビブというユダヤ人の都市も、パレスチナあるいは英委任統治下の南シリアのどこであろうとも、イスラエルの存在そのものを占領視しているからである。

イスラエルは、パレスチナ人の人口密集地から一方的に撤退する代わりに、ウエストバンク全域を管理地として維持した。ヨルダンとの平和の取引材料にするつもりであった。しかしヨルダンは、ウエストバンクと平和の交換に関心を持っていなかった。六〇万を越えるパレスチナ人の支配を望んでいなかったのであろう。ヨルダンの人口は大半はパレスチナ人であり、ただでさえ不安定なハーシム政権である。これ以上不安材料を抱えこむのは御免ということである。イスラエルは、理由が何であれ、パレスチナ人の人口密集地を、一九六七年六月から二八年間支配してきた。オスローIIにもとづいて、パレスチナ自治政府に引き渡したのは、一九九五年十二月である。

平和達成を難しくしているファクターがいろいろあるが、二八年に及ぶ人口密集地占領が、それに大きく関わっている。しかしながら、パレスチナ人の人口密集地をイスラエルが占領していなければ、平和が達成されたのかといえば、そうとも言いきれない。一九九五年から二〇〇一年（第二次インティファダ勃発の年）まで、この密集地占領は終わっていたが、それでも平和への前進がなかった。一九四八年から一九六七年まで、イスラエルの占領地は全くなかったが、平和は達成されなかったのである。

占領がパレスチナテロの発生件数と凶悪化に関わりがあるのは確かであるが、占領が無ければテロも無いということではない。テロは一九二〇年代から猖獗《しょうけつ》し、一九四八〜

六七年の占領なき時代にも発生したからである。さらに、テロを主要手段とした全パレスチナの解放を呼号するＰＬＯは、この占領が始まる前に設立されたのである。

15章　ヨムキプール戦争の勃発責任はイスラエルにある？

告発

ヨムキプール戦争の勃発責任はイスラエルにある。

告発者

▼中東における新たな軍事衝突は、テルアビブ政権に全責任がある……イスラエルは、一九六七年に始めたアラブ諸国侵略を、今も続けているのである（ソ連共産党中央委員会書記長レオニド・I・ブレジネフ、一九七三年十月九日*1）。

▼今次戦争における我が方の勝利は、隣国の絶対不敗の幻想を徹底的に粉砕した。我々は、思考力実行力の両面で大刀打ちできることを証明したのである。アラブ諸国と個々のアラブ人民の権利、義務が馬鹿にされ、嘲りの対象になることは最早ない。十月戦争は、イスラエル人民の先天的優越性という人種理論に終止符を打ったのである。（エジプト国家安全保障問題担当補佐官オサマ・エルバズ*2）。

真実

挑発されてもいないのにイスラエルを攻撃したことは、国際正義に反し、国連憲章を侵害する行為である。

立証

一九七三年十月六日、ユダヤ暦で最も聖なる日であるヨムキプール（贖罪日）に、エジプト、シリアが同時に奇襲攻撃をかけた。この攻撃開始日は、イスラム教のラマダンにあたり、常々ムスリムの指導者達は、この期間中にムスリムを攻撃することは宗教上の精神を侵害し、イスラムに対する不敬行為と主張していた。エジプト、シリアはユダヤ教の聖なる日に攻撃し、イスラエル人にかなりの損害を与えたが、誰もこれを問題にしない。彼らの目的は、六日戦争でイスラエルに取られた土地の奪回にあった。この六日戦争は、イスラエルが初弾を撃ったのは確かだが、もとはといえば、エジプトが始めた戦争である。

エジプトは、一九七九年イスラエルと冷たい平和を結んでシナイ全域の返還という目的を果たした。一方シリアは、ゴラン高原の奪回を目指したが、イスラエルとの平和を拒否したため、目的を果せなかった。

イスラエルは、このヨムキプール戦争から重大な教訓をいくつか学んでいる。

その第一は、奇襲に対する脆弱《ぜいじゃく》性である。境界が広がっても変わりはない。エジプトは奇襲攻撃の準備にあたり、「イスラエルの人口密集地」を攻撃できるスカッドミサイルを大量に取得した＊3。一般市民をターゲットにする攻撃は、戦争犯罪であり国際法に違反する行為であるが、その時の戦争でもアラブ側の目的は、可能な限り多数の一般市民を殺害することにあった。緒戦時エジプトは、テルアビブを爆撃しようとしたが、イスラエル空軍の迎撃で阻止された＊4。

シリアも一般の村落を攻撃目標にした。奇襲を受け緒戦時に潰滅的打撃を受けた原因を調べるため、アグラナット調査委員会が設置された。イスラエルの北部市町村を守る防衛隊隊長は、その調査委員会で「ホロコーストになるという雰囲気であった」と証言している＊5。シリア軍も一般市民を攻撃目標とし、シリアの戦車隊が薄い防衛線を突破し、ガリラヤ湖を眼下にするところまで進出したのであった。シリア兵が捕虜にした一般市民をどう扱うか。誰も知っていた。シリア兵は捕虜を殺したうえに、死体を切断するなどの行為を前にやっていたのである。

エジプト正面でも、ジェノサイドに終わるという恐れが本当にあった。イスラエルのダヤン国防相は、空軍司令官に「第三神殿――イスラエル国を意味するダヤンの呼称――の危機」を知らせている。ダヤンは、予備役年齢をはるかに越えた老人と高校生の動員を提案した＊6。

この戦争でもイスラエルが痛感したのは、アラブが敗北しても国家としての存在に脅威を及ぼさないが、イスラエルの敗北は即ユダヤ人国家の終わり、一般市民の大量虐殺、生残りの国外追放を意味することである。イスラエル兵が必死で防衛し戦局を挽回《ばんかい》した背景には、この冷厳な現実があるからであろう。モリスは、独立戦争当時イスラエルの戦士が持っていた高い士気と意志の強さを指摘しているが、それはヨムキプール戦争でも言えることであった。「敗北したら虐殺に直面する、愛する同胞を守るために」、必死に戦ったのである*7。

この戦争で結局イスラエルが勝利したが、損害も大きかった。不思議なことにエジプトとシリアは、結局は敗北したのに、ラマダン戦争（ヨムキプール戦争のアラブ側呼称）を勝利の戦いと主張している。

一九七三年十月十六日、エジプトのサダト大統領は国民に向かって、「エジプト軍は軍事史上希にみる奇跡を成し遂げた……我が軍は機先を制し、奇襲し敵を敗走せしめた」と述べ、「エジプトは名誉を取り戻した」と胸を張った*8。

同じようにシリアのアサド大統領も国民に「十月六日以降シリアはイスラエルの侵略を退去に変えた」とし、「敵軍に多大の損害を与え、シオニスト存在体は震憾《しんかん》している」と語り、「我がアラブ軍は勇猛果敢に戦い、アラブ個人は自信をとり戻した」と言った*9。エジプトとシリアでは、今日でもアラブの戦勝が祝われている。米ソの介入によって停戦決議が採択され、そのおかげで彼らの軍は崩壊をまぬがれたのであるが、その現実は無視される。モリスは、イスラエルを攻撃したサダトとアサドの動機について、次のように分析している。

サダトとアサドにとって、この戦争は大きな利益を約束していた。まずは、アラブの誇りを取り戻せる（戦後アラブの年代記はエジプトの勇壮な〝男〟の〝再誕〟について語るだろう）。絶対不敗のイスラエル国防軍（IDF）に突撃していくさまは、まさに勇猛果敢。その壮烈な姿は、一九六七年の屈辱を払拭する。一九四八年以来のアラブ史についた恥という汚点は消え、両政権に利益をもたらす。人気はあがる。政権の重みはつき、石油王国からは多額の寄付がくる*10。

戦勝の定義の相異から、イスラエルは別の重大な教訓を学んだ。アラブの指導者は、たとい自国が敗北しても、イスラエルに多大な損害を与えさえすれば、それで満足なのである。第一に、イスラエルに負けるアラブ諸国の危険率ははるかに低いのである。いくばくかの領土と兵隊を失うだろう。しかし、その領土は、平和と交換なら取り戻せるのである。敗北しても国家が存在しなくなることはないし、一般市民の生命が危険にさらされることもない。第二に、イスラエルの敗北の可能性をほんのわずかでも見せてくれるなら、そのアラブの指導者は称賛され、試みたことで報奨も受ける。試みなければ非難され、悪くすると打倒される恐れもある。周辺アラブ諸国をたばねたよりも質的に強力な軍事力の保持が、平和維持上重要なのは、そのためである。軍事的優勢が失われたら、イスラエルが再び攻撃されるのは必至である。

かつてネルソン・マンデラは、イスラエルの防禦的核計画と攻撃を目的とするイラクの大量破壊兵器開発を、同列に論じたことがある。これは誤っている。マンデラは「我々は、イスラエルが大量破壊兵器を持っていることを知っている。誰もこれをとりあげない。二重基準があってよいのか。黒い国に対してひとつの基準、他の国イスラエルには、白い国だから別の基準。何故別基準を設けるのか」と言った*11。

イスラエルは一九六〇年代から核兵器を持っている。ヨムキプール戦争の時でさえ使われたことがない。イスラエルの核については、使用されることはないと言われてきた。使用できるのは、早きに失する段階か遅きに失する段階でしか使えないからである。最悪の状態になるのを未然に防ぐため早期に投入すれば、世界中から非難される。最悪の状態になってから投入しては、時すでに遅しになってしまう。虎視《こし》眈々《たんたん》としてハルマゲドン（聖書に出てくるイスラエルの小さな丘、メギドに由来する用語）を求める過激派政権なら、いつの世にもある。究極においてイスラエルの核は、そのような政権に対する抑止力である。恐ろしいのは、現世ではなく来世を渇仰するイスラム過激派指導者である。彼らは相互核破壊に動ずることなく、相互確証破壊という考え方が、抑止力として機能しない恐れがある。

サダトは、一九七三年のヨムキプール攻撃で、二つの目的を果たした。エジプトの名誉を回復したうえに、シナイ全域をとり戻したのである。

サダトが、シナイと交換に平和を結ぶ用意ありと勇敢な意志表示をすると、イスラエル政府は、直ちに受けて立った。当時その政府は強硬派といわれるメナヘム・ベギンを首班とするタカ派のリクード政権であったが、シナイ半島のユダヤ人入植地を撤去し、油田その他を含めシナイ全域を、エジプトに返還した。シナイは鉱物資源が豊富であり、何よりも戦略的に重要な地域である。エジプトとの平和は冷たい平和といわれる。冷たい平和であっても和を結んだことが、サダトが命を失う原因になったのであろう。

四半世紀前にも、同じことがヨルダンで起きている。アブドゥーラ王は、イスラエルとの平和を考えただけで暗殺されたのである。しかし、その意志は孫のフセイン国王に引き継がれ、国王は一九九四年にイスラエルと平和を結ぶのである。

ヨルダンはウエストバンク切離し（領有権放棄）宣言を行なっていたので、イスラエルが平和と交換できる土地はなかった（実際には、死海とエイラートの中間に位置するアラバ地方の約三〇〇平方キロをヨルダンに返還している）。

ヨルダンが、一九六七年以前の現状に戻ることを望んでいれば、イスラエルは少し領域の調整をしたうえで、ウエストバンク返還に応じていただろう。しかし一九九四年時点のヨルダンが最も望まなかったのは、ウエストバンクに居住する数百万のパレスチナ人を抱えこむことであった。特に一九七〇年の事件の後だけに、なおさらである。この年パレスチナ人はフセイン国王に反旗をひるがえし、PLO主導の内戦をひき起こして、PLOは失敗したのである。

イスラエルは、領土と交換の平和をシリアに対し何度も呼びかけてきた。モリスは「一九九三年八月は、突破口の開けた時であった。アメリカのクリストファー国務長官を介してラビンが、〝仮に〟安全保障のとりきめと国交正常化に応じるならば、ゴラン高原からの全面撤退に同意してもよい、とシリアに伝えたのである。しかしながらシリアは、同じ度量をもって応じることができなかった」と書いている*12。

16章　イスラエルは真剣な和平努力をしていない？

告　発

最近イスラエルは、対パレスチナ和平に向けて真剣な努力をしていない。

告発者

▼次第に分かってきたことであるが、西側に正確な情報が伝わらず、状況把握が難しいことをいいことに、イスラエルの広報担当官は、大嘘を含め好きなことを何でも勝手に言える。先週アメリカの主要テレビで放送されたＰＡのナビル・シャース大臣とイスラエルのアブラハム・ブルグ国会議長の論争で、この悲しい事実が確認された……ブルグは平然として次から次と嘘を並べたてた。民主主義者で平和を愛する者として、パレスチナ側に本当の平和陣営がいないのは残念であるとか、パレスチナ人テロリストが（自治政府の支持をうけて）自分の娘の命を狙ったが、イスラエルは懸命になって冷静に対応しようとしている、イスラエルはいつも平和を望んでいる等々、恥知らずなことを言った。全部古典的なプロパガンダの型にはまったものである（嘘も繰り返せば信じられるようになる、というではないか）。イスラエルはパレスチナ人の犠牲になっている、イスラエルは平和が欲しい、パレスチナ人が度量のあるところを見せ抑制することを待ち望んでいる等々と、信じこませたいのである（エドワード・サイード＊1）。

▼アメリカとイスラエルが政治解決を拒否すればするほど、状況は悪くなる（ノアム・チョムスキー＊2）。

真実

イスラエルは何度も理にかなった平和の機会を提示してきたが、パレスチナ人はその度にこれを拒否した。最近の拒否例には二〇〇〇年のキャンプデービッド提案、二〇〇一年のタバ提案がある。

立証

イスラエルは、一九九〇年代初期に始まる対パレスチナ和平交渉で、もたつきながらもいくらかの進展にこぎつけた。それよりも前に何名かのファタハ幹部が〝二国併存〟による解決を唱えていた。しかしその人々は、イギリスの劇作家、批評家のジョージ・バーナード・ショーが「究極の検閲形態」と評した方式、すなわち他のパレスチナ人の手にかかり、暗殺された。PLO（とその前身組織）は、一九六四年の創設以来といわず、その前から、二国併存による解決を拒否し、イスラエルの壊滅とユダヤ人の追放を誓い、テロに走った。

しかしながら、パレスチナ人のテロリズムは、パレスチナ人の苦悩を世界に知らせるという意味では、成功であった。

民族憲章でうたっているように、彼らはイスラエルの壊滅とユダヤ人の追放を求めている。道義の観点からすると、彼らの要求は、チベット人やクルド族あるいはバスクのような国家なき被占領民の苦痛に比べると、はるかに説得力に欠ける。しかし、世界を股にかけたPLOのテロリズムのおかげで、他の人々のさしせまった苦痛を一気に飛び越して、パレスチナ人の方を前面に押し出した。

パレスチナ人テロリストは、一九六八年から一九九〇年までの間に無辜の一般住民数千人を殺害した。海外旅行中の人、ヨーロッパ各地のシナゴーグで礼拝中の人、オリンピック選手団、保育園の子供達、外交官、キリスト教徒巡礼等々が犠牲になった。彼らは旅客機を爆破し、ショッピングモールに爆弾を仕掛けた。あるいは子供達に手榴弾を投げ、実業家に手紙爆弾を送った。あるいは巡航客船をハイジャックし、車イスの乗客を海中に投げこんで殺した。これはすべて戦争犯罪であり、国際法違反であるにもかかわらず、国際社会特に国連は、グローバルなテロをやらない他の国家なき集団を押しやって、PLOに繰り返しテロの論功行賞を行ない、さまざまな特権を与えた。

筆者は自著『テロリズムは何故うまくいくのか』で

チャートを示した。このチャートを見れば、パレスチナテロが一般市民を残虐かつ大量に殺害すればするほど、外交上の認知を国連から与えられ、その認知度が高まったことが、よく分かる。

国連は国のない集団がいくらかもあるなかで、テロの規模と程度共に群を抜くPLOだけを選び、国連の特別オブザーバーの地位と外交特権を与えた。そのパレスチナ側とPLOは、国連の分割決議を拒否し、国連加盟国であるイスラエルの存在を否定し、国連安保理決議二四二を拒否したのである。そしてパレスチナ全域の支配とユダヤ人の大量追放を要求している。PLOが要求を通す手段としてテロリズムを中心にすえるのは、少しも不思議ではない。テロリズムは国連のみならず、ヨーロッパの各首都やバチカン、一部の大学教授あるいはオピニオンリーダーにも有効である。

しかし、イスラエルあるいはアメリカとの関連で見ると、テロリズムは全然パレスチナ人のためになっていない。無辜の一般市民を殺すテロが報酬につながってはならない。少なくとも両国はテロが起きる度にその決心をいよいよ固くする。パレスチナ人は、国連で外交上の成果をあげたにもかかわらず、建国はおろか占領終結に近づいていない。それどころかイスラエルはウエストバンクに入植地建設をもっと認めるのである。安全保障が建設理由であるが、現実は安全保障とほとんど関係ない。イスラエル人の大半は、入植地の多くが安全保障上むしろ逆効果と主張している。

状況は、イスラエル人とパレスチナ人双方にとって、悪化しつつある。特に一九八〇年末の第一次インティファダ後、その傾向が強くなった。結果はイスラエル人に対するテロの増加とパレスチナ人に対する行動規制の強化である。

イスラム原理主義が勢力を拡大し、ハマスがパレスチナとムスリムの間に影響を及ぼしている。PLOに比べると腐敗度は低いが、原理主義的熱狂のなかで非妥協の立場を貫いている。一九八八年八月に採択されたハマス憲章は、PLO（パレスチナ民族）憲章よりも過激なうえに、反ユダヤ的性格が濃厚である。

憲章は、パレスチナ全土にムスリム国家をつくり、アッラーの御威光全土にあまねく、その教えが支配すると説く。つまり、パレスチナ全土がイスラムのワクフ（財産）になると記述している。妥協は、たといアラブ及びパレスチナの指導者全員が受け入れるとしても、イスラム法の侵害になる。平和イニシアチヴや「いわゆる平和的解決は、イスラム抵抗運動の信念に反する」のであり、「パレスチナの一部放棄はイスラムの教えの一部放棄」であるとする。憲章は、ユダヤ人とキリスト教徒を一括して〝不信仰者〟として扱い、いずれも信用できない存在であると規定し、「ジハードによる以外、パレスチナ問題の解決はない」と宣言するのである。

そして憲章は、〝ユダヤ人のナチズム〟について語り、「イスラエルは、ユダヤ的性格を持ちユダヤ人口を抱えるが故に、イスラムとムスリムを汚染する」と表明して、反ユダヤ的態度をあからさまにする。さらに、「一九六七年にユダヤ人が聖エルサレムを占領した時……歓喜の声をあげ、〝ムハンマドは死んだ。後に娘達を残して〟と叫んだ」と見たような嘘を書き、ユダヤ人はムスリム女性を強姦したいのだ、と匂《にお》わせる。そして憲章は、帝政ロシアが生みだした偽書『シオン長老の議定書』を引き合いに出して、「ユダヤ人の現在の〔行動は〕、議定書に書かれたことが真実である何よりの証拠」と主張するのである。

ハマス憲章は、フランス革命、ロシア革命はもとより第一次及び第二次世界大戦をひき起こした元凶として、ユダヤ人を非難し、「世界支配の手段」として国連をつくったと、これもユダヤ人のせいにする*3。憲章はまた、ユダヤ人難民のパレスチナ移住を「卑劣なナチ・モンゴルの侵略」と呼び、一挙に非理性的態度を強めて、「シオニズムに奉仕し、その指揮下にあって、社会の破壊に躍起となり、支配と拡張の手段として、あらゆるタイプの麻薬と毒薬をばらまいて汚染するフリーメーソン、ロータリークラブ、ライオンズクラブその他諸々の秘密結社」を非難するのである。そしてこの憲章は、キリスト教徒の十字軍に抵抗したように、「死の商人たるユダヤ人の新十字軍に徹底抗戦せよ」と全ムスリムに呼びかけて結びとする。そして、ユダヤ教は、「偽りで塗り固められた信仰」であるとしたうえで、〝ナチシオニスト〟に対する勝利を予言する*4。

ハマス憲章は、イスラエルと平和を結んだとしてエジプトを非難し、〝世俗思想〟を取りこみ、世俗的解決を目指すとして、PLOを非難する。ハマスに受け入れられるのは、ユダヤ人が一掃されキリスト教徒アラブ人が従属的地位に置かれる、純粋なイスラム国家だけである。数カ月後ムスリム同胞団が、ユダヤ人は、「全人種のなかで最低の汚い卑劣人種」と称するパンフレットを出し、ハマスは「ユダヤ人は猿と兄弟、預言者殺しの張本人」と題するビラを配った＊5。

ウエストバンクとガザの学校教育も、この人種主義が極めて濃厚である。例えば、ある高校は「ヨーロッパ人がユダヤ人を迫害した理由を説明せよ」という試験問題を出した。教科書の内容を書けば〝正解〟とされた。それによると、ユダヤ人は「利己的」で、彼らのトーラは「宗教的偏見にいろどられ、人種的狂信主義と他者に対する敵意にみちて」おり、ユダヤ人は「反キリスト信仰」を捧持して、「虐殺」を起こし、「経済を支配」して、「優越主義」に浸る金貸しで、キリストを十字架にかけたのが、迫害理由である。

さらにその教科書は、迫害は彼らの望むところであるから、ユダヤ人に同情するな、と生徒に教え諭す。ユダヤ人は「迫害を逆手にとり、物的利益を得るため、世界のユダヤ人をシオニスト化するために利用する」というのが、同情無用の理由とされる＊6。

インティファダのとき、反ユダヤ的空気が濃厚であったのは、少しも不思議ではない。例えば毎週金曜日説教で、反ユダヤがらみの暴力支持が唱えられ、それがパレスチナ自治政府（ＰＡ）のメディアで流されていた＊7。

暴力は、イスラエル協力者と思われる者にも向けられた。モリスによると、「一九八九年末までに、九〇人ほどのアラブ人が殺された。イスラエルに対する情報提供者や土地売却仲介者が犠牲になった。いずれも残虐な拷問をうけた後に殺された」のである＊8。インティファダは一九九三年に終息するが、それまでに約四〇〇人のパレスチナ人が、同胞のパレスチナ人の手にかかって非業の死をとげた。その数はイスラエル国防軍によって殺された人数に匹敵する＊9。パレスチナ側スポークスマンのなかには、インティファダ時におけるパレスチナ人の殺害リストをメディアに提供したとき、この殺人数を数えあげるなど、考えられぬほど厚顔無恥なことをやらかす者もいた＊10。

イスラエル政府とＰＬＯ（この組織はパレスチナ人に対する統制力を失いつつあり、もっと過激なイスラム集団が勢力をのばしていた）を接近させたのは、恐らくこのインティファダのおかげである。イスラエルのハト派も然りであるが、アメリカが過去数年この方向へそっと押していたことが、加速したのである。

一九九〇年代初め、オスロ和平プロセスが動き始めたとき、イスラエルはＰＬＯがイスラエルの存在権を認めるならば、ＰＬＯを同等の交渉パートナーとして受け入れるとした。

自衛戦争の勝者が、戦争を始めて負けた敗者を同等に扱うのは、歴史に例がない。侵略戦争を起こして負けた敗者を、同等の交渉パートナーとして扱うことは、交渉のための戦争を奨励するようなものである。先に手を出して負けた戦争に対しては、代償を払わなければならないのである。戦後の和平交渉では低い地位に落ちてしまう。これも代償のひとつである。

ひとつの集団が意のままに戦争を始め、負けて和を請う段になったとき、交渉の場で同等に扱われることを期待するならば、戦争抑止力はなくなる。開戦責任は厳しく問われるのである。戦争を始めてどこが悪い。失敗したらしたで、あとは交渉するまで。今後戦争はしないという条件で、同等の交渉地位を要求する。

しかし、世の中はそれを許すほど甘くない。例えば、第二次世界大戦の敗戦国ドイツと日本が、戦後戦勝諸国に対してテロをやり、戦後の交渉においてこれを取引材料として同等の地位を求めるとしたら、世界はどう反応したであろう。

パレスチナ人を同等の交渉パートナーとして扱うことは、好戦的態度と侵略戦争に対する、間違ったメッセージを送る危険がある。パレスチナ人は、敗北した侵略者としての扱いを受けなければならない。彼らはフェアに扱われるべきであるが、交渉過程で同等のパートナーであるわけではない。

安全保障に関して意見が合わなければ、戦争を始めた方を不利に、防衛に成功した勝者に有利となる形で決めなければならない。聖所支配をめぐる論争は、アラブが一九四八年にやったように、先に手を出して占領した側に不利になるように決め、彼らの聖所アクセスは拒否されなければならない。戦争を始めた者は、その戦争でつくりだされた難民を受け入れなければならない。

しかしながら、結局は平和のために妥協が必要である。そして妥協は、必ずしも純粋な原則をベースにするとは限らない。しかし、少なくともベースとする原則は、明確にしておくべきである。その原則は、戦争をひき起こし敗者になった者が、その戦争から利を得てはならぬということである。

パレスチナ人は、交渉で同等のパートナーとしての地位を認められた。そうなったのは、パレスチナ人に比べてイスラエル国民の大半が平和を渇望しているからである。世論調査がはっきりとこの現実を物語っている。どの世論調査でも、イスラエル国民の圧倒的多数が平和を望み、平和確立のためなら、大半を手放してもよいと考えている[11]。一方パレスチナ人の八七%は、全パレスチナの解放までのテロ継続を望んでいる[12]。

勝者の立場にあるイスラエルが、敗者に同等の地位を認めるなど多くの譲歩をしてきたのは、平和の確立を希求してのことである。

この態度は確かに見上げたものである。しかし、中東和平よりもっと大きい問題を危うくする恐れがある。他の国や国民がパレスチナ人を見習ってはならないからである。戦争とテロに走ったのに、交渉では同等の地位を与えられた。本来なら、こうなってはならないのである。このやり方でパレスチナ人が自分の望むものをすべて得るのであれば、権利を奪われたと思っている他の民族や集団が、第一の選択肢としてまず戦争とテロに訴えるのは、時間の問題である。

これがイスラエル・パレスチナの交渉教訓であるのなら、世界は非常に危険かつ暴力的なところになる。ニューヨークタイムズのトーマス・フリードマンは、テロが「あなたの近くにやってくる」と警告した[13]。

この交渉の結果は、開始と中断、再開と再中断の繰り返しである。パレスチナ・イスラエル紛争ひいてはアラブ・イスラエル紛争の解決に向けて、期待一杯で始まったのが急転直下失望に変わる。その繰り返しである。

オスロ合意によって、パレスチナの市町村に対するイスラエルの占領（いくつかの例外がある）に終止符が打たれた。一九九五年九月二十五日、イスラエルとパレスチナ自治政府（ＰＡ）が協定に調印し、それによってイスラエル軍はウエストバンクとガザの人口密集地の大半から撤退した[14]。人員三万の自治政府警察が治安維持を引き継いだ。ウエストバンクでは、パレスチナ人がほとんどいないか、あるいは無人の地域をまだかなり支配しているが、人口密集地占領は、ほぼ一九九五年に終わったのである（訳注・イスラエルは二〇〇五年にガザから完全に撤退した）。二八年間の占領であった。イスラエルは二〇〇一年まで人口密集地を再占領したことがない。パレスチナ人の自爆テロが頻発するようになってほぼ一年後のこの年、テロ攻撃の発進地、計画策源地を暫定的に占領した。例えばエリコは、テロ基地として使われていなかったから、暫定占領の対象にならなかった。

自治政府による支配が六年ほど続き、この間、問題解決に向け一定の進展があった。ハマスを含む過激イスラム集団は別であるが、ＰＬＯが二国併存方式によるパレスチナ・イスラエル紛争の解決に、乗り気になったように思われた。

二〇〇〇年初夏には、平和が実現しそうな雰囲気になった。この数年テロは減少し、エフード・バラクを首班とするハト派政府は、平和達成のため真剣に努力した。アメリカのビル・クリントンは大統領としての任期終了を一年後にひかえ、中東和平を達成して、その偉業を後世に残そうと決意していた。

イスラエルとPLOは、アメリカ主催のもと二〇〇〇年七月十一日から交渉を開始することに合意した。交渉は二〇〇一年一月まで続いたが、そのなかでバラクは世界が驚くような提案を行なった。パレスチナ人が求める領土のほぼ全域を引き渡してもよい、と提案したのである。交渉が終わる段階で、バラクはクリントンの示唆を受け入れ、さらに踏みこんだ譲歩を示した。ウエストバンクの九四から九六％、ガザ全域を与えてよいと言ったのである＊15。イスラエルが安全保障上保持することになる四〜六％分については、イスラエル領から一〜三％をパレスチナ側へ割譲して補償する。この提案は、ヨルダンに対する自衛戦で占領した地域のほぼ全域を手放すことであり、定冠詞をつけず、全域の概念をはずした安保理決議二四二に合致した、提案であった。パレスチナ人は、ほとんどがイスラエルの占領下から離れるのである。

さらにバラクは、東エルサレムをパレスチナ国家の首都にしてよいと言った。東エルサレムと旧市アラブ人地区、ユダヤ人にとって歴史上宗教上大切な神殿丘も、パレスチナ側の管理下に移し、イスラエルは、ムスリムにとって意味のない西壁域を管理する。

難民問題については、イスラエルは「一九四八年戦争の結果であるパレスチナ人の精神的物質的苦しみと、この問題に取り組む国際社会を支援する必要性を認める」とした＊16。イスラエルは、人道上の理由及び家族再結合の見地から、難民をいくらか受け入れるが、大半はパレスチナ国家に居住することになる。そして、イスラエルへ移らなかった人に対しては、三〇〇億ドルの補償が用意される。一方、一九四八年と一九六七年の戦争で生まれたユダヤ人難民に対しては、補償提案が全くなかった。ユダヤ人入植地に関しては、バラクは「入植地の大半は解体し、入植者の大部分はイスラエルが合併するウエストバンクの数パーセント内に移す」と提案した＊17。

ヤセル・アラファトは、このバラク提案を拒否し、四〇〇万を越えるパレスチナ人のイスラエルへの帰還権は絶対放棄しない、と言った。補償を得てパレスチナ国家に住むという選択肢はないのである。イスラエルへ返還となれば、ヨルダン、新ウエストバック・ガザ国家に加えて、イスラエルがまたたく間に第三のパレスチナ国家になってしまう。パレスチナ人難民問題は、イスラエルをパレスチナ国家に変えるための術策にいつも使われてしまう。気前のよいバラク提案をアラファトが拒否したのは、これを端的に物語る。

パレスチナ人であれば、イスラエル支配下のユダヤ人国家より、パレスチナ人支配下のパレスチナ人国家での居住を望む。これが普通であり自然である。そして、これこそ、パレスチナ人が何十年も提示してきた要求であった。しかし、数百万のアラブ人で埋め尽して、イスラエルを第三のパレスチナ国家にするのが狙いであれば、難民の多くは、説得に応じあるいは自分の意志で、イスラエルへ行くだろう。バラク提案の後、イスラエルのハト派新聞ハアレツは、社説で次のように主張した。

> パレスチナ人は、これ以上はないほどの良い平和条約を提示されている。しかし彼らはもっと欲しいのである……欲しいのは特に帰還権の承認とその履行である。パレスチナ人難民問題はイスラエルがつくりだしたのではない。アラブ諸国によってつくりだされたが、暴力で我々を地図から抹殺するため、何度も使われてきた……
>
> 帰還権の履行は、ユダヤ人国家としてのイスラエルの終焉を意味する。従ってイスラエルがこの要求を受け入れることはない。
>
> パレスチナ人が、交渉で得点を大きくするための駆引き材料を使うのであれば、この帰還権をすぐ引っ込めた方がよい。残された時間は余りないからだ。如何に辛抱強い求婚者でも、得難い清純無垢な女性を射とめることは、いつかあきらめる。アラファトは、とうの昔に純潔さを失った。我々は彼の駆引きや無理強いにうんざりしているのである。
>
> この提案を今つかみとらなければ、彼らはバラクの代わりにシャロンをつかまされることになる[＊18]。

パレスチナ人指導者のなかには、提案領が地続きになっていないと不満を言う者もいた。例えば、ガザ回廊はウエストバンクとつながっていない。イスラエルは、いくつかの陸橋で結ぶ方式を提案した。永久貸与にするのである。しかしパレスチナ人はあくまでも地続きを要求した。ピール調査委員会（一九三七年）と国連（一九四七年）がユダヤ人社会に提出したのは、地続きの領土ではなかった。それでもその提案を受け入れたのである。

さらに、ハマス、イスラム聖戦、ヒズボラといった主なテロ集団は、イスラエルの存在を否定し、ウエストバンクとガザを領土とするパレスチナ国家の建設を拒否している。パレスチナ全域が解放されるまで、インチといえどユダヤ人の支配を許さぬ状態になるまで、イスラエルのユダヤ人に対するテロを続ける、と言っているのである。彼らにとって地続きかどうかは、とるに足りぬ問題である。彼らは全部欲しいのである。

アラファトは何故バラクの提案を蹴ったのであろうか。イスラエルと平和を結ぶのを恐れたのである。これが本当の理由である。イスラエルがどんな提案を出しても、イスラエルの存在自体の消失以外は受け入れられなかったのである。彼は、パレスチナ人の間に勢力をひろげるイスラム過激派集団が二国併存方式の解決を拒否し、それを受け入れる者は裏切り者として殺すことを知っていた。アブドゥーラ王からサダト、そしてイスラエルの存在権を認めた穏健派パレスチナ人達が、次々と殺されたのを目のあたりにしてきたのである。そこで、イスラエルの存在権を拒否する者の恨みを買って殺されるよりは、平和提案を受け入れない言い訳を考えた方が安全、と考えたのである。

アラファトは、イスラエルの平和提案を拒否した後、テロを再開した。アリエル・シャロンが、首相になる前の二〇〇〇年九月二十八日に神殿丘を訪れたのが、テロを誘発したと、テロ再発の責任をシャロンに着せようとする者がいる。しかし証言にあるように、テロはシャロンの神殿丘訪問よりずっと前から、慎重に計画されていた。パレスチナ自治政府のハレド・アブトアメー通信相は、次のように証言している。

パレスチナ自治政府（ＰＡ）は、キャンプデービッド交渉から戻った後、ヤセル・アラファト議長の要請で、現在のインティファダ勃発の準備を開始した。議長は、交渉におけるパレスチナ側の確固たる不変の立場を補強する手段として、インティファダの発動を予定した。シャロンのハラム・アッシャリーフ（神殿丘）訪問に対する抗議ではないのである……インティファダはパレスチナ指導部を不意打ちするものではなかった。指導部は、政治、外交チャンネルに努力を傾注して、和平プロセスと交渉におけるひび割れをただそうとしたが、うまくいかなかった。イスラエルの強情さと（パレスチナ人の）権利否認に逢着した……ＰＡは、政治勢力と組織諸派に対し、インティファダに向けた総動員を指示した＊19。

アメリカの前上院（多数党）院内総務ジョージ・ミッチェル――本人はレバノン出身キリスト教徒である――に率いられたミッチェル調査団も同じような結論に達し、「シャロンの訪問がアルアクサ・インティファダの原因になったわけではない」と結んでいる。

　シャロン訪問の当日、投石によってイスラエルの警官二八名が負傷したものの、パレスチナ人の間に死者は出なかったし、負傷者もほとんどいなかった。死傷者が出るようになったのは、パレスチナ人達が、西壁で祈るユダヤ人達に一斉攻撃をかけるようになってからである。

　アリエル・シャロンの神殿丘訪問は、パレスチナ側指導部と事前調整がしてあった。それでも筆者の見解では、訪問は暴力に走る口実を与えてしまった、いや暴力の引き金を引くきっかけになったと思う。相手は銃に弾丸を込めて、待ち構えているのである。余計な挑発行為であった。

　中東における真の平和は、アリエル・シャロンの神殿丘訪問に代表される、口先だけの象徴的挑発に耐えられるものでなければならない。象徴的挑発は双方からある。長続きのする平和は、この種の挑発をはね返す強靭さが必要である。

　許されないのは、この種の挑発に暴力で応じる場合で、特に組織化されあるいは上層部の事前承認を得た暴力は、絶対に許されない。シャロンの訪問は誤解されて伝えられたが、本当の教訓はここにある。

　イスラエル国民は、日々この種の挑発にさらされている。パレスチナ人の公立学校ではホロコースト否定説や反ユダヤ教の宗教的冒瀆《ぼうとく》が教えられ、西壁にアラブ系議員が来て挑発したりする。言語による、あるいは象徴的な挑発に対しては、政治的抗議が正しい対応法である。それには街頭デモやストライキが含まれるであろう。岩石や爆弾を投げ、あるいは発砲することは、絶対に受け入れられない。国際社会が容認し奨励してはならないのである。

　しかし世界は、メディア、学会及び外交界を含め、パレスチナ人の暴力を一種の文化として受け入れているようである。一方イスラエル人に対しては、違ったことを期待する。これは、人種主義の濃厚な文化的相対論である。彼らの苦悩に関係なく、パレスチナ人に対する低い期待値は、彼らの人間性を貶《おとし》めることである。

民主主義社会では挑発もある。その社会では、ユダヤ人とムスリム双方にとっての聖所は、一般に開放されている。シャロンは、他のイスラエル国民と同じように、自由に訪問できるのである。

平和が現実になるのであれば、パレスチナ人の物の考え方は変わらなければならない。彼らは、イスラエル軍に平衡感覚を求めている。もっともな要求であるが、それは、彼ら自身にも言える。彼らの指導者が彼ら自身にもそれを求める必要があることを学ばなければならないのである。言語による、あるいは象徴的挑発は、民主主義の一部である。

シャロンは、無骨なやり方で問題がどこにあるかを示した。エルサレム旧市がヨルダン政府とパレスチナ人のイマムに支配されていたとき、ユダヤ人は神殿丘の訪問と西壁での礼拝が禁じられていた。六日戦争時イスラエルが自衛の戦いを強要され、その攻撃を撃退して東エルサレムを占領し、それ以来聖所はすべての人に開放されている。シャロンは、神殿丘がパレスチナ人の管理下に戻されたら、自分を含むユダヤ人が締め出されることを、示そうとしたのである。それよりもっとスマートなやり方で、問題点を指摘できたかもしれない。いずれにせよ民主主義国家の政府は、やり方が非暴力的であれば、通常政治的問題点をつく方法に制限をつけない。拒否目的で投石する者にその拒否権を認めることは、表現の自由を骨抜きにすることになる。あの時イスラエル政府がシャロンの神殿丘を立入りを禁止していれば、イスラエルの極右に怒る理由を与えるようなもので、それも和平プロセスを弱めることになったであろう。

双方が交渉の席に戻るとき、双方の間で似たような挑発が起きる可能性のあることを、考えておかなければならない。もしかすると、もっと悪い挑発があるかも知れない。シャロンのような象徴的挑発や相手側のテロによる暴力的挑発のいずれにせよ、煽動家に勝たせてはならない。和平プロセスに終止符を打たせてはならない。長続きする平和を築くためには、聡明な精神と思いやりの心が必要である。

エジプト・イスラエル間の平和、ヨルダン・イスラエル間の平和は、子供を含むイスラエルの市民に対して、エジプト人、ヨルダン人が個々にテロをやったが、それに耐えて続いている。

イスラエル人は、暴力に対する反撃は、規模をできるだけ縮小し、相手に与える被害を局限しなければならないが、パレスチナ人は、言語的なあるいは象徴的挑発に耐えることを学ばなければならない。しかし、二〇〇〇年秋に起きたのは全く逆で、パレスチナ人はシャロンの神殿丘訪問を、テロ加速の口実に使ったのである。

次章で詳しく検証するが、アラファトがバラク提案を拒否した後、テロ攻勢が始まった。これは、念入りな〝事前計画〟にもとづく行動であった*20。アラファトは、どこをどう押せばよいか分かっていたのである。つまり、有効性が証明済みのテロのカードを切れば、世論と外交界の見解を、再び自分の方に引きつけることができるのである。アラファトが気前のよいバラク提案を蹴ったとき、国際社会は当初アラファトに背を向け、イスラエルに同情した。ピザハウス（スバロ）、ディスコ（ドリフィナリウム）、過越し祭（パークホテル）とイスラエルの一般市民を狙った計画的テロを再開し、イスラエルの若者や家族が犠牲になれば、イスラエルが過剰反応を起こすことは、容易に予期できることであった。事態はまさにその方向に進み、ヨーロッパの世論は再び反イスラエルへ転じるのである。

ニューヨークタイムズによると、パレスチナ人のなかには、この力学を理解し、「イスラエルの攻撃を歓迎」した者がいる*21。これが、彼らの国際支持奪回戦略の一端であった。ある外交官は、ニューヨークタイムズに「パレスチナ人は苦痛の算術を会得している……パレスチナ人の損害はパレスチナ人にプラスに作用し、イスラエル人の損害はパレスチナ人にプラスに作用する。非暴力は引き合わない」と語った*22。テロリズムは、抑圧に対する絶望的反応ではなく、引き合うから戦術としてエリート幹部が選択したのである。ニューヨークタイムズのトーマス・フリードマンは、次のように観察している。

世界は知らなければならない。パレスチナ人が、イスラエルの占領に起因する〝絶望〟から、自爆テロに走るわけではない。そのようなことは大嘘である。何故か。世界中に絶望的な生活を送る人は沢山いる。しかし、それで爆弾を体にまいて歩きまわることはしない。さらに重要な点は、クリントン大統領が、〝絶望的〟占領に終止符を打つことのできる平和プランを提案したが、アラファトはこれを蹴ったことである*23。

誰が自爆テロリストになるのか。この問題について、テロリズムは絶望と貧困、そして権利剥奪に起因する不可避の結果、とみる向きがある。しかし、調査分析はこれが嘘であることを示している。

その分析報告によると、「貧困が生みだすテロリズムという説は論理性があるように見える。しかし、何度調査しても、自爆犯とその支持者が無知で貧しいケースはほとんどない。多くの者が比較的裕福な家庭環境で育ち、大学で学んでいる。パレスチナ人の自爆志願者約二五〇名を対象とした調査では、無学、深刻な貧困、単細胞、絶望に該当する者はひとりもいなかった。他にもいろいろ調査が行なわれるが、いずれも、この大量虐殺犯達が、〝無知蒙昧で貧困、公民権を奪われ絶望の淵に立つ者ではない〟ことを示している。彼らは、〝正常でまともな職〟につき、〝家族のきわめて正常な一員〟と思われた。彼らは〝絶望感〟や〝失うものは何もない〟といった気持ちを示していない」のである＊24。

絶望という表現は至極便利な言葉である。自分では手を汚さないエリート幹部達が、感受性の強い若者達を自爆犯に仕立てあげてきた経緯は、絶望の一言で片付けられる。外部に対しては、何やら説得力がある。

しかし、パレスチナ人によるこの種の児童虐待は内部的には説得力がない。内部向けには、賛美の言葉が使われる。つまり絶望と賛美は対になっている。犠牲者の人間性を無視する自爆犯に仕立てあげ、仕立てられた子供達が進んで自爆するには、この賛美が不可欠なのである。

この種の政治的賛美の一例として、アラファトの妻ジーハンの発言がある。娘と一緒にパリで豪奢な生活を送るジーハンは、絶望とは程遠い環境に身を置きながら、自分はイスラエルを憎む、自分に息子がいたら、ユダヤ人を殺す自爆者になってくれるくらい〝大変な名誉〟はない、と言った。女性でも自爆犯になれそうなものであるが、ジーハンは娘に殉教者になって欲しいとは言わなかった＊25。

一般市民の大量虐殺に任じる自爆犯には、それなりの心理的負担がある。それをとり除き仕事をやりやすくしてやるのが、イスラム聖職者と政治指導者である。学校やモスクあるいはメディアを通して、ターゲットにするイスラエル国民とユダヤ人から人間性を抜きとり、獣化するのである。チャールズ・クラウトハンマーがワシントンポストに書いたように、「アラファトは丸々ひとつの世代を〝ユダヤ＝ナチス〟の憎悪で仕込んだ」のである。この洗脳には、露骨な殺人教唆が含まれる。

インティファダの初期、アラファトが指名し金を与えているアフマド・アブハラビヤが自治政府の公共テレビで説教したのは、その一例である。生中継でこの聖職者は〝ユダヤ人〟と題し（イスラエル人ではなくユダヤ人とした点に注目されたい）、「アッラーが言われている。〝ユダヤ人と戦え。アッラーはユダヤ人をお前達の手で苦しめてやると〟ユダヤ人は殺さなければならない……どこに居ようともどの国に居てもユダヤ人に情は無用。彼らと戦え。見つけ次第殺してしまえ」と言った＊26。

パレスチナ人教育者も児童生徒に、人種主義濃厚な論法で殺人を教唆扇動している。ハマスの運営する幼稚園では、一六五〇名の園児を対象とする年度末の修了式で、園児に寸劇させた。「イスラムの教えでユダヤ人を殺さなければならない」という内容であった＊27。世界には似たような境遇の人が沢山いる。しかし、何故かパレスチナ人の子供達だけが、自殺、殺人行為の戦列につく。メディアを利用した宗教、政治メッセージが叩きこまれている背景を考えると、理由が分かるであろう＊28。

イスラエルは、交渉で大幅な譲歩をした。アラブのエルサレムを首都とする、パレスチナ国家の建設を認めるというのである。ガザは全域、ウエストバンクもほぼ全域を引き渡し、難民問題は公正かつ現実的な解決をめざし、さらに入植地は解体する。このようにパレスチナ人と国際社会の望むほとんど全部を提供してすぐに、今度は、国際社会、ヨーロッパの世論、アメリカの学界及び宗教左翼勢力からのけ者扱いをされる。皮肉な話である。イスラエルは、ボイコットキャンペーンの対象になり、和平提案を蹴って、イスラエルの一般市民をターゲットにする組織的意図的殺害をもって応じたパレスチナ人が、良い子扱いをされる。

しかし、これは皮肉でも何でもない。これは、パレスチナ側指導者が、入念に計算した結果なのである。一番弱い一般市民を殺せば、民主主義社会は過剰な反応を起こす。挑発してそれを引き起こすことなど容易であることを、彼らはよく知っている。フランス、イギリス、ロシア、アメリカそしてカナダが、挑発されて同じような反応を引き起こした。しかるにイスラエルだけが、不当に非難されるのである。時には不釣合いな反撃があったとしても、国民をテロから守るのは当然であるのに、それが非難される。パレスチナ指導部は、さまざまな理由でユダヤ人国家の批判に熱心な集団が、沢山いることを知っている。つまり、同じような対応であっても、他の国や集団には文句を言わず、ユダヤ人国家は別扱いで批判する。この二重基準の根は、選択的批判の歴史と関わりがあり、心の奥底にひそんでいるが、二重基準は打ち消し難い事実であり、論証できる。それは、パレスチナ人が熱心に悪用するものでもある。

この二重基準を使いわけることによって、イスラエルに極めて厳しく、パレスチナ人には甘すぎる判断を下す。この使い分けをする人々は、現実にはパレスチナ人の背中を押し、平和と妥協ではなくテロリズムへ走らせているのである。悲劇はそこにある。パレスチナ人はテロリズムに依存し、その結果死しかもたらさない。その意味で彼らは共犯者である。

17章　アラファトがバラク・クリントン平和提案を拒否したのは正しかった？

告発

二〇〇〇～二〇〇一年の交渉時、アラファトがバラク・クリントン平和提案を拒否したのは正しかった。和平交渉の行き詰まりの責任は全面的にイスラエルにある。よくいってバラクとアラファトの共同責任である。

告発者

▼二〇〇〇年七月、キャンプデービッド首脳会議が挫折した後、すぐパレスチナ自治政府議長が指弾《しだん》され、悪者にされた。エフード・バラクの〝気前のよい提案〟を故意に拒絶し、ユダヤ人国家の抹殺を遠まわしに唱え、この目的に沿って武装蜂起に打って出たとして、和平プロセス妨害の廉で非難されるのである。アラファトは、史上希にみるテロリスト、常習犯的嘘つき、本音を最早隠しきれなくなった男など罵詈《ばり》雑言を浴びる。アメリカのクリントン大統領、そしてイスラエルの和平促進陣営の自称支持者の多くは——信頼していたのに裏切られたという気持ちを抱きながら——中傷と非難の大合唱に加わった（アムネスティ・インターナショナル国際開発部長トニー・クルーグ＊1）。

▼イスラエル政府がタバ交渉を取り止めたのである（ノアム・チョムスキー＊2）。

真実

和平プロセス挫折の全面的責任をアラファトに問うているのは、クリントン及びジョージ・W・ブッシュの両大統領だけではない。アラファト側近の多くが、アラファトを非難しているのである。平和交渉の舞台裏で中心的役割を果たしたサウジアラビアのバンダル王子さえも、アラファトのバラク提案拒否を「パレスチナ人に対する、いやこの地域全体に対する犯罪行為」と呼んだ。アラファトが平和提案を拒否し、その後パレスチナ人に対する支持が広がったことについて、バンダル王子がその経緯を説明している。イスラエルが平和を提案して非難され、パレスチナ人は平和拒否で報われる。そしてこの二重基準のおかげで、アラファトはテロに走ることができたのである。バンダルの経緯説明は、そのメカニズムを解明するためのケーススタディになっている。

立証

キャンプデービッド・タバ和平プロセスに関わった人は事実上全員が、交渉失敗の責任は、バラク提案を蹴ったアラファトにある、と言っている。クリントン大統領は、アラファトに激怒し、嘘つき野郎と言って失敗の非はすべてアラファトにあると非難した。アメリカの主席調停官をつとめたデニス・ロスは、アラファトにとって「紛争に決着をつけることは自分を終わらせること」であるから、アラファトは如何なる平和提案も受け入れる気はなかった、と言っている[*3]。イスラエルの提案を拒否したアラファトは、対案すら出さなかった。これが何よりの証拠である。アラファトは提案を蹴ると、テロ再開の準備を命じた。ザ・ニューヨーカー誌によると、ブッシュ大統領も「暴力の増加はすべてアラファトの責任である」と非難した[*4]。

アラファトの最も信頼するアドバイザーや側近のなかにも、あの時の決定を今になって後悔する者がいる。アラファト自身、同じ提案が今あれば受け入れると洩らした。避けようと思えば避けられた、三〇〇〇人近い人の命が失われた後に、そう言ったのである。

ワシントンあるいはイスラエルの誰も、アラファトの約束など真剣に取り合う者はいなかった。キャンプデービッドでクリントン大統領にも嘘をついた後である。誰も信じない。イラン製兵器を満載した船舶が拿捕《だほ》されたとき、パレスチナのテロリスト向けで、アラファトから直接命令を受けたと船長が自供したにもかかわらず、アラファトは知らぬ存ぜぬで通したのである[*5]。アラファトは、イスラエルの平和支持陣営でハト派のなかのハト派にも信用されていない。アラファトは絶対受け入れるとバラクに圧力をかけ、ぎりぎりの線まで妥協を引き出したのに、アラファトはそれさえ拒否したので、彼らは裏切られたと思っている。

結局アラファトが拒否した後の選挙で、バラクはシャロンに敗北した。ハト派はシャロンの登場を招いたとして、アラファトを非難している。そして、今では多くのイスラエル人がバラク提案をナイーブかつ寛大に過ぎる、と考えているのである。国民の多くは、あの提案さえ受け入れられないのであれば、アラファトはイスラエルの存在を許す平和提案など絶対受け入れない、と考えている。

サウジアラビアのバンダル王子は、ザ・ニューヨーカー誌でエルザ・ウォルシュに一連のインタビューを受け、そのなかでバンダルは、和平プロセスの舞台裏における自分の役割を明らかにすると共に、アラファトに述べた話の内容をつまびらかにした。その交渉については、これまで内幕や内輪話がいろいろあるが、バンダルの打明け話はそれらをはるかに凌《しの》ぐ内容である。アラファトが、アラブ・ムスリム世界だけでなく世界の世論を変えるためテロのカードをどう切ったのか。その経緯を知るうえで一番良い資料である。

バンダルは、二〇年のワシントン駐在歴を持つサウジの外交官で、高い地位にある王族のひとりである。アラファトとクリントン政権の橋渡しをしたことで知られる。他の人と同じように、バンダルもバラクの〝注目に値する〟提案に驚いたひとりであった。〝占領地の約九七％〟[*6]、ユダヤ人地区とアルメニア人地区を除くエルサレム旧市、そして難民に対する補償金三〇〇億ドルをパレスチナ国家へ与えるのである。アラファトはサウジアラビアの摂政アブドゥーラ皇太子にバンダル王子の手助けを求めた。バンダルは同意したが、「アラファトが物事には限度があることを理解しようとしなければ、私にできることは余りない」とアブドゥーラに言った。

二〇〇一年一月二日、クリントンの任期切れの数週間前であったが、バンダルはアンドリュー空軍基地でアラファトを出迎え、バラク提案について打ち合せをした。そしてアラファトに〝もっとよい取引き〟ができると思っているのか、とたずねた。そして、まさかバラクよりもシャロンとの交渉を望んでいるのではないだろうな、と念を押した。するとアラファトは、「バラクの交渉担当者達はハト派」だから、バラクの方だと答えた。それからバンダルは見逃した機会の事例についてアラファトと話し合った。

「一九四八年以来、提案がある度に我々はノーと言ってきた。それからしばらくしてイエスと言うのだが、時すでに遅しで、その提案はもう無い。次に交渉する時は、前よりも劣る条件を話し合うことになる。その繰り返しだった。イエスと言う潮時が来ているのではないか」とバンダルは言った。バンダルはエルサレム問題に対するアラブ側の交渉姿勢を強調し、アラブはいつもアメリカに「エルサレム問題で悪くない条件を引き出してくれるなら、我々は交渉に応じる」と言ってきた点を指摘した。そして、アラファトに「君がこの条件をのむか、拒否して戦争をするか、選択は二つにひとつだ。君がこの取引きに応じるならば、我々は政治力を行使し、総力をあげて支援する。君がこの取引きに応じない場合だが、誰か君のために戦争をしてくれる者がいるのか」とたずねた*7。

それから間もなくして、バンダルはアラファトに「私が前に言ったことを、記憶されていたらいいのだが。この機会を失えば、悲劇どころではない。犯罪行為になる」と厳しい調子で警告した。アラファトは、サウジアラビアとエジプトが支援してくれるなら、その取引きに応じると約束した。そしてサウジとエジプトは支援を確約した。しかし、その約束にもかかわらず、そしてまたバンダルの厳しい警告にもかかわらず、アラファトは提案を拒否し、代案や修正案を出すこともなく、戻ってしまったのである。

当然交渉は失速状態に陥る。するとアラファトは自分のテロリスト幹部達に、暴力始動のギア入れを命じるのである。彼には禍をもって福に転じる妙案があった。つまり、自ら招くパレスチナ人に対する犯罪行為、災難をPR活動の芯にすえて、同情をひく作戦である。これは有効性が証明済の計画で、今回は前よりもずっとうまくいったのである。

しかしその前に、バンダル王子の話に戻ろう。バンダルは、自分に嘘をついたので心の中ではアラファトに激怒した。しかし、驚きはしなかった。ウォルシュのインタビューにあるように、「アラファトが正直ではないことは、アラブ世界では公然の秘密」であったからだ。非公式の場でバンダルは、徹頭徹尾アラファトを非難した。バンダルの「クリントン、あいつは本当に最善を尽くした」という発言は、記録に残っている。アラファトに関するコメントのなかで最も強烈な批判は、オフレコになっているようだが、ウォルシュは次のように書いている。

バンダルは、アラファトが二〇〇一年一月の提案を受け入れなかったのは、悲劇的な過ち——実際には犯罪行為であった、と確信している。しかし、公にそう発言するのは、パレスチナの大義を傷つけるので……バンダルは特にアラファトに対して怒っていた。何故なら、もしバラクの主張を公に擁護すれば、あたかもバラクやイスラエルの弁明者のように聞こえるからである。「私はそこに居た。目撃証人だ。私は嘘はつけない」とバンダルは非公式の形だが、そう言った＊8。

しかしバンダルは公式の記録に残る形で、いまいましい気持ちを、次のように述べている。

「正直な話、あの一月に機会を失った結果の重さから立ち直っていない」とバンダルは、バージニア州マクリーンの自宅で私に言った。「これまで一六〇〇人のパレスチナ人が死んだ。イスラエル側は七〇〇人の死者を出している。このイスラエル人、パレスチナ人の死は全くの無駄死だ。正当化できない」とバンダルは断言した＊9。

しかし、これが話の終わりではない。アラファトの大戦略に話を戻そう。バンダル、アラブ諸国そして世界の大半を、自分の味方につける計画であるが、やり方は簡単である。まずイスラエルの一般市民を殺す。礼拝中のユダヤ人、ピザハウスやディスコの若者達、ショッピングセンターで買物中の妊婦、休憩中の労働者、学生ホールでソーダ水を飲んでいる大学生をテロで殺すのである。イスラエルが過激反応を引き起こすことは間違いない。寛大な提案を拒否したおかげで、バラクは選挙に敗北したから、タカ派首相の登場は自分が手助けしたようなものである。そしてその首相は、テロには厳しく対処すると公約している。過剰反応がなくても、イスラエルの対応のなかには、過剰と唱えてもよいものが〝いくつかは〟出てくる。テロに対する弱い反応であっても、一般住民に被害を出せることは可能である。例えば、爆弾製造場を幼稚園の隣に設けたり、女性（妊婦を含む）や子供を人間の盾に使ったり、投石者や自爆犯に仕立てる手がある。

計画はうまくいった。アラファトが何をしているか充分承知しているバンダルさえも、感情を刺激されてしまう。ウォルシュによると、アブドゥーラ皇太子がテレビを見ていると、イスラエル兵がひとりのパレスチナ人女性をぞんざいに押しやる場面があった。皇太子はバンダルに電話し、「それ見たことか。あの豚共が！　女性までも。ひどいことをしやがる」と言った＊10。

バンダルは、皇太子の怒りについて触れた。イスラエルは、テロリストの親族の家を破壊する。皇太子はこれに特別怒った。オクラホマシティの爆弾男ティモシー・マクベイの例をひき、「アメリカの大統領が、マクベイ家の住居や農場の爆破や焼き払いを命じたら、アメリカ国民はどう思うだろうか」と言った*11。

アブドゥーラ皇太子が指摘しなかったことがある。マクベイの家族は息子の行動を賛美することはなかった。家族が殉教者になるよう息子を励まし、支援したこともない。ティモシーは、一般市民を対象とするテロ作戦の一端を担っているわけでもなかった。

計算ずくのパレスチナテロには、当然イスラエルが対応する。その結果アブドゥーラはブッシュ大統領に会うようバンダルに命じた。バンダルはブッシュに写真を見せた。パレスチナ人の子供達の死体である。しかしバンダルはイスラエル人の子供達の写真は見せなかった。数にすればイスラエルの子供の犠牲がずっと多い（自爆テロの犠牲者も含まれる）。しかも、パレスチナ人の子供達は、イスラエル兵の誤射で殺されたのに対し、イスラエルの子供は意図的に殺されたのである。しかし、ひとりであっても、子供の死体写真は強いインパクトを持ち、同情心をかきたてる。ウォルシュが書いているように、ブッシュの目は〝うるんでいるようで〟あった。

同じような一方的写真がアラブ・ムスリム社会のテレビで放映され、パレスチナ人に対する非常な同情心をかきたて、イスラエル憎しの感情を強めた。これこそアラファトの思うつぼである。

アラブの社会を動かすのは、交渉よりもテロリズムである。意図した二つの利を生みだす場合、特に然りである。憎むべきイスラエル人を殺す自爆犯の〝勇気ある〟殉教行為によって、イスラエルの反応を引き起し、これが新たな殉教者をもたらす。アラブ社会に与える効果は、直ちにアラブ諸政府に対する圧力として作用し、そのアラブ諸政府はアメリカへ圧力をかける。本件の場合アラブを代表したのはバンダルで、「たといアメリカがアラファトを信用していないとしても」イスラエルをなんとかして欲しい、とアメリカに圧力をかけたのである。

ブッシュはアラファトを非難したようにみえるが、アラブ世界では役に立たなかった。五月、アブドゥーラ皇太子は、ホワイトハウスへの招待辞退を公表した。皇太子はファイナンシャルタイムズ誌の記者に「彼らに真実を見て欲しい。そして自分の良心に従って欲しい」と語り、「パレスチナの子供達、女性、老人に何が起きているのか、彼らには分からないのだろうか。屈辱にまみれ、餓えているのだ」と言った＊12。

この連鎖的圧力の結果が、ブッシュ大統領の声明である。大統領はパレスチナ国家を支持した。アメリカの大統領が初めてこの圧力の成行きを公式に是認したのである。筆者は個人的にはパレスチナ国家の建設を支持する。しかしそれは、テロ撲滅に最大の努力を傾注した結果としての国家建設であって、テロに対する見返りであってはならないのである。巧妙に計算した戦術としてのテロに屈する形であってはならない。アラファトは、テロの栓を抜いたり差したりして、世論を操作する。バンダル王子のように、和平プロセス崩壊の元凶がアラファトであり、そのアラファトが何をしているか頭で分かっている人達さえも、テロに対するイスラエルの過剰反応の〝犠牲者〟に感情移入をしてしまう。テロは、この対応を引き起こし、世界の感情的な反応をつくりだす。テロは有効なのである。そしてアラファトはこの現実を利用する。

パレスチナ側指導部は、二〇〇一〜二〇〇二年のバラク・クリントン平和提案を拒絶し、悲劇的な過ちを犯した。ところが、パレスチナ人の大半は、自分達の指導者の過ちであるのに、イスラエルを非難する。これは長い間見られたパターンで、歴史学者のベニー・モリスは、二〇〇三年四月号ニュー・リパブリック誌で、次のように論じている。

パレスチナ民族運動の特徴のひとつが、犠牲者としての自己投影である。オスマントルコに始まり、イギリス官憲、シオニストそしてアメリカと、いつも他者の犠牲になっていると主張している。責任の大半が自分達にあることを考えようとしない。彼らは、自分が犯した過ちと不法行為の犠牲者なのである。パレスチナ人の世界観によれば、彼らは過ちを犯したことは一度もなく、自分の不幸は他者の過失のせい、と考える。自分の果たした歴史上の作用を直視せず、認めることもしない拒否体質。そこから生まれてくるのは、泣き言だけである。端的に言えば、すべてを他人のせいにして、自分の過失結果から救ってくれる外部世界に訴えるのである＊13。

18章　イスラエル人よりパレスチナ人の死亡が多いのは何故か？

告発

最近のテロ頻発期（二〇〇〇年以降）に殺された人数は、イスラエルよりパレスチナ側が多い。これは、イスラエルの反撃がパレスチナ人のテロより悪質な証拠である。

告発者

▼ピストルしか持たない、自爆する若者しかいないパレスチナの防衛警察力に対して、アメリカ製攻撃ヘリ、戦闘爆撃機、戦車を総動員して攻撃する。聖職者としてあなたは、心配しないのですか。信じられない。御存じのように、これでイスラエル人よりパレスチナ人の方がもっと死んでいるのです。アメリカの兵器が人殺しに使われ、多数の一般住民が犠牲になっている。聖職者のひとりとして何とも思わないのですか（ボブ・ノバク、政治評論家＊1）。

▼アッバス・ハミデーは報道姿勢に心を痛めています。二〇〇〇年九月に始まる第二次インティファダ以来、パレスチナ人の方が沢山死んでいるのに、イスラエルを犠牲者扱いするメディアの報道に動転したのです（アーニー・ガルシア、ジャーナリスト＊2）。

真実

この比較法は誤解を招く。それにはいくつか重要な理由がある。パレスチナ人は自爆犯自身を犠牲者として算え、イスラエルに対するテロ未遂事件を勘定に入れていない。事前発覚や直前防止が多数あるのである。

立証

パレスチナ人は、無差別テロで可能な限り多数のイスラエル人を殺そうとする。イスラエル人の死亡数は、防止しきれなかったテロの犠牲者数である。テロ防止と阻止は合法的行為であり、イスラエルによるとされる死亡は、大半がこの対応過程で生じた不慮の死である。例えば、二〇〇三年の最初の二カ月は、イスラエルの一般市民に対するテロ攻撃が発生しなかった。これはパレスチナ人テロ組織がテロを抑制したからではなくて、ことごとく封殺されたからで、この期間中イスラエル当局は数百件のテロを未然に防止している。

実行犯は、既遂未遂の如何を問わず、できるだけ沢山のイスラエル人を殺そうと意図し、未遂に終わったからといって、道義的責任が消えるわけではない。入念なテロ計画が全部成功していたら、この二カ月の〝鎮静〟期間中数千人のイスラエル人が殺されていただろう。二〇〇〇年に始まる自爆テロから起算すれば、犠牲者数は数万に達していたはずである。

シャロームタワー（アメリカの世界貿易センタービルに匹敵）爆破計画をひとつとっても、予想される被害規模は慄然《りつぜん》たるものがある。未然の阻止がなかったならば、一般市民数百人が殺されたであろう。テルアビブのピグリロット・燃料ガス貯蔵施設攻撃が阻止されなかったならば、数千人の犠牲者が出たであろう。二〇〇〇年九月から二〇〇二年八月までの二年間で「女、子供、老人を含むイスラエルの一般市民とその資産をターゲットにして、約一万四〇〇〇件のテロ攻撃が起きたのである*3。それ以降も沢山のテロ事件が起きている。事前発覚や直前防止は数千件に達する*4。テロ計画が全部あるいは大半が成功していれば、少なく見積っても、実際の死亡数八〇〇人の一〇倍以上になったと思われる。

イスラエルとパレスチナの死者数の差は、負傷者に対する救急医療の差でもある。イスラエルは、救急医療体制の整備に多大の努力を払い、迅速に対応している。さらに医学上の処置も高度の技術を開発した。救命率は飛躍的に向上した。重傷で不具者になった市民は数千人に達するが、イスラエルの救急医療が進んでいなければ、恐らく死亡したであろう。

二〇〇二年十二月十五日付ニューヨークタイムズは、「今年発表された調査によると、死亡率低下に一番寄与したのが……救急車の迅速な現場到着と救急処置の向上である。手当が遅ければ死亡するような重傷者多数が、迅速な医療処置のおかげで助かっているので、殺人を目的とする（テロの）致死率は人工的に押さえられた……致死率は七〇％も低下したのである」とし、攻撃者の「攻撃は相変わらず残忍で凶悪であるが、殺すのが段々難しくなっている」と報じた*5。パレスチナ人テロリストにも同じことが言える。彼らは相変らず凶暴であるが、すぐれた救急医療のおかげで、イスラエル人を殺すのが段々難しくなっているのである。

イスラエルの救急医療体制と対照的なのがパレスチナ側の対応である。イスラエルの病院は、完全に政治色を抜きにしている。人種や宗教、出身で区別せず、紛争の敵味方でも差別しない。治療の優先順位はトリアージ（負傷程度による治療優先順位の決定方式）だけである。

しかるにパレスチナ自治政府は、パレスチナ人負傷者をイスラエル側病院へ転送しないことに決めた*6。イスラエルの保健相は、インティファダ時、パレスチナ人負傷者全員をイスラエルの病院に収容し、イスラエルの経費負担で治療することを何度か提案した。大臣は「パレスチナ人側の医療施設では、負傷者の多くをきちんと治療できない」と観察していた。大臣によると、パレスチナ側はこの提案を拒否した。「治療より負傷者の数を知られる方が困る」からである*7。理由が何であれ、医療施設や技術が劣り、救急医療体制も進んでいないところでは、助かる命も助からない。イスラエルの先進医療のもとで治療を受けていれば、死者の数が随分減ったはずである。

テロがかなり少なかった一九九四年時点でも、パレスチナの病院関係者は、パレスチナ人負傷者四名を、「ヘブロンから救急車でエルサレムのモハセド病院へ搬送しようとして、出血多量で死なせてしまった。イスラエルがヘリコプターでイスラエルの病院へ搬送し、無料で治療することを申し入れたのに、拒否した」のである。この悲劇を調査するため最高裁に設けられた調査委員会は、パレスチナ側病院関係者に〝激怒〟し、「政治的理由で救急医療を拒否する考え方」を理解しない、と宣言した*8。

利用可能な医療のなかで最高の救急医療をパレスチナ人が拒否したことは、死なずに済んだはずの人が何人も死んだということである。

パレスチナ側幹部達は腐敗しきっており、私服をこやしている。莫大な金を溜めこんでいるのである。例えばアラファトは、フォーブス誌によると、三億ドル以上を懐にした。パレスチナ自治政府の救急医療体制は、極めて御粗末である。しかし、改善のための金はほとんど使われていない。これも、死なずに済む負傷者を死なせる一因になっている。

パレスチナ側スポークスマンが犠牲者と称している者のなかには、さまざまな人が含まれている。例えば自爆者本人、爆弾製造中の事故で爆死した者、爆弾を仕掛けあるいは投擲中銃撃されて死んだ者、通称エンジニアのような爆弾製造監督者を含む。テロ集団の幹部や実行犯、あるいは他のパレスチナ人から殺された協力者、あるいはまた、愚かで危険な慣習で死ぬ者も、犠牲者にかぞえられる。例えば葬儀や抗議集会で自動小銃を撃ち上げる。その犠牲者である。

自爆犯など人を殺したテロリストの死と、彼らのターゲットになって殺された一般市民の死を同じ犠牲者のカテゴリーでひとくくりにするのは、論理性がないだけでなく、社会的倫理に欠ける。メディアが、まじめくさった顔で、この数字を犠牲者の比較として提示することなど、できないはずである。ところが、多くの新聞、テレビ、ラジオが、今でもこの非対称性の偏向比較をやっているのである。

パレスチナ人は、銃撃戦にまきこまれた一般住民の死も、どちらの側の銃弾に倒れたのか分からなくても、相手による死亡として計算する。

例えば、うずくまって父親に抱かれるようにして射殺された少年の映像は、フランスのテレビ局の取材であった。ドイツのテレビ局の調査ルポによると、パレスチナ人ガンマンの射撃で死んだ公算が強い。パレスチナ、イスラエル双方の銃撃位置と射角を比較した結果で、「さまざまな根拠から、イスラエル側がやっていないと高い確率で言える」としている*9。

さらにパレスチナ側スポークスマンは、犠牲者数を露骨に誇張して伝える。二〇〇二年のジェニン掃討戦がその例で、当初パレスチナ人は、イスラエルが三〇〇〇人を〝虐殺〟した、と主張した。その後、死者数を五〇〇人まで引き下げたが、国連事務総長は、パレスチナ人の死者総数を五二人と確認した。その多くは武装した戦闘員であった。ジェニンでは、武装戦闘員が住民を盾にして射撃し、一般住居に仕掛け爆弾をいくつも設置し、イスラエル兵が二三人殺されたにもかかわらず、イスラエル兵が意図的に一般住民を一人でも殺したという証拠は、ひとつもない。

故意の誇張はパレスチナ社会の典型というべき現象で、学者すら平気で誇張する。例えば、エドワード・サイード教授は「数十万人のパレスチナ人が……アメリカを後ろ盾とするイスラエルによって殺された」と書いた*10。これは全くの嘘である。ある批評家は、これを慇懃《いんぎん》無礼に〝荒唐無稽な主張〟と評した*11。

このような歪曲と誇張をもってして、一般住民の死亡実数は、パレスチナ人側の方が相当に低い。殺されたパレスチナ人のうち圧倒的大多数は、テロ行動に直接関わっている時に殺されたのである。直接関わっていなくて死んだ人は、正当なテロリスト掃討戦の過程で巻添えになって殺されたのであり、二〇〇三年四月二十日付ボストングローブ紙に掲載されたＩＤＦ（イスラエル国防軍）の調査分析によると、「二〇〇〇年九月に始まるインティファダで、イスラエル軍に殺されたパレスチナ人約二〇〇〇人の内一八％は、テロ行動と関係のない一般住民」であった*12。つまり、ほぼ三八〇人の一般住民が、正当な防衛戦の過程で、不慮の死をとげたということである。

筆者の見解では、この数字と比率は高すぎる。イスラエルは死亡及び負傷したパレスチナ人に対し、いくばくかの責任を負わなければならない。しかし、戦争の巻添えになる可能性は予測できる場合がよくあるとはいえ、この事故的被害に対するイスラエルの道義的責任を、イスラエルの一般住民を意図的に攻撃目標とし、無差別テロを行なうパレスチナ人テロリストの責任と、同一レベルで比較することはできない。イスラエル側の死者八〇〇余名のうち、五六七人は一般住民であり*13、その一人ひとりの死が第一級殺人（極刑となる殺人）である。テロとの戦いという正当な自衛行動の過程で、巻添えになった一般住民が死亡する場合と、一般住民そのものを攻撃対象とするテロで殺す場合は、薬と毒薬を比較するようなものである。双方とも死をもたらすことができる。前者は、時に予測可能であるが、副作用による死をもたらす場合がある。後者は、意図どおりの直接的効果を持つ。決定的違いはそこにある。

女性、子供の死傷者数を比較すると、イスラエルの被害の方がパレスチナ側よりずっと多い。研究報告によると、三倍も多いのである*14。ある著名なフェミニスト作家は、次のように論評している。

イスラエル側報告の被害をみると、殺された人の八〇％は非戦闘員で、その大半は婦人、女子であった。イスラエル側の女性の死亡は、パレスチナ側女性の死亡よりはるかに多く、その差は三対一もしくは四対一である

（私が知る限り、これについて女性側から怒りの声が全くあがっていない）。パレスチナ側によるイスラエル人非戦闘員殺害のうち、ほぼ四〇％は婦人、女子である。一方、パレスチナ側死者のうち九五％強が男性であった。換言すれば、パレスチナ人は、女性や子供を含む非武装の一般住民を意図的に狙い、イスラエル側は、攻撃してくる武装男性を相手にして戦ったということである＊15。

男性は、女性より戦闘員としての要素が強いが、その男性を含めても、一般住民の死傷者数は、イスラエル側がパレスチナ側より多い。理由は明白、少しでも物事を考える人なら分かるはずである。

テロリストは、可能な限り殺戮規模を多くしようと苦心する。殺鼠剤《さっちゅう》を塗布した釘入り対人爆弾の事例も報告されている。血液の凝固を阻止するのである。最近イスラエルの医学界は、自爆者の血液について重大な懸念を表明した。自爆者の血液が四方八方に飛び散る。救急隊員がその血に触り、あるいは骨が犠牲者の体に突き刺さり、体内に進入する恐れもある。自爆犯が肝炎やエイズウィルスに感染している可能性は否定しきれない。

テロリスト幹部が実行犯に注射し、生物化学戦をやる恐れが考えられるのである。その最初の事例が、イスラエル医学協会発行学術誌「イスラエル・メディカルアソーシエーション・ジャーナル」の二〇〇二年七月号に、掲載されている。

ハデラのヒレル・ヤッフォ医療センターの医師達が、犠牲者の一女性から、自爆犯の骨片子を回収した。骨は首、胸部及び鼠径部《そけい》に刺さっており、回収された骨片はテルアビブの法医学研究所へ送られた。そこでテストされた結果、Ｂ型肝炎の陽性反応がでたのである＊16。この記事の執筆者は、「人の骨片は、異物として作用し、生物学的に汚染されたものであれば、爆風《ブラスト》による負傷上ひとつの新しい概念として成り立つ」と書いている＊17。そして医師達は「自爆犯が病原菌のキャリヤーとして行動することも考えられる。肝炎、ヒト免疫不全ウィルス（エイズ）、梅毒、デング熱、クロイツフェルト・ヤコブ病、マラリアなどが考えられる」としている＊18。仮説は現実となった。ヘブライ大学のカフェテリアで自爆テロが発生し、被害者達は大量の抗生物質を投与された。何故ならば「医師達は自爆犯の多くが、肝炎からエイズに至るさまざまな病原菌に汚染されていることをつきとめた」からである＊19。

これが例外的な状況なのか、それともテロにおぞましい新戦術が登場し、それがエスカレートしていく徴候なのか。これから判明する。その間イスラエルの病院は、最悪の事態に備えておかなければならない。イスラエルの医学誌は、各誌ともこの問題を論じている。例えば先述のジャーナルは二〇〇二年七月号で「テロと医学」をテーマに特集を組んだ。この新しい脅威に対処すべく、イスラエルの救急隊員は検査キット、ワクチン、抗生物質を携帯して現場へ行く。しかし、問題はそんなに単純ではない。なぜならば「この検査キットは血液検査用である。骨の検査は極めて難しい。エイズのような弱いウィルスの場合はなおさらである」*20。さらに、新しい脅威には骨の外科的摘出という作業が出てくる。これをやらないと、骨片が被害者の体内に残る。命を救おうとする人々の対応が難しくなったとき、テロリストは勝利する。その基準から言えば、ウィルス汚染の自爆犯がもたらす新しい脅威は、テロの勝利を先導する。

入手可能な手段を投じて、可能な限り多くのユダヤ人を殺す。これがパレスチナテロリストの手口である。これと対照的に、イスラエルによって殺されたパレスチナ側一般市民は、イスラエルの対テロ作戦で意図的にターゲットになったわけではない。イスラエルはゴム弾など殺傷力を弱めた武器を使用し、射撃する場合は、可能な限り足を撃つ。イスラエル兵が誤って一般民を殺した場合、国内で批判を浴び、査問委員会が開かれ、時には処罰されることすらある*21。パレスチナ人テロリストが学校児童達を殺せば、熱狂的な祝福を受け、社会から歓迎される。イスラエルは、パレスチナの一般住民を殺すことで得るものは何もなく、失うものしかない。その逆がパレスチナ人テロリストである。イスラエルの最も弱い一般住民を意図的に狙う。

パレスチナ人テロリストは、難民キャンプのような人口密集地に隠れ、そこをテロの発進地として使い、住民を盾にする。住民を盾に使うことは国際法違反である。国際法では、盾に使われて殺された一般住民は、盾に使った側による損害にかぞえられる。武装テロリストのような軍事ターゲットを攻撃するのは合法であり、その行動をとる人による損害にはならない。ある外交官がニューヨークタイムズに語ったように、「パレスチナ人は、苦痛の算術という苛烈な方式を会得した……パレスチナ人の損害は彼らのプラスとして作用し、イスラエル側の損害も彼らのプラスとして作用する」のである*22。

ハマス最高幹部のイスマイル・ハニヤは、ワシントンポストの取材に応じ、「パレスチナ人は今や追う立場に立っている。イスラエル人を退却させているのだ。彼らの弱点を見つけたからだ。ユダヤ人は……他の者より命を惜しむ。彼らは死なぬ方を選ぶ。だから、彼らと対応するには自爆戦法が最適である」と語った。この死生観は、トーマス・フリードマンが言ったように、〝吐気を催す〟であろうが*23、これがパレスチナ人テロリストの算数であることは間違いない。イスラエルよりパレスチナ人の死者数が多いとしてこれを問題視し、イスラエルを非難する者は、実際には残酷な死の算術を助長しているのである。

エドワード・サイードは、親イスラエル派が「アラブとムスリムはテロリズムの遺伝子を持っている」と唱えているなどと言うが、誰もそのような主張はしていない*24。しかしながら、サイードの遺伝子を受け継ぐ手先は、ごまかしてはならない。パレスチナ指導部は——政治指導者と宗教指導者共に——テロリズムを第一の頼みとし、これを自分達の文化、宗教の一環として賛美してきた。これが悲しい現実である。彼らはテロの拡散に責任がある。

パレスチナ側指導者は、イスラエル側の射撃で多数のパレスチナ人児童と青年を死なせあるいは傷つけた責任をとらなければならない。意図的に子供を攻撃兵器として使い、交戦ルールを変えてしまったのは、このパレスチナ指導部である。この子供達は、なかには一一歳の少年達もいたが、指導部からリクルートされ、自爆犯に仕立てられ、爆弾や石投げ役になる。ガザのハマス幹部サラフ・シェハデーは、子供をリクルートし、ハマスの特別班に編入している、と言った。アルジャジーラテレビのインタビューでは、著名なイスラム教徒教授が、無神経にも〝児童爆弾〟と呼び、子供の戦闘投入を弁護した*25。

九歳から一六歳までの少年一〇〇〇人を対象としたイスラム大学の調査によると、四九％が反イスラエル暴動に参加しており、七三％が殉教者として死にたいと答えている。子供達が爆弾に点火しあるいは仕掛けようとして自爆しているのは、驚くにあたらない。少年テロリストに狙われて、イスラエル兵や民間人が応射し、射殺した例もある。例えば、二〇〇三年三月八日付ニューヨークタイムズは「少年達が終日イスラエル兵に向かって石や火炎瓶を投げた。ガザのアラブ側病院の関係者によると、火炎瓶を投げた少年にイスラエル兵が応射し、弾が命中した」という*26。他にも、次のような事例がある。

●二〇〇二年七月六日、一一歳になる二人の少年が、イスラエルの見張所に爆弾を仕掛けようとして捕まった。一人の少年は殉教者になりたいと言った。

●二〇〇二年四月二十三日、年齢一一歳、一二歳、一三歳の少年三人が、自爆攻撃のためニツァリムの町に侵入しようとして射殺された。三人共殉教者として死にたいという主旨の遺書を残していた。現在この三少年は殉教者として賛美されている。

●一四歳の少年が二発のパイプ爆弾を身につけ、イスラエルの見張所に入ろうとして射殺された。

●一六歳の少年が、イスラエル兵に手榴弾を投げ、応射されて殺された。

●逮捕された一五歳の少女の事例では、ベツレヘムのタンジム（ファタハ系のテロ隊）幹部の叔父に自爆志願者としてリクルートされ、学校の女友達を勧誘していた、と自白した。

●二〇〇二年三月三十一日、一六歳の少年がマゲン・タビッド・アドム（イスラエルの赤十字）救護所で自爆、イスラエルの民間人六人を殺害。

●逮捕された一六歳の高校生の事例では、殉教者になるから学校へは戻らないとクラス全員に別れを告げ、混雑するバスの中で自爆しようとバス停へ向かう途中捕まった。

このようにきちんと記録された資料があるにもかかわらず、国連人権委員会における集会（二〇〇三年四月）で、アムネスティ・インターナショナルの女性スポークスマンは、「パレスチナ人自爆者で未成年はいない」と述べた*27。彼女は、イスラエルの（赤十字）救護所で、一六歳のパレスチナ人少年に殺された六人の遺族にそういうべきであった。

シカゴ大学哲学教授のジャン・ベトケ・エルシュタインは、著書『対テロ戦争』で、「イスラミストの若者は死を愛する」と唱えるイスラムテロ指導者と、子供達を戦場へ送りだしたナチ指導者を比較している。ベルリン攻防戦の最終段階で、ナチは八歳から一七歳までの子供五〇〇〇人を、第一線に投入した。そして、わずか五〇〇人しか生き残らなかった。驚くのは、文字どおり倒れるまで義務を果たす子供達の固い信念である。彼らの頭には、英雄的行為の伝説が一杯詰めこまれていた。この子供達にとって、〝究極の犠牲〟を求める声は、空虚な言葉ではなかった*28。

連合軍部隊は、ベルリン占領を必死で阻止しようとする武装少年兵を殺し、戦争を終らせたが、この少年兵を殺害したことで非難する者は誰もいない。神学者H・リチャード・ニーバーとポール・ティリヒの著書を引用して、エルシュタインは、次のように分析する。

喜んで子供を犠牲にするのは、死の文化の一徴候である。例ならある。ビンラーディンによって賛美され各地のイスラム過激派によってもてはやされる死への突進。それだけではない。特に指摘されるのが、一九八〇年から一九八八年まで八年間も続いたイラン・イラク戦争である。ここでは数千数万のイラン人児童が戦場に投入され、ぼろくずのようになぎ倒され死んでしまった。子供達は地雷源啓開用の人間清掃器として使われ、あっという間に殺され、辛くも生残った子供は足の無い不具者になった。しかるに家庭ではこのような殉教者の両親であることの名誉が語られる。子供を犠牲にする恐るべき意志と対照的に、成人兵の場合は、戦闘員、非戦闘員共に、可能な限り兵力消耗を防ぐような戦闘訓練の倫理がある*29。

パレスチナ側指導部が、タブーを破って未成年者をテロリストとして使えば使うほど、死傷する子供が増える。このような子供の意図的乱用は、極端な形の児童虐待である。責めるべきは、この児童虐待者であり、未成年者の自爆者、火炎瓶児童から身を守るために射撃する防者ではない。イスラエルのゴルダ・メイア（首相一九六七〜七四年）が言ったように、「我々は、我々の子供を殺す彼らを多分許すことができるだろうか、我々に彼らの子供を殺させる彼らは、絶対に許せない」のである。

同じことがパレスチナ人女性について言える。妊婦さえも自爆志願者としてリクルートされている。二〇〇一年以来三年足らずで女性が二〇回以上も自爆攻撃を行なっている。感情や文化を悪用した強迫で、自爆の道を選ぶ女性もいる。例えば二一歳の女性でベツレヘム出身のアンダリブ・スレイマンの場合、テロ工作員が意図的に誘惑した。妊娠した彼女は、恥を避けるには、殉教者として死ぬ以外にないと言われるのである（アラブ社会では、娘が男親の知らぬ間に、男性と情を通じるのは許されない）。かくして彼女は自爆志願者となり、エルサレムの買物市場で自爆、中国人労働者二人を含む民間人六人を殺した。一八歳になるデハイシ出身のアヤト・アフラスも誘惑されて妊娠、スーパーマーケットで自爆し、二人の民間人を殺した。

死をまきちらすためにおなかに新しい命を宿す。そして、他の人を道連れに、おなかの命諸共自爆する。おぞましいテロリストの堕胎作戦である。家族の名誉を回復するには殉教者として自爆する以外に方法はない。このような状況に追いこまれた若い女性は、他にもいる。ベツレヘムのある家族の場合、タンジム工作員が娘に接近していることに気付き、その娘を密かにベツレヘムから逃している。現在その娘は隠れ家に住んでいる＊30。ハマスは、自爆女性が着用すべき衣服について、宗教法上の裁定すら得ている。以下、ユダヤ人殺しの仕事着に関する問答である。

質問　作戦遂行にあたって、女性自爆員はシャリア（イスラム宗教法）に従った衣服を着用しなければなりませんか。作戦はイスラエル域で実施されるので……識別されてしまうのですが。

回答　ヒジャブ（女性のかぶり物）の問題は、公に論議できない。これは、ジハード（聖戦）の戦士が無しで済ませるわけにいかない戒律であり、義務である。第二点であるが、ユダヤ人に占領された我々の町や通りでは（イスラエル全域が〝被占領地〟とみなされている）、我らの娘達はシャリアの限定する衣服を着用する。顔にベール、そして手袋をつけてもよい。第三。これは大変重要な点であるが、我らの娘達、ジハード戦士は、いわゆる正統派ユダヤ人女性が着るような衣服を着用して、ユダヤ人の目を欺《あざむ》くことができる。この種の衣服はシャリアで許容される。進め、シャヒード（アッラーのための殉教）隊！＊31。

最近、〝カタールの有力聖職者〟による裁定があり、パレスチナ人女性は「自爆攻撃によって天国へ行くことができる」とし、「自分の美貌を見せびらかすためではなく、アッラーのため死ぬ」のであるから、ベールを脱ぎ、（未婚女性の）付添いなしで、ユダヤ人を殺してもよいとしている＊32。

一国家の軍隊や住民を危険にさらす行為者に対して、交戦規定（ルール・オブ・エンゲージメント）上の適切な対応が必要である。類似のケースとして麻薬の取引きを例にしよう。最近、国際密輸業者は子供を運び屋に使うようになっている。ヘロインやコカインをコンドームに詰め、それをのみ込んで運んだりするのであるが、運び屋の年齢が変わったため、税関当局は子供たちを検査対象にせざるを得なくなり、苦情も出ている。

しかし、問題は子供を運び屋として使う者にある。同じように少年の自爆テロも、糾弾すべきは、それを阻止する側ではなく送り出す側にある。危険性において一三歳の自爆犯は二五歳の青年と変わりはない。イスラエルは両者に対して同じ自衛権を持つ。イスラエル軍警による子供と女性の射殺を中止する方法は、ひとつしかない。パレスチナ人が、女子供をテロリストとして使うことをやめることである。

しかし、そうなる可能性はほとんどない。テロ幹部が冷酷な計算をしている。イスラエル兵がパレスチナ人の子供や女性を射殺すると、世間の同情はパレスチナ側に集まる。彼らは、爆弾製造場を幼稚園や小学校の隣に、つくることすらしている。イスラエルが爆弾工場を攻撃すれば、子供の死ぬ可能性がでてくる。計算づくである。爆弾工場では爆発事故も起こりやすい。子供達が事故死する恐れもある＊33。

アメリカも、イラク人が妊婦を自爆員に使ってから、交戦規定を変えざるを得なくなった。アメリカ兵は、女性の検査をあっさりと済ませるわけにはいかなくなり、停止せずにチェックポイントへ走ってくる車を、撃つこともある。このような対応は悲劇だが、テロから住民を守るためには、避けられない負担である。女性や子供が人間爆弾として使われるので、なおさらである。

イスラエル兵が自衛行動でパレスチナ人の子供達を射撃すると、善意の人がイスラエルを声高に批判する。しかし、その人は実際には、子供のテロ勧誘を助長し、犠牲者を増やす手助けをしているのである。善良な市民は、子供を危険な道へ追いやった者へ非難を向けることはしない。パレスチナ側の宣伝家はこの機微を理解し、それを利用する。

パレスチナ側の宣伝家は、同じパレスチナ人が死ぬにしても、(たとい冷酷無惨に)アラブ人に殺されるより、(たとい自衛戦で)イスラエル人に殺された方が利益になることを知っている。ニューヨークタイムズのトーマス・フリードマンは、次のように書いている。

> ヒンズー教徒が数百人のムスリムを殺しても、アラブメディアには小さな記事しかでない。しかし、戦争でイスラエルが十数人のムスリムを殺せば、ムスリム世界は感情を激発させる。囂囂《ごうごう》たる非難の嵐になるのである。

戦争であるから、ムスリムもユダヤ人を殺しているのであるが、何故であろうか。……これは、深刻な問題である。最近、アラブ・ムスリムが、イスラエル人に残忍な扱いをされるパレスチナ人の姿が、毎夜テレビ画面に映る。見る度に胸が痛むと私に言う。そう言われる度に私は、「サッダム・フセインは、殺人、恐怖そして毒ガスでイラク人民を二世代にわたって殺してきた。それに対して一言も言わないのに、何故ユダヤ人がパレスチナ人を残酷に扱うと胸が痛むのか」と問い返すことにしている。納得のいく答を得たことはない*34。

アラブ人、パレスチナ人は、イスラエル人より同胞アラブ人の手にかかって死んだ数の方が多い。たといそうであっても、ひとりでもパレスチナ人がイスラエル人に殺されたら、最も声高な非難の大合唱となる。これも、一種の人種主義である。

アメリカ人がアラブの一般住民を殺す時も声高な非難の声があがる。アフガニスタンとイラクで経験済みである。しかし、〝ジェノサイド〟、〝ナチ式戦術〟そして〝ホロコースト〟という罵声はイスラエル用にとってある。二〇〇三年六月十日、AP通信が五週間に及ぶ調査結果を公表した。その当時の戦闘で死亡した一般住民の数である。病院その他の資料を照合して調べたところ、バグダッドにおける死亡数一八九六人を含め、全国で三二四〇人が死んでいた。この報告は、「勘定はまだ断片的で、本当の実数は――もしまとまればの話であるが――もっと多いことは間違いない」と付記している*35。

短期戦でこのように多数の死亡者がでたのは、イラク兵が女装して一般住民の間に隠れ、救急車の中に隠れることすらあり、戦闘員と非戦闘員の区別をつけるのが難しくなったからである。イラク国民の多くが、残忍なサッダム・フセイン政権の犠牲になった。国民がサッダムの軍を支持しているわけではなかった。一方、イスラエル軍に殺されたパレスチナ人のうち民間人は、多くがテロリストに共感し支持していた。しかるに、アメリカの部隊に対する批判は、イスラエル兵に向けられる批判レベルと比べれば、格段に低い。

死体の数だけで、軍事作戦の合法性と倫理性が決まるわけではない。しかるに反イスラエル派は、イスラエル人よりパレスチナ人の方が沢山殺されたというミスリードする〝事実〟にだけ焦点を当てるのである。

19章　イスラエルはパレスチナ人を拷問しているのか？

告　発

イスラエルの法律はパレスチナ人拘留者の拷問《ごうもん》を許しており、イスラエル当局は始終拷問をおこなっている。

告発者

▼イスラエルの法律は拘留者に対する拷問を正式に許している。この事実は容易に立証できる。証拠資料もある（パレスチナ問題に関する北米連繫委員会ジョン・イーナット、二〇〇一年に出された声明。

この声明発表の二年ほど前、イスラエルの最高裁はあらゆる形態の物理的身体的圧力を、正式に非合法化している＊1）。

真　実

司法が難しい問題に正面から向きあってきた国は、世界でもイスラエルだけである。仕掛け爆弾がいつ爆発するか分からない。事件を起こしたテロリストの片割れがどこかに潜伏して機会をうかがっている。市民に危険が及ぶ前に事件を防止するための情報が必要である。アメリカはアルカーイダの捕虜から情報を引き出すために、軽い身体的苦痛を与える方法を用いているが、イスラエルの場合、右のような一刻を争う状況下で、アメリカ式を手加減した方法の使用が正当化できるのか、という問題に直面する。

一九九九年九月六日、イスラエルの最高裁は、拷問の厳禁のみならず、身体的苦痛を与えるアメリカの方法も禁止とする裁定を下した。アメリカで使用されているのは、睡眠を妨害する、不自然な姿勢をとらせる、高音で音楽をきかせる、身体をゆさぶり続ける、頭からフードをかぶせるといった方法である。容疑者から自白をとるのではなく、さし迫ったテロ攻撃の防止に役立つ情報取りにも、使ってはならないのである。この最高裁判決の前まで、イスラエルの治安機関は、アメリカ式に類似する方法を時々使っていた。

イスラエルと対極にあるのが、エジプト、ヨルダン、モロッコ、サウジアラビア、フィリピン、ムスリム諸国で、単なる政治犯に対しても、致死性の方法を含む拷問が日常化しており、政府の首脳レベルまでそれを承認している。それは、アメリカのやり方とも著しく違っている。アメリカでは、物理的心理的圧迫を含む軽い拷問法を適用しており、容易に司法の見直しを受けるような状況下にはない。アメリカの法廷における主な裁判事例をみても、起訴目的で容疑者から自白を引き出すためではなく、一名の生命を救う目的で情報を得るため、身体的苦痛を考える方法は容認され必要である、としているようである＊2。

この難しい問題については、目下ドイツで論議されている。誘拐された人の命を救うため、拷問すると犯人を脅した事例があり、これを契機として論議に発展した＊3。他の国では、例えばフランスのようにあらゆる形態の拷問を公に非難していても、陰では、最悪の方法を容認している。イギリスは、かつてイスラエルが用いた方法――不自然な姿勢、高音量音楽、フード被せなど――に類似するものを、北アイルランドのテロ容疑者を尋問する際に使った。前述のようにイスラエルは国法でそれすら禁じた。しかし、イスラエルだけが底意地悪く選別され、繰り返し非難されてきたのである。

立証

イスラエルに対する二重基準はいろいろあるが、この拷問の問題ほど偽善に満ちた二重基準はない。この拷問問題に関するイスラエルの前歴は、ほかの中東諸国やムスリム諸国よりも遥かに良く、アメリカ、フランス、ドイツなどの先進諸国と比べても良い。しかしイスラエルだけが拷問常習国として繰り返し非難される。

例えば現在大学キャンパスで配布されている投資引揚げ請願を見ると、訴状、請求などの文字が踊り、その中で、「イスラエルの拷問中止を勧告した、国連拷問禁止委員会二〇〇一年報告にイスラエルが従うまで、イスラエルからの投資引揚げを（諸大学に）呼びかける」とある。この請願は、二〇〇二年に配布され始めた。イスラエルの最高裁が物理的身体的圧迫禁止の判決を出した三年後である。

イスラエルの最高裁が禁じ尋問手段には、次のものが含まれる。

1．容義者を「つま先立ちの姿勢で……五分間隔でしゃがませる」。

2．不自然な〝ジャバク姿勢〟をとらせ、低い椅子に手錠をかけて座らせる（椅子の座と背もたれの間に片手を入れて手錠をかけ、もう一方の手は背もたれのうしろ側にまわして手錠をかける方法）。

3．〝換気穴付きの袋〟を頭からかぶせる。

4．〝大音量で音楽〟をかけておく。

最高裁長官のアハロン・バラク教授が出した判決内容には、次のくだりがある。一読の価値がある内容である。

本法廷に提出された資料は、一九九六年一月一日から一九九八年五月十四日までの二年四カ月の間にテロ攻撃で一二一名が死亡した事実を明らかにした。ほかに七〇七名が負傷した。この多数の死傷者は、イスラエルの諸都市の中心部で起きた痛ましい自爆の犠牲者である。ほかにも、自爆、自動車爆弾による攻撃、市民および兵士の誘拐、バスハイジャック、殺害を目的とする襲撃など多数のテロ攻撃が、日々取締りにあたる治安当局の努力によって、未然に防止されている*4。

（この後、あらゆる形態の物理的圧迫を禁じる判決があり、ついでその判断を次のようにまとめた）

治安問題でイスラエルは難しい現実に直面している。我々はこの苛烈な現実に新たな決意をもって取り組むことにして、この判決の結びとしたい。当判決がこの現実を緩和しないことは分かっている。すべての方法が受け入れられるわけではなく、敵によって使われる手段が全部明らかになっているわけではない。民主主義は、片手を後手に縛られた状態で戦わなければならない。これが民主主義の宿命である。しかしそれでも民主主義はすぐれている。治安問題を理解させるうえで、法の支配の堅持と個々人の自由と権利の保障が、重要な構成要素である。究極においてこの二つが、民主主義の精神と力を強め、困難の克服を可能にする。

したがって我々はGSS（治安機関）が人間を〝ゆさぶり続け〟、〝ジャバク姿勢〟をとらせ……〝カエル姿勢〟を強要し、睡眠を奪う権限はなく、尋問に求められる固有の方法による以外にないことを宣言し、ここに仮命令が確定することになった。同じように我々は、刑法にみられる〝必要な〟防衛措置は、この種尋問手段の使用権限の根拠にならず、GSS調査員にこの種の尋問手段を許す適当な指示根拠にもならないことを、ここに宣言する＊5。

最高裁はその判決が、尋問に制限を加えることで、市民の命を危うくすることを認める。しかしそれでも、非人道的ではあるが有効な手段の使用を禁じるのである。筆者はイスラエル以外このような最高裁判決を知らない。

この勇気ある判決に照らして考えると、一九九九年五月にアムネスティ・インターナショナルのオランダ支部が取った行動は、まことにアイロニーにみちている。この支部は、「人権に関するイスラエル最高裁の判決は……破壊的」とするパレスチナ人の主張を支持し、前述の判決を下した本人や他の多くの人権判決に対する、人権賞の授与に公に反対したのである。アムネスティ・インターナショナルは特にイスラエルを名指し、「拷問を実際に合法化しているのは、世界でイスラエルだけである」と主張した＊6。アムネスティ・インターナショナルは、イスラエルを報道する段になると、途端に客観性を失う。多くの人権活動家がこの組織の客観性を信用しなくなったのは、驚くべきことではない。

イスラエルの最高裁判決と対照的なのが、アメリカの第十一巡回裁判区控訴裁判所の判決である。二人の誘拐犯が、身代金目当てに人質を取った事件で、犯人のひとりが身代金を受け取りに来たところを、警察が逮捕した。警察は、人質になった人と仲間の居所を聞きだそうとしたが、犯人が拒否したので、自白するまで〝窒息〟させ、腕をねじまげた。ひとりの判事は、この警察の行為を「責め折檻、(両手を縛った）拘束手段」と定義した。いずれにせよ控訴裁判所は、「ひとりの命を守るに必要な情報をとるための、無理のない対応」として、警察の行動を是認した＊7。イスラエルの最高裁は、通常の犯罪事件と人の命にかかわるテロ防止のいずれの場合でも、アメリカの警察行動は認めなかったであろう。

二〇〇一年九月十一日の同時多発事件の後、アメリカが使った尋問手段の種類と程度は、イスラエルの最高裁が禁じた手段と似ている。二〇〇三年三月九日付ニューヨークタイムズが、アメリカの尋問官が拘留者に対して使うパターンを紹介した。それには、「両手を天井からさがった鎖でつなぎ、両足は足枷《かせ》をして」素裸のまま立たせておく方法、が含まれる。頭を黒いフードですっぽり覆う。高温あるいは極寒状態におき不自然な姿勢で立たせ、あるいは跪《ひざまず》かせる。温度は一〇〇度（華氏）から一〇度まで急激に変わったりする。拘留者は眠らせてもらえず、〝極めて少量の食事しか与えられず、頭が混乱しそうな音とライトにさらされ〟、情報によると〝乱暴に扱われ〟て、〝殴打〟される。アルカーイダ上級幹部工作員の事例では、「アブズバイダー氏は、鎮痛剤の投与を抑えられた。捕虜期間注射をうけたのは数回」であった＊8。

西側情報関係者は、この種の手段を「拷問に近いが、拷問ではない」と言う。これまでこの尋問手段で、少なくとも二人が死亡し、一七人の自殺未遂者を出している。イスラエルが、軽度だが同種の尋問手段を使っていた頃、この手段が致命的ではなく、持続的な苦痛を与えるものでもなかったが、このような点は一切無視して、拷問であるときめつけられた＊9。その事例が国連拷問禁止委員会の一九九七年報告で、次のように述べている。

> 拷問禁止委員会は、第一八期の会議を本日終了した。二週間に及ぶ一連の会合では、特にイスラエルとの活気ある論争が目立った。それはイスラエル政府公認の尋問手段、即ち、テロリストの意図する攻撃を封殺できる情報を引き出すため、尋問中与えるいわゆる〝適度の物理的圧迫〟をめぐる論争である。今朝、委員会は公式の結論として次のように言明した。第一、このような尋問方式は、特殊な状態で拘束するもので、長期間大音量で音楽をかける、長期間睡眠を妨げる、殺害の脅しを含むさまざまな脅しをする、乱暴に体をゆさぶる、冷たい空気でこごえさせるなど、非常な苦痛を与えるものであることが明らかである。第二、委員会の見解では、このような方法が拷問禁止協定第一条が規定する拷問である。各種方法が組み合わせで使われる場合、特に然りである。この組合せ使用が一般的やり方といわれている。
>
> 委員会は、特にイスラエルに対し、協定に違反するこの種の手段を〝直ちにやめる〟ように求め、如何なる状況下でも、イスラエルが直面する〝恐るべきテロリズムのジレンマ〟であっても、拷問は正当化できない旨強調した。
>
> ……政府代表団のメンバーは、委員会に対して、このような方法で、過去二年間九〇件ほどのテロ攻撃を未然に防止し、多くの住民の命を救った、最近では、おかげ

でGSSが仕掛け爆弾を探知できた事例がある、と述べた。代表団は、やり方は拷問にあたらないと繰り返し主張した*10。

以前イスラエルが使用し現在アメリカが使用している方法は拷問かどうかは別にして、イスラエルの最高裁はすでに非合法化している。

情報関係者は「容疑者のなかには、（アメリカによって）拷問常習国として知られる国へ引き渡された者もいる」と認めている*11。エジプト、ヨルダン、フィリピン、サウジアラビア、モロッコを含む諸国である。拷問させる目的で容疑者をそのような国に引き渡すのは、我々や引渡し諸国が署名している、一九八四年の拷問禁止国際協定に違反する行為である。

エジプトのあるスポークスマンは、自国に文句をつける〝ごろつき役人〟を非難し、「組織的な拷問政策など存在しない」と述べ、「どんなテロリストも拷問されたと言う。極めてイージーな主張である。拷問の主張など、どこにもころがっている。人権団体は、拷問をネタにしてメシを食べている」と言った。さらにこのスポークスマンは、エジプトが「テロリズム防止のモデルをつくりあげた。アメリカもエジプトモデルを模倣しているようである」と自慢した*12。イスラエルが、情報を提供した拘留者のなかには、拷問されたと主張する者がいるが、言い訳だろう、誇張もあろうと述べたとき、エジプトをはじめ他国の当局者は、拘留者を信じてあげなければならない、と主張した。

二〇〇三年三月三日付ウォールストリートジャーナルは、情報関係者の話として、重要な情報を持つ拘留者なら手荒く扱うことができるとし、次のように報じた。

使用される手段には、黒いフードをかぶせる、長時間苦痛を伴う圧迫姿勢（ストレスポジション）で立たせておく、二〇時間ぶっ通しで尋問にさらす、などがある。捕虜にしたアルカーイダは、キューバのグァンタナモ・ベイ海軍基地とバグラムに拘留しているが、ある情報関係者によると、その尋問を監督するアメリカの役人達は、〝多少アザのできる顔〟にする権限を認めることができる。「アルカーイダのなかには余分な後押しが必要な者もいる」とその関係者は言っている。

上級連邦検察官は「何故（モハメド氏が）ミランダ権（黙秘権や弁護士と相談する権利があることを被疑者に

事前に知らせること）やそれに相当する権利を持つ所へ行けないのか。理由がある。スペイン、ドイツあるいはフランスのようなところへは行かないのだ。我々は、起訴するためにこれを使うのではない。情報を取るためである。連中が彼をどうするか、神のみぞ知るである」と言う。

アメリカ政府当局は、モハメド氏をしゃべらせるため、追加の手を持っている。ちなみに彼は、九・一一事件ハイジャッカーの死の盟友である。「モハメドには小学校年齢の子供達がいて、アメリカ人はその内の二人の居所をつきとめた」と検察のトップが言う。モハメドの最高幹部のひとりラムジ・ビナルシブーの捕縛を目的とする九月の手入れの時、この子供達は捕まった＊13。

このやり方がイスラエルの最高裁によって禁じられるのは間違いない。しかし、コロンビア特別区（首都ワシントン）の控訴裁判所は、全く違った裁定をした。それによるとアメリカの法廷は、グァンタナモその他アメリカ国内にある尋問センターで拘留者に課せられた条件を見直す権限はない＊14。

しかるに、大学のキャンパスでは、世界中どこでもそうであるが、イスラエルについては大騒ぎするくせに、ほかの国で常習化している拷問の慣行については、批判のひとことも聞えてこない。ムスリム諸国その他の国は、イスラエルと比べれば、直面する脅威は格段に小さいが、政治犯の拷問を日常的に行なっている。しかし、批判の声は上がらない。この二重基準は国連に始まる。ここでは、もはや使用されていない身体的圧迫の廉《かど》でイスラエル非難に多くの時間がさかれる。一方、一刻の猶予も許されない緊急事態下での情報取りでもないのに、パレスチナ自治政府を含む多くの政権が、単なる政治的反対派、反体制派、協力者を拷問しているのに、国連はほとんど話題にしない。もっと残忍なことをしている中東諸国を非難せず、イスラエルだけを拷問の廉で非難する人々は、明白な二重基準をどう正当化するか、重大な説明責任がある。

20章　イスラエルはパレスチナ人住民に対しジェノサイドをやっている？

告　発

イスラエルは、パレスチナ人、アラブ人を虐殺している。ジェノサイド（集団虐殺）の罪に相当する。

告発者

▼一〇年前インティファダが始まったここパレスチナのガザで、私は、パレスチナ国家の臨時政府とその大統領が、ハーグ国際司法裁判所（ＩＣＪ）に、ジェノサイドの犯罪防止及び処罰に関する一九四八年条約侵害の廉で告訴するよう、正式に提案する。イスラエルがパレスチナ人民に対するジェノサイドという国際犯罪を犯していることは、我々全員が知るところである。この告訴目的は、否定し難い事実を世界に知らしめることである。この国際司法裁判所告訴は、一世代前ナチスがユダヤ人に対して行なったことを、今日イスラエル人がパレスチナ人にやっている、即ち、ジェノサイドを実行していることを、全世界に歴史に証明することになろう……パレスチナの主張は正当な根拠がある。イスラエル、これと姻戚関係にあるシオニスト機関とシオニスト勢力は、一九四八年以来今日まで、パレスチナ人民に対してジェノサイドの犯罪を犯してきたのである。ジェノサイド禁止条約第Ⅱ条（ａ）、（ｂ）そして特に（ｃ）に反する行為を続けている。

少なくとも、この五〇年間イスラエル政府、これと姻戚関係にあるシオニスト機関とシオニスト勢力は、パレスチナ人として知られる固有の民族集団の殲滅《せんめつ》を目的として、組織的包括的軍事、政治及び経済戦争を冷酷に展開してきた。このシオニスト／イスラエルの作戦は、パレスチナ人の殺戮にある。ジェノサイド禁止条約第Ⅱ条（ａ）を侵害する行為である（イリノイ大学国際法教授フランシス・ボイル、一九九七年十二月十三日、ガザにおける第一次インティファダ一〇周年式典講演＊1）。

真実

国家は、同じような脅威に直面する他国との比較で、判断されなければならない。国家の行動を公正に評価するためには、背景や経緯などの文脈で考えることが大切である。このやり方で判断すれば、テロリズムと外国からの攻撃に対する防衛戦でイスラエルが取った行動は、比較的高い評価を得る。同じような内外の脅威に直面する諸国で、敵側住民の保護に努め、法の精神を貫き、そしてリスクを冒してまで平和にかけてきた国は、イスラエルをおいて他にない。

立証

四分の三世紀に及ぶアラブ・イスラエル戦争は、対照性が際立つ紛争であった。アラブ諸国は、一般住民に対するジェノサイド攻撃に専念し、守るイスラエル側は軍事目標のみに限定してきた。

この戦争は一九二九年にヘブロンで始まる。聖書に名高い聖都ヘブロンには、有史以来ユダヤ人社会が存在し、住民は平和な生活を送っていたが、この年に組織的計画的な攻撃をうけ、老人、女子供を含む非武装の住民の住民六〇人が惨殺された。人道に反するこの犯罪で犠牲になった人々の多くは、シオニストや入植者ではなかった。一九二九年のヘブロン虐殺は、ホロコーストの前兆になったクリスタルナハト（水晶の夜事件、一九三八年）のように、住民虐殺の先ぶれであった。それはまた、パレスチナにおける〝民族浄化〟の最初の事例であった。ヘブロンのユダヤ人は虐殺され、生残りは他の所へ移送され、数千年も住み続けてきた由緒ある地から一掃されてしまったのである。

イスラエル独立の前、ユダヤ機関（イスラエル政府の前身）とハガナー（イスラエル国防軍の前身）の統制下にない反主流派グループが、いくつか事件を起こしている。ひとつはキングデービッド・ホテルの攻撃で、英植民地政府司令部のある一棟を爆破し、九一名が死亡した。その多くはユダヤ人とイギリスの役人である。イルグンは、爆破の前に予告したと主張している。反主流派グループは、デイルヤシンや他の所でも一般住民も殺している（12章参照）。しかし、この逸脱行為は、ユダヤ機関によって厳しく非難された。イスラエルが独立すると、ベングリオン首相は直ちにこの集団を非合法化し、力ずくで武装を解除した。イルグンの武器調達船アルタレナ号がイスラエルへ戻ってくると、ベングリオンは砲撃を命じて撃沈した。この時の戦闘でイルグン隊員のユダヤ人一六人が、ハガナー隊に射殺されている。これ以降イルグンやレヒによるテロ行為は一切起きていない。ベングリオンは、ハガナーのコマンド隊パルマッハも解体し、隊員を国防軍に編入した。パルマッハは精鋭中の精鋭といわれたが、党軍の性格を持つので、国防軍として武力を一本化し、これをシビリアンコントロール下においたのである。

一方パレスチナ・フェダイン（ゲリラ・コマンド隊）は、エジプト及びシリアに支援され、一九四八年から一九六七年にかけて越境テロを繰り返し、イスラエルの一般住民を多数殺傷した。二〇年近いこの期間はイスラエルが、ウエストバンクとガザを管理しておらず、この地域に入植地もなかった時代である。国連の分割決議に従い、その統治域がアラブの侵攻で始まった一九四八年の戦争で生まれた休戦ライン内の領域であったにもかかわらず、アラブ・パレスチナ人はテロを繰り返した。

一九六七年の戦争では、エジプト軍、シリア軍、パレスチナ解放軍（ＰＬＡ）、ヨルダン軍、イラク軍が参戦し、どの軍も例外なく戦争法（例えば一九四七年のジュネーブ協定）を破って、イスラエルの人口密集地を攻撃した。前にも指摘したように、シリア軍はデガニアを含むイスラエル北部の都市やキブツ、モシャブ（協同組合村）を砲撃し、ミグ戦闘機で攻撃した。ヨルダン軍は、西エルサレムやテルアビブ郊外に砲弾六〇〇〇発を撃ちこみ、ホーカーハンター戦闘機がナタニア、クファルシルキン、クファルサバを爆撃した。一方イラク空軍機は、ナハラル、アフーラのほかエズレルの谷にある村落群を機銃掃射している。

ダマスカス放送は、シリア空軍機がイスラエルの諸都市を爆撃中、と誇らし気に報じたし、ヨルダン軍は、西エルサレム攻撃にあたっては、一部占領の場合でもすべての建物の破壊と一般住民を含む所在人員の殺害を指示された。パレスチナ解放軍は、イスラエル抹殺と住民殺戮を作戦計画に含めていた。一方エジプト軍の作戦計画には、「イスラエル壊滅」の第一段階として、テルアビブ市民の抹殺が含まれている。カイロ市民には、「アゴ髭を生やしカギ鼻のユダヤ人を撃ち、叩き潰し、あるいは首をしめ、体をばらばらに切断するアラブ兵士」のポスターが、あちこちに張られた*2。ナセル大統領が言ったように、「戦争になれば、それは全面戦争となり、戦争目的はイスラエルの壊滅」であった*3。

これと著しい対照をなすのが、イスラエルである。イスラエルは、人口密集地攻撃に対する報復能力はあったが、非軍事目標は攻撃しなかった。一九六七年の戦争時、ヨルダン軍とシリア軍が一般住民の人口密集地攻撃を続けるなら、アンマンとダマスカスを爆撃する、と警告したことはある。しかし一度もそうしたことはない。イスラエルが爆撃したのは、空軍基地、戦車コンボイその他の軍事目標だけである。敵方はこの短期戦争で民間人の攻撃をやめなかった。一九六七年の戦争を精査したマイケル・オレン(前出)は、イスラエルの軍事行動が「主な人口密集地から遥かに離れた地域」で取られたので、アラブ一般住民の被害は「驚くほど少なかった」のである*4。

一九六七年の戦争以降、パレスチナ人のテロ攻撃は、イスラエル国内と世界各地の非軍事目標に集中した。一九六七年に始まるグローバルテロリズムは、長期占領に対する最後の手段ではなく、紛争の始まりからアラブが常套手段にしてきた、ユダヤ人に対する不法かつ非人道的テロの延長である。一般住民をターゲットにするのは、占領の結果ではない。全く逆である。占領は、一般民虐殺の体質をもつアラブが意図した、イスラエル撃滅戦争の結果である。

占領がテロリズムを正当化するというのならば、南北戦争後の再建時代(南部連合諸州を合衆国の州として連邦に復帰させた。その過程には敗北した南部連合国の軍事占領も含まれる)、南部で黒人とそのシンパを襲撃したKKK団とナイトライダーズは、フリーダムファイターということになる。しかし、当然であるが、このテロ集団は、格下げされて歴史のゴミ箱行きとなり、「民族の誕生」といった人種主義映画のなかでしか賛美されない。

パレスチナ人テロリストの支援行進に参加する者の多くは、大学キャンパスで「民族の誕生」が上映されたり、あるいはこのKKKが支援メンバー募集キャンペーンに招かれたりすれば、激怒するだろう。しかし、パレスチナ人テロリストは多数の人間を殺し、そのなかには、KKKが一世紀かかって殺した数よりずっと多くの有色人種を、リンチにかけ爆殺しているのである*5。

黒人の教会をダイナマイトで破壊し四人の少女を殺した事件のとき、犯人達を支持し賛美した人々は、現在反社会的モンスターとみなされている。ところが、詩人トム・ポーリーンのように、ユダヤ人殺しのテロリストを支持し賛美する者が、賓客として大学に招かれて、話をするのである。

七三年に及ぶ戦争で、確かに一般のパレスチナ人が死んでいる。しかしその数は、同じ期間にヨルダン、シリア、イラク及びイランに殺されたパレスチナ人、アラブ人の数に比べれば、とるに足りない。イスラエルとパレスチナの一般民の被害を比較すると、イスラエルが抑制のきいた行動を取っていることが分かる。それに、いわゆるパレスチナ人民間人の多くは、それほど邪気のないテロリスト支持者ではない。

さらに、パレスチナ人の死は、主にテロリストが同胞の中に隠れることに起因している。レバノンがその例である。一方イスラエル人の死は、軍隊ではなく民間人をターゲットにする、テロ特有の戦術に起因する。正当なテロ防止行動の過程でパレスチナ人が過って殺されると、イスラエルは遺憾の意を表明する。一方、無辜のイスラエル人市民が殺されると、パレスチナ人は大騒ぎして祝福する。

一九九四年、気の狂ったヘブロンのユダヤ人医師バルーフ・ゴールドシュタインが、礼拝中のムスリム二九人を自動小銃で射殺した。本人の家族は、ユダヤ人に対する度重なるテロ攻撃で頭がおかしくなった、と主張した。イスラエルの抑圧が自爆者を生みだすと主張する人達は、ゴールドシュタインの話になると、家族の主張を途端に否定する。さらに、パレスチナの一般住民に対するゴールドシュタインの個人的なテロは、イスラエル政府のみでなく、圧倒的大多数のイスラエル国民と世界中のユダヤ人が、強く非難した。パレスチナ人の態度は違う。無辜のイスラエル国民とユダヤ人を爆弾で吹飛ばす者を殉教者に祭りあげて、称賛する。そして、練りあげた犯罪計画の成功で家族は報酬をもらう。

二〇〇二年三月、第二次インティファダで数百件の自爆テロが発生し、遂に過越し祭のテロで頂点に達した。パークホテルの自爆テロで、セデルを祝っていたユダヤ人一七〇人が死傷（内死亡二九人）した。この事件の後イスラエル軍が、爆弾製造とテロリストの中心地であるジェニンの難民キャンプに入った。テロ掃討戦の場合、アメリカはアフガニスタン、ロシアはチェチェンでテロキャンプを空爆している。味方の損害は少なくて済むが、一般住民に大きい被害がでる。イスラエル軍は空爆せず、歩兵が突入し、家宅捜査を行なった。目的の爆弾製造機材とテロリストは発見された。この時の戦闘でイスラエル兵二三名が死亡。パレスチナ人は五二名が死亡したが、その多くは戦闘員であった。

パレスチナの宣伝家は、これを虐殺と呼んで宣伝している。前述のように、歩兵で掃討すれば味方の損害が大きくなる。しかしイスラエルは、一般のパレスチナ人住民の被害を局限するため、あえて歩兵を入れた。それでも死者は出る。何名かの非戦闘員を含む死者五二名は、イスラエルの基準では平均からの逸脱である。しかし、パレスチナ人テロリストの基準では、百人単位の犠牲者をだす非戦闘員攻撃は、テロ活動一日分の平均的成果にすぎない（例えば〇一年六月のテルアビブのディスコ・ドルフィナリウム攻撃で死傷者一三七名、同年八月のエルサレムのピザハウス・スバロ攻撃で一四五名、同年一二月のテルアビブのベンイエフダ通り攻撃で一九〇名）。

それでもパレスチナ側は、ジェニン虐殺と称する偽善にみちた叫び声をあげる。そしてそれに呼応するのが、国連難民機関（ＵＮＲＷＡ）局長ペーター・ハンソンである。本人は年期の入ったテロリズム弁護者で、テロリストに便宜をはかってきた人物であるが、ジェニンの行動を「近現代史上希にみる人権蹂躙の大惨事」と言った。

ジェニン虐殺はなかったし、希にみる大惨事でもなかった。むしろ、イスラエル軍のとった行動は、多くの人から高く評価されているのである。一般住民を盾にするテロリストとの戦いは、都市型戦闘の一典型であるが、イスラエルの対応は良き模範なのである。二〇〇三年四月一日付けニューヨークタイムズは、米軍が「近接戦闘」におけるイスラエルの経験を学んでいるとし、次のように書いた。

> 合衆国陸軍の関係者によると、軍はジェニンにおけるイスラエル軍の戦闘技術に関心を抱いている。建物を崩壊させないで壁だけに穴をあける戦車砲の特殊射撃法が、特にそうである。ほかにもイスラエル軍は、キャンプ内に立て籠《こ》もる約二〇〇人のガンマン制圧に、ブルドーザーやヘリから発射する有線誘導ミサイルも使用した＊6。

同紙は、イスラエルの戦史研究者マーチン・ファン・クレベルド教授が米軍基地を訪問した時の話を紹介している。海兵隊は、対ゲリラ戦、特にイスラエルがジェニンで実行した都市型戦闘法に関心を抱いているという。

> ファン・クレベルド教授はブルドーザー、ヘリコプ

ター、そして非戦闘員が混じり合うなかの戦闘で生じる「道徳上倫理上の問題」に重点をおいて、イスラエルの経験を語っている*7。

同じニューヨークタイムズでは、二〇〇三年四月三日付けで署名入り記事を掲載、著者の政治学者イガル・ヘンキンがアメリカの軍指揮官達に「イスラエルが都市型戦闘で苦心して学んだ戦訓は、戦術上良きモデルであるから、詳しく研究される」ことを勧め、次のように論じた。

> この一連の戦闘でイスラエル兵二九人が殺された。六名を除く全員が、ジェニン難民キャンプ内の戦闘で死んでいる。パレスチナ人の死亡者数については、もちろん熱っぽい議論があるが、イスラエルの推定ではナブルスとジェニンで合計一三二人の死亡である。近年の都市型戦闘による被害、例えばチェチェン戦をみると、ロシア軍はグロズヌイの第一次突入で、少なくとも一五〇〇人の兵隊を失っている。これと比較すると、イスラエル、パレスチナ双方の損害は驚くほど低い*8。

アトランティックマンスリー誌は、二〇〇三年六月号で特集を組み、テロ問題では第一人者のランド研究所の専門家が寄稿し、「アメリカは、イスラエルの対テロリズム戦法は学ぶところが多い」と書いた。

一方ボストングローブ紙は、「アイディア」欄のトップ記事で、イスラエル兵が受けている倫理教育と訓練を紹介し、「イスラエル国防軍（ＩＤＦ）は、我々と我々の合同軍に模範を示している」と結んだ*9。その記事はイスラエルの「身を危険にさらしても、非戦闘員との被害を避けなければならない」とする「武器の純粋性」概念を紹介した。それは「相応の兵力」でしか対応してはならない、ともしている。ＩＤＦの倫理規定は、「訓練課程に組み込まれており、イスラエル軍の全将兵が研修する」が、イスラエルの代表的倫理学者達の協力を得て編集されたもので、各人がそれぞれ一家言を持ち、とかく意見の多いイスラエル社会で、幅広く受け入れられている。この規程は全将兵一人ひとりに「人間の生命を至上の価値とする認識で行動する」ことを求め、「（非戦闘員の）生命、肉体そして名誉、財産を傷つけないよう、あらゆる手段を尽くす」ことを命じ、「露骨な無法命令に従ってはならない」と指示している。

倫理規程起案チームのメンバーのひとりであるモシェ・ハルバータル教授は、平和推進派として知られ、イスラエルの一方的撤退を支持する人物である。教授は、最近のインティファダにおけるパレスチナ人の戦略が、イスラエルの一般住民をターゲットとし、テロリストをパレスチナの一般住民のなかにとけこませることによって、「双方の戦闘員、非戦闘員の垣根をはずす」ことにある、と述べている。教授は、「煽動する者に対して防衛手段を適用するとき、イスラエルは重大な挑戦を受ける」と言う＊10。パレスチナ社会には、テロを煽動する者、テロリストをかくまう者あるいは支持する者など、数千、数万、数十万といるのである。

同じような脅威に直面する諸国のなかでは、イスラエルが最も適切に対応している。二〇〇〇年九月から二〇〇三年三月までを対象としたＩＤＦの調査によると、「イスラエル軍に殺された二〇〇〇人近いパレスチナ人のうち一八％が……テロ行為と関係のない一般住民」であった。ほかの軍隊の対応記録と比べると一般住民の死亡率はかなり低い。古典的作品『正義、不正義の戦争』（一九七七）の著者プリンストン大学のマイケル・ウォルツァー教授は、イスラエルの占領政策を強く批判する研究者であるが、次のように指摘している。

戦闘においてイスラエル軍は、一般住民に対する危険を局限するため、自軍将兵にかかるリスクをいつも受け入れた。最近起きた大規模都市型戦闘と比較すれば、その差は一目瞭然である。例えばグロズヌイにおけるロシア軍の戦闘被害と比べると、パレスチナ諸都市における一般住民の被害は、戦闘が苛烈であったにもかかわらず、極めて少ない＊11。

イラク戦争の場合は、この後触れるが、ここの戦闘被害と比べても差は歴然としている。

対テロ戦でイスラエルが自ら課した相対的な兵力の投入、不必要な一般住民の被害回避は、次の三つの話が例証する。

第一の話は、ハマスの指導者で数百件の爆弾テロの首謀者のサラフ・シェハデー追撃戦である。イスラエル軍は、何度も攻撃機会があったが、断念した。「何故ならば妻と子供達が一緒だったからである。攻撃を断念している間シェハデーは自爆テロを計画し、実行した」のである。換言すればイスラエルは、テロリスト幹部の妻子を含むパレスチナ人の一般住民の被害を局限するため、イスラエルの一般民を危険にさらしたのである。

第二は、ＩＤＦ参謀総長モシェ・ヤーロン中将の話である。

「ひとりの情報将校が、必要な情報を知らせず、空軍による攻撃を阻止した。この情報将校は、間違っていたのであるが、攻撃すれば一般住民を危険にさらす、と考えたのである。倫理上の観点にたてば、褒賞に値する。作戦上の観点からみれば、罷免ものである。道義的責任をこれ程真剣に考えている将校団を持って、我々は誇りに思っている」と参謀総長はつけ加えた。

三番目は、ゼエブという名の歩兵将校が語る、次の体験談である。

「ウエストバンクのある村を二カ月にわたって見張っていたが、毎晩村から撃たれた。激しい銃撃である。銃を持った男がひとりいれば、どうすればいいか、とっさの判断はつく。しかし、三、四人ではなくて四〇人ほどの集団のなかに、銃を持った男がひとり混じっていて、その集団がたえず動いている場合、射撃は慎重にならざるを得ない」

ゼエブはある兵隊の処罰事件について、次のように語っている。

「指揮官から、射撃許可を得た本人は武装戦闘員に対しては膝下を狙って撃て、と命じられた。殺すのではなく負傷させて戦闘力を奪うのである。その兵隊は二発撃った。ところが二発目が地上に倒れた体に命中し、銃を持ったその若者は死んだ」

ゼエブによると、その兵隊は軍法会議にかけられ、有罪判決を受け、所属部隊から追放された。氏名が出ていないから裏付けがとれない話と見る向きもあろうが、裏付けはとれる。数は多くはないが、調査されて軍法会議にかけられた事例があるのである。ボストングローブ紙によると、

ゼエブは「射撃を受けているとき、自制心をもって行動することは、困難なことではない。倫理観を少しでも持ち、一呼吸して判断すれば、倫理規程に明記された事項を守るのに問題はない」と語る。

しかし、ＩＤＦのなかで全員が簡単な問題と考えてい

るわけではない。ＩＤＦ教育総監エラザル・スターン准将は、兵士の任務に、固有の倫理的多義性があることを認識している。「国家が我々に求めることは、一部には頭をぐっとあげる気概である。しかし、それで、眠らないで夜中にベッドの上を転々とすることになるかも知れない。幸運ならば、結果において自分は正しいことをしたと分かる」＊12。

夜中に転々として眠れない心境は、イスラエル兵に特有のものである。厳しい行動規範に束縛されたなかで、生死にかかわる決断が常に正しいとは限らない。混戦状態や状況不明の場合、間違いが起こりやすい。住民の間にひそむテロリストを相手にする時は、特に然りである。死体の数で道義的優位に立つと冷酷な計算をするテロリストは、事故を誘発するような行動に出る。イスラエル兵は、他の国の軍将兵と同じように、時には間違いを起こし、過剰反応をすることもあるが、少なくとも行動の判定基準となる倫理規程のなかで行動している。

パレスチナ人テロリストは、行動を抑制するものがない。テロリズム本来の目的は無差別殺戮にあり、彼らの至上命令は、可能な限り多数の一般住民を殺し、不具者にせよ、である。彼らは、ユダヤ人の子供と女性を殺せば天国に行けると約束され、熱烈に遂行する。

アメリカにも倫理規程がある。しかしイスラエルのものよりはるかに全般的で、名誉と伝統を強調した内容である。アメリカ兵は「交戦規程」カードを身につけている。攻撃されない限り民間人をターゲットにしてはならない、と指示している＊13。イスラエル兵の場合と同じように、生死に関わる決断を、戦闘の最中とっさに下さなければならず、この規程とカードでは間に合わぬ場合もある。二〇〇三年四月二十日付ニューヨークタイムズ・マガジンに、イラク戦争の劇的場面を描写した記事が掲載された。著者はペーター・マース。イスラエル兵が頻繁に直面するような状況下で、米海兵隊はどう行動したのか。すでに隊員二名が走行中のトラックから発砲されて死亡していた。その後の状況は次のとおりである。

海兵隊指揮官は、近づいてくる車両には、数百ヤード手前で警告射撃をせよ、と命じた。五〜六両の車が近づいてきたので、地面に向かって射撃が行なわれたが、車を狙った射撃もあり、弾は実に正確にタイヤや機関部に命中した……。

しかし、車のなかには狙撃でも故障せず、そのまま直進して来るのが何両かあった。そこで海兵隊員は乱射し、車は蜂の巣状態になって停止した……。

この複数の車は、後になって分かったのであるが、イラクの民間人が沢山乗っていた。アメリカの爆弾に追われ、バグダッドから逃げて来たのである。爆弾は彼らのはるか後方に落ちていた。この道路は主な脱出ルートであった。車の民間人達は恐らく海兵隊員を確認できなかったのであろう。隊員は迷彩服を着用し、接近してくる戦闘兵に気付かれないように屋根の上や物陰に陣取り、伏撃姿勢をとっていたのである……混乱した状況のなかで、民間人達は、海兵隊大隊の方へ進んで来たのだが、大隊はその日の朝二人の戦友を失い、さらに自爆隊が来るとの情報を得ていた。

民間人達は次々に射殺された。海兵隊の前衛から数百ヤード前方で、青色のミニバンが一台燃えていた。三人死亡である。ひとりの老人が杖をつき道路わきを歩いていたが、この人も射殺された。半ダース程の車が射撃でずたずたになって停止し射撃がやんだとき、十数人の死体がころがっていた。二人を除いて軍服着用者や武器携帯者はいなかった。

射撃が終わった後、ひとりの分隊長が「部下はよくやった。見事だ」と叫んだ。

少なくとも六台の車が蜂の巣になっていた。車内には死体があり、あるいは車外にころがっていた。青色のバンはフロントガラスに二〇発以上の銃弾がうちこまれ、フロントシートには、くずおれるようにして二人の人が死んでいた。平服で武器もなかった。後部座席には、黒いチャドル姿の女性がひとり、床に倒れこんでいた。死んでいた。バンの中には荷物は何もなかったスーツケースはもちろん爆弾も無し、である……

ひとりの報道記者が近づいてきて、民間人を撃ってはいけないではないかと言った……

するとベンチュラ伍長が「誰が誰かどうして分かるのか」と鋭く言い返した。怒りを抑えた声である。「車には、AK47を手にした兵隊がひとり乗っている。後続車には民間人だ。どうやって区別する。区別はつかん」と伍長は言った。

伍長は一息つき、話を続けた。殺しは正しくないと言われて、まだ動転していた。「バンのひとつは我が方の戦車を破壊した。自動車爆弾だ。彼らに止まれと言えば、彼らは止まらなければならん」と伍長は言った。彼らとは民間人のことである。「我々は我々の安全を考えなければならない。我々は何週間も前からビラを空中からまいて、都市から出るように言ってきた。起きたことについて、隊員は非難できない。ところで君は何だ。タクシーで戦闘ゾーンのど真中まで来て一体何をしているのだ」

「連中の半分は民間人のように見えた」と伍長は続けた。連中とは不正規兵のことである。「つまり、私は同情する。心が痛む。しかし、誰が誰か区別がつかんのだ。これまで我々は充分すぎるほど彼らを助けてきた。無辜の人が死なぬ戦争はない。そんな戦争があるなど聞いたことがない。無辜の人が死ぬ。我々はどうすることもできない……」

破壊された車は、海兵隊の射撃陣地から数百ヤードほどの距離にあった。海兵隊員達は、射撃までもう少し待つことができたはずである。もう少し待っていたら、車列は止まったかも知れない。あるいは海兵隊員達は、車には狼狽《ろうばい》した一般住民が乗っていることが分かったかも知れない。狙撃手は分かっていた。彼は、橋のたもとで何か悲劇的なことが起きていることを知った。それでバグダッドで我々が話したとき、彼は海兵隊戦友の弁護をやめ、彼らの意図について話をするようになった。自分と戦友達は、安全地帯へ逃れようとする女性や老人に銃弾をぶち込むために、イラクへ来たのではないと……。

ディヤラ橋のたもとで殺された民間人の正確な数は、あるいはイラク全体の民間人死者数は、永久に分からないが、究極の代償を払ったのが一般住民である。しかし、住民を殺した人々も代償を払った。この人々にとって、これはスマート爆弾とサージカルストライク（正確迅速な爆撃）によるクリーンな戦争ではない。ウィリアム・T・シャーマン（南北戦争時の北軍指揮官）が言ったように、近接戦闘は昔から苛烈、残酷な戦いである。

この短時間戦闘で、無辜の一般住民が沢山殺された。悲劇的な死だが――一軒一軒捜索していくジェニンの掃討戦で発生した一週分の被害数より多いと思われる――誰もこれを虐殺と呼ばなかった。戦闘は、正規軍と住民を盾にするテロリストとの戦いの様相を色濃くしていた。この場合正規軍は、自衛措置をとる必要があるが、かといって一般住民に過度のリスクを与えてはならない。イスラエルは、アメリカと同じように、この二つをバランスさせながら、対テロ戦に臨んでいるのである。

イスラエルでは、行動基準として全将兵がたたきこまれる倫理規程のほかに、世界の司法制度で特異な存在である最高裁が、軍事面でも倫理規制上重要な役割を果たしている。一般住民に対し過度のリスクを負わせる軍事上の決心を、法の支配のもとで監視、統制しているのである。例えば、家の中に隠れる武装テロリストを逮捕しようとするとき、難しい選択をせまられる。兵士が家に近づきドアをノックすれば、テロリストから撃たれる可能性がある。多数の兵士がこの経験をしている。そこで軍は、隣人説得法という戦術を編みだした。まず、拡声器でテロリストに投降を呼びかける。応答がなければ、近所の家の人にメッセージを託して、その家に行ってもらうのである。

ＩＤＦによると、この方法は効果的で、二〇年以上使われ、テロリストの人質になっている家の人達だけでなく、イスラエル兵の命が沢山救われた。異変の起きたのが二〇〇二年夏である。ニダル・アブムキサンというパレスチナ人男性が、イスラエル兵と間違われ、テロリストに射殺されたのである。イスラエル軍が防弾チョッキを支給していたが、命を救えなかった。

この悲劇の後、イスラエルの人権団体がこの方法の中止を求めて告訴した。世界広しといえども、最高裁がこのような告訴をとりあげる国はない。ましてや戦時中である。イスラエルの最高裁は、告訴をとりあげただけでなく、強制禁止命令を出した。現場の指揮官は、一般住民に対するリスクが少なく、イスラエル兵の命を救う上で有効な方法と考えていたが、使えなくなった。

問題はその判決が正しかったかどうかではない――筆者個人としては正しい判決であったと思っているが。肝腎な点は、最高裁が軍を法の支配に従わせ、たとい味方将兵の生命を危険にさらすとも、長い年月をかけて有効性が証明されている方法を、中止させたことである。この事実を客観的立場でみれば、現代戦史で、イスラエルほど無辜の敵方非戦闘員の人権保護に配慮する国はないことが、明らかである。国民に対して同じような脅威にさらされる国で、味方将兵に非常なリスクを負わせながら敵方一般住民の安全を気遣う国があったら、イスラエルよりも配慮する国があったら、指摘して欲しい。イギリスやアメリカではないことは確かである。都市を爆撃している。フランスやロシアでもない。もっと悪いことをしている。

意図的に一般住民を爆殺され、その報復に相手方の一般住民を殺そうとして都市の無差別爆撃をやっていないのは、現代戦史ではイスラエルだけである。一九八二年のガリラヤ平和作戦時、テロリストの巣窟である西ベイルートを攻撃した時でも、イスラエル空軍は一般住民に被害でないように多大の努力を払ったのである。いつもうまくいくわけではなかったが、その努力には見るべきものがある。

その一九八二年の時女装姿のエフード・バラク少将を指揮官とする挺身隊がベイルートのテロ基地として使用中のビルを急襲した。空爆で一挙に潰滅することが可能であったが、一般住民に被害が出るのを避けたのである。商売用語で例えれば、大量の〝卸売り〟をしないイスラエル特有の〝小売り〟的アプローチであった。

多くのイスラエル人同様筆者も、イスラエル空軍のベイルート空爆に批判的である。しかしだからといって、イスラエルの自衛行動を（過剰反応になる場合があっても）ジェノサイドと決めつけ、ナチの残虐行為と一緒くたにすることはできない。ナチと同一視するところに、ユダヤ民族に対する、それほど遠まわしともいえない反ユダヤ主義が読みとれる。見えすいているのである。イスラエルを敵視する者が、ユダヤ人国家をムッソリーニのイタリアやスターリンのソ連あるいは大日本帝国ではなく、ヒトラーのナチドイツとしか対比させないのは、彼らの意図がどこにあるかを示しており、なかなか意味深長である。この比較は意図と結果共に猥雑であり反ユダヤ主義的である。

イスラエルは、むしろアメリカと比較すべきである。住民の被害を避けるための訓練を大々的に行なうが、いつもうまくいくとは限らない。両国はこの二点で共通している。シカゴ大学の哲学教授ジャン・ベトケ・エルシュタインは、著書『テロに対する正義の戦争』で、アメリカ兵用の訓練映画（イスラエルの訓練映画も類似する）とイスラムテロリストの募集用に使われている訓練映画との間には、非常な違いがある、と述べている。

アメリカ軍の訓練映画には、さまざまの作戦で「うまくいかなかった」事例について豊富な対応教育が含まれている。「うまくいかなかった」とは、アメリカ軍の損害だけでなく、住民の間に意図せざる被害を出した作戦を含む。将来このような被害はどうすれば防げるか、と映画は問いかける。もちろん、「神の意志」とか「神の御名において」一般住民の殺害を促がし、あるいは許すことは絶対にない。

一方、過激モスクの多くで「日常的に提供」されているイスラムテロリストのビデオ映像には、投降した敵が武装解除された後、刀剣で首をはねられる場面が含まれる。戦争法規で厳しく禁じられている行為である。ビデオには「殺されるまでアッラーの御名で殺さなければならない。そうすれば、天国に永遠の場所を得る。イスラム世界はこぞって立ち上り、病的な不信仰者と戦わなければならない。ジハードの旗は翩翻《へんぽん》として永遠にひるがえる。敵はサタンの名において戦っている。汝は神の御名で戦っているのである」というナレーションが入る。

このビデオは、ひとりの兵隊がまだ生きている場面も含まれる。武装民兵達が叫び声をあげる。「奴は動いているぞ」という声に、ひとりの民兵が体をかがめ、ナイフを抜くと平然として負傷兵の首をかき切った。そして、頸動脈から血潮が吹きあがる。この場面はビデオで五回紹介される＊14。

九・一一以降、特にイラク戦争時アメリカ政府は、イスラエルが非難された過ちを、文字どおり全部やっている。イスラエルが犯した過ちの多くは、アメリカが繰り返し、人権に関する米国務省年次報告で非難された。例えばアメリカ兵がイラク人のデモ隊に発砲し、一一歳未満の子供二名を含め一ダース以上のイラク人が死んだ＊15。この発砲事件に関してアメリカの部隊は、最初に群集の中から射撃を受けたと主張した。イスラエルの部隊も同じような経験をしている。イスラエル政府は、正規軍を相手とする戦闘兵は、暴動制圧の訓練を受けておらず、見分けのつかない群集の中から投石され、爆弾を投げられ、あるいは発砲されると、たまに過剰に反応することがあると、指摘している。アメリカ政府の指摘と同じである。他にも、いきなり発砲するとか人権無視のボディチェックをするなどと、非難されたこともある。アメリカ兵はまず発砲して、その後で質問するという非難の場合、検閲所では一時停止の規則があり、所属不明の車両が停止せず、そのまま走って来ることがある。アメリカは、停止せずに突っ込んで爆発した自動車爆弾の事例を指摘する。それで被害を受けているのである。一見妊婦風の女性がアメリカ兵の前で自爆した事件もある。それ以降、似たようなケースのチェックを厳しくしたのである。

アメリカ当局は、テロ容疑者、イスラム過激派等を行政拘留の名目で、長期間抑留している。当局は、テロ防止の情報をとるため、身体的圧迫を加える方法を使っている。イスラエルに関しては、多くの人が非難してきたが、筆者は類似例を引き合いに出して、アメリカを非難する気はない。実際には、アメリカとイスラエルは、テロリズムと都市型戦闘に直面したほかの国と比べて、はるかに立派に対処している。チェチェンにおけるロシア軍とアルジェリアにおけるフランス軍と比較すれば、アメリカとイスラエルの方に軍配があがる。こちらの対応がすぐれている。両国が揃って間違えば、それが正しいとの証明になる、と言うつもりもない。ほかの国と同じように、アメリカとイスラエルが間違いを犯せば、批判されて当然である。

筆者が言いたいのは、国際社会の姿勢である。イスラエルだけに人権侵害国のレッテルを貼ったり、人権蹂躙国として特異な存在と非難したりする。客観的に分析、評価すれば分かることであるが、イスラエルは時に間違いを犯し、過剰な反応をすることもある。しかし全体的にみると、その対応は世界でも優れた部類に入る。イスラエルの直面する状況を計算に入れると、恐らく世界一である。

パレスチナテロ組織のスポークスマンとなったアメリカの法学教授フンランシス・ボイルは、ひとつだけ正しい主張をした。アラブ・パレスチナ・イスラエル紛争に、片方がジェノサイドをやろうとしたと言ったのである。一九四八年にアラブが唱えたイスラエル抹殺戦争、一九四八年、一九六七年そして一九七三年の戦争時アラブ諸国軍が行なった都市攻撃、イスラエル国民、ユダヤ人その他民間人数千人を殺した継続的無差別テロ。そのいずれをとってもジェノサイドの意図がみえる。イスラエルは大量殺害から国民を守るためアラブの軍事拠点を攻撃した。軍事目標の攻撃にジェノサイドのレッテルを貼るのは、理屈に合わない。国家と国民を駆除しようとするジェノサイドの犠牲になっているのは、イスラエルの方である。それをオーエル流の〝ニュースピーク〟という言語操作で加害者に仕立てようとする。

長い間パレスチナテロリズムの一方的宣伝役を演じてきたボイル教授は、ここまでの役回りであるが、ホセ・サラマゴといったノーベル賞受賞者はそれ以上の役回りを演じる。最近サラマゴは、テロから国民を守るイスラエルの行為を「アウシュビッツと比肩できる犯罪」と評した。「ガス室は……どこにあるのか」と再参聞かれて、「今のところ、まだここには無い」と答えている*16。吐気を催すこのコメントは、鼻持ちならないが、底の知れない無知か、ユダヤ人国家に対する根深い病的憎悪でしか説明できない。

クリス・ヘッジスのような〝ジャーナリスト〟の自

称〝報道〟記事は、無知だけでは説明できない。自分の目で「イスラエルの兵隊達がネズミのように子供達を罠にかけ、なぶり殺しをやっている」のを見たなどと書いているのである＊17。この種の報道は、サウジ紙などの記事と双璧を成す。例えば二〇〇二年三月十日付サウジ紙アル・リヤドは「ユダヤ人が祭日用練り菓子に、一〇歳未満のキリスト教徒及びムスリムの子供の血を練りこむ」のは「根拠のはっきりした事実」と書いている＊18。

21章　イスラエルは人種主義国家である？

告　発

イスラエルは、帰還法を持つユダヤ人国家である。ユダヤ人とその家族に市民権の取得資格を与えている事実が、人種主義国家であることを証明している。

告発者

▼そのうえにイスラエルは、人種政策を国策とする世界一の国である。即ち、ユダヤ人を多数派として維持する政策がある。この政策は、アメリカ国外でよく知られているが、「あらゆる形態の人種差別排除に関する国際条約」に直接抵触する。条約は、人種、肌の色、出身、民族ないしは、人種をベースとした制限や依怙贔屓《えこひいき》をはっきりと禁じているのである（アフマド・ブーザキ、パレスチナ・メディアウォッチ会長＊1）。

▼イスラエルの帰還法も人種差別法である。この法律によって国家は、ユダヤ人が世界のどこにいても、イスラエルへ移住したいと言えば、受け入れなければならない。四〇〇万のユダヤ人が突如イスラエル／パレスチナへ移住すれば、イスラエル政府は彼らを受け入れ、世話をする。これと対照的に、イスラエルができた時に追いだされ土地を失った四〇〇万のパレスチナ人は、帰還する権利がない。何故ならば、エフード・バラクの言葉を借りれば、それは、「国家の自殺行為」になるからである。（ナイーム・ジェナー・パレスチナイスラム協会＊2）。

▼シオニズムの差別法と慣行のなかで、帰還法に匹敵する不公正なものはない。一九五〇年七月五日に発効した帰還

法は、〝ユダヤ民族〟の一員は世界のどこに生まれても、誰でもイスラエルへ移住し、入国時に市民となる権利を認めている。それと同時に、パレスチナに生まれ相次ぐ戦争、占領時に追いだされたパレスチナ・ムスリムとキリスト教徒に対しては、この権利を否定しているのである（ダウド・アブドゥーラ博士、パレスチナ帰還センター＊3）。

真　実

この地域のほかの国々では、パレスチナ自治区を含め、イスラムを国（自治政府）の宗教と定めており、法律と慣行で非ムスリム、特にユダヤ人を差別している。これに対しイスラエルは事実上世俗国家である。すべての国民に信仰の自由を認め、宗教上人種上複合社会である。さらに、いくつかの国と自治政府は帰還法を持っており、ヨルダンは、ユダヤ人が国民になることをはっきりと禁じている。ユダヤ人が虐殺されているとき、英委任統治パレスチナを含め、どの国もユダヤ人難民を受け入れてくれなかった。イスラエルの帰還法は、このような歴史から導入されたのであるが、イスラエルだけが非難される。

立　証

イスラエルはユダヤ人国家ではあるが、おおむね世俗社会であり、ムスリム、キリスト教徒その他の宗教信徒集団に、完全な信仰の自由を認めている。イスラエルで差別されている宗教集団は、正統派ユダヤ教の厳しい戒律順守に従わないユダヤ人である。保守派ユダヤ人、改革派ユダヤ人そして世俗派のユダヤ人は、結婚、改宗、宗教系公立学校での教育といった問題で、平等に扱われない。言い方を変えれば、イスラエルではすべての人に信仰の自由があるが、非正統派ユダヤ人には完全な信仰からの自由はない。

筆者は長い間、保守派、改革派及び世俗派に対するイスラエル政府の政策を批判してきた。左派も右派も連立を組むうえで正統派の議席が必要なので、結局正統派に不釣合な力を与えることになる。筆者はイスラエルの政治システムのこの特異性を理解するが、それはそれである。もっとも非正統派のユダヤ人については、正統派とは違うユダヤ教の信仰を守り、あるいは全く守らない権利が、次第に認められている。

イスラエル政府の宗教に対する不充分なアプローチにもかかわらず、イスラエルは中東のどの国よりも宗教の多様性を受け入れている。中東だけではない。過去の経緯を持つ世界のムスリム諸国と大半のキリスト教諸国と比べても、今日でもイスラエルの多様性の受容度が大きい。

ユダヤ人国家であるからといって、イスラエルだけを選別して、批判の対象にするのは、国際反ユダヤ主義の一形態である。ムスリムを国教と定め、もっと差別的なことをしているのに、そちらに対する批判を抜きにしているから、なおさらである。

パレスチナ自治政府は、イスラエルに非宗教的多民族国家を建設する、と長い間主張し（策略であるのは明らかである）、イスラエルをユダヤ人国家として手厳しく批判してきたが、最近になってイスラムが唯一の国教と宣言してしまった*4。このような動きに誰も批判しない。いかなる国も成し遂げたことのない、非現実的完璧性からイスラエルが少しでもずれると、すぐ批判する人が、全く非難しないのである。

イスラエルの帰還法については、その性格について議論が続いてきた。基本的には宗教法なのか、家族再結合法なのか、人種差別に対応する法律なのか。それともこの歴史的諸要素の組合せなのか。いろいろ議論はあるが、本格的には人道法と考えるべきである。独立初期、イスラエルへの移住の波が続いた。ホロコーストの生残りが移住し、やがてアラブ諸国から追放されたユダヤ人難民がやって来た。帰還法の採択以来、共産圏における弾圧政策と反ユダヤ主義の犠牲者、アルゼンチンの独裁政権下の〝失踪《しっそう》〟あるいはエチオピアの飢餓からユダヤ人が救出されている。

批判者のなかには、この法律を〝人種主義的〟ときめつける者もいる。この主張が虚偽であることは後述するが、この手の批判者は、いつもの二重基準の罪を犯している。

このような法律を持つのは、イスラエルが世界唯一国ではない。唯一の民主国家でもない。ソ連邦の崩壊以降ロシアは、旧共和諸国のロシア人を諸手をあげて受け入れた。ドイツは、一九四五年以来中央及び東ヨーロッパそして旧ソ連から数百万のドイツ人を受け入れている。ほぼ五〇年にわたりドイツの移民法は、「ドイッチトゥム」民族の成員は、郷土においてドイツの国民性（ドイツ民族性）を（守ることを）誓い、この誓約が出自、言語、しつけ教育あるいは文化などの事実の裏付がある者」とする公的定義に従っていた*5。ほかの国々も、類似の法律及び類似の国外同胞との結びつきを持っている。それでもイスラエルだけが、人種法でも何でもない帰還法のために、人種主義者として攻撃されるのである。

ユダヤ人（及び一定の身内）は、市民権をうける権利があるが（犯罪者は除外）、非ユダヤ人も帰化によって市民権をとった人も多く、平等の市民として受け入れられている。そのほかイスラエルは難民も受け入れている。

一九九九年四月、イスラエルは一〇〇人を越えるアルバニア難民をコソボから空輸し、キブツ・マーガンミハエルが受け入れた。一九九三年のボスニア内戦でもムスリム難民を受け入れている。この非ユダヤ人難民は、内戦が終わった後コソボへ戻るか、イスラエルにとどまるか、選択権を認められた*6。イスラエルは、以前にも戦乱や政治紛争で難民になった非ユダヤ人を受け入れている（訳注・一九七〇年代後半にはボートピープルといわれたベトナム難民を受け入れた）。ソ連の抑圧的環境から逃れイスラエルへ移住した人のなかには（大半はユダヤ人としての出自のある人ではあったが）、かなりの数の非ユダヤ人が含まれていた。

帰還法は、他国による歴史的なユダヤ人差別への対応であった。イスラエルが国家として誕生すると直ちに、すべてのユダヤ人に対し、避難地を求めあるいは安住の地を求める人々に対し、広く門戸を開放したのは、まさにその差別への応答であった。

イスラエルのアラブ系国民に対しては、いくらかの差別がある。ほとんどのアラブ系住民は兵役につけない（訳注・ドルーズ、チェルケスの少数民族は兵役の義務があり、ベドウィンの志願兵もいる）。兵役の義務を認められても、有事の際アラブの同胞を敵にして戦う用意のある人は少ないだろう。最近までアラブ人は特定のユダヤ人居住地の土地を購入できなかった。ユダヤ人はアラブ人村落の土地を今でも購入できない。二〇〇二年、イスラエルの最高裁は、政府は宗教または民族をベースにした土地の割当てをしてはならず、アラブ人住民が選んだ所に住むことを妨げてはならない、とする判決を下した。

最高裁長官アハロン・バラクは、「平等の原則は、国家が宗教や民族をベースに国民を区別することを禁じる」とし、「この原則は国有地の割当てにも適用される……国家のユダヤ的性格が、国民の間の差別をイスラエルに許すわけではない」と書いている*7。

反アラブの差別は、主としてアラブ世界がユダヤ人国家の存在権を拒否したことから生じた結果であるが、イスラエルが進歩的最高裁に主導され、反アラブ差別の痕跡を相当に除去しつつある、と言ってよいだろう。不平等がまだいくらか残っているとはいえ、中東、アラブ、ムスリム諸国の差別に比べれば、イスラエルの方がはるかにましである。

いつくつかのアラブ国家では、非ムスリムに対する最もむきだしの荒っぽいアパルトヘイトが、今でも存在する*8。さらにヨルダンの帰還法によれば、何世代も住み続けた人であっても、ユダヤ人にはすべて市民権を拒否する旨明記されており、市民権取得の道は、いくつかの基準をみたし、「ユダヤ人ではない」すべての人に開かれているとある*9。同様にサウジアラビアも、宗教上の帰属を適格性のベースにする。ドイツは長い間帰還法を持っていた。中国その他多くの国は今でも持っている。しかるにイスラエルだけが、さまざまな宗教、人種、民族から国民が構成されているのに、人種主義とかアパルトヘイトなどと敵方から決めつけられるのである。

22章　イスラエルの占領が諸問題の根本原因？

告　発

イスラエルの占領は現代史で一番長く、最も残忍である。

告発者

▼ナクバ（原罪）は、現代史で最大にして最長、入念に計画された民族浄化作戦である。一九四八年、五三〇町村の住民が追放され、イスラエルとなった土地のパレスチナ人は、八五％が排除された。パレスチナの残余地にいてこの悲運に見舞われなかった人々は、現在世界唯一、最も残忍かつ長期の占領に苦しんでいる（サルマン・アブシッター＊1）。

▼ごく普通のパレスチナ人の人生は、悲惨と屈辱の長い旅路といってよい。植民地化され、奪われ、占領され、集団罪に問われ、文化抹殺と窮乏に耐え、五〇年前ヨーロッパ人からユダヤ人に対してやった犯罪のため、土地と家を奪われ、パレスチナ人はこの問題について西側やアラブが何と言おうとも、最早気にしなくなった。残酷なイスラエルの締めつけと現代史最長の軍事占領下におかれ、彼らは引き続くイスラエルの抑圧と虐殺に対して立ち上がり、不本意ながら〝殉教作戦〟を敢行するに至ったのである（www.mediareviewnet.com 自爆犯の服装をつけたパレスチナ人幼児の写真に対する反発のなかで掲載された記事＊2）。

真実

中国のチベット占領などほかの占領は、もっと長く、正統性もない。イスラエルは一九九五年に占領を終結した。その後テロ防止のため、いくつかの地域に戻っただけである。そして、パレスチナ自治政府当局のテロ封じこめ政策と交換に撤収を提案している。

立証

既述のように、パレスチナ人には三度建国の機会が与えられた。一九三七年（ピール調査委員会）、一九四七年（国連）そして二〇〇〇～二〇〇一年（キャンプデービッド）であるが、いずれの時も拒否し、テロリズムの拡大をもって応えた。第二次世界大戦時の指導部が負け組のナチスに積極的に加担した事実を考えると、戦後パレスチナ人が何かを与えられたのは、全く珍しいことである。負け組加盟は、通常であれば建国の機会は与えられない。ユダヤ人は、第一次世界大戦時正しい方を支持して、バルフォア宣言を手にした。パレスチナ人はヒトラーを支持した後、分割という寛大な提示を受けたのである。

寛大な建国提案を拒否し、一般住民の虐殺をもって応える行為は、歴史に類を見ない。それも一度だけではない。その拒否主義と人道に対する犯罪の故をもって報われ、二度目の提案を受けるが、これも暴力をもって拒否してしまう。二〇〇〇年夏、パレスチナ人は再び建国提案を受けた。前の二回と比べれば領域は当然縮小しているが、パレスチナ社会を支配する点では全く変わりはない。パレスチナ人は今回も暴力をもってその提案を拒否した。

正義、道義の基準から見て、パレスチナ人の独立、建国の主張は、自由、独立を求める諸民族の建国要求に比べれば弱い。中国のチベット占領はずっと長く、もっと苛烈である。保護の名目とか軍事上の考慮といったことでの正統性も小さい。人口上からいっても、パレスチナ人よりチベット人の数の方が多い。さらにチベット人が多数派を占める国もない。これに対し、ヨルダン人口の少なくとも三分の二は、パレスチナ人である。中国政府は、チベットに沢山の入植地をつくっている。ウエストバンクとガザに建てたイスラエルの入植地の比ではない。ユダヤ人の入植者数は、ガザ、ウエストバンクのパレスチナ人口に比べれば、ほんのわずかである。一方チベットには、多数の漢族がなだれ込み、今やチベット人は自分の土地で少数民族になってしまったのである。研究者は次のように指摘している。

ある政策が次第に目立つようになった。やがてこれが最も効果的な政策であることが判明するであろう。それは、チベットへの人口移動政策である。中国人をチベットへ移動させたため、チベット人はチベットで少数民族になった。この政策はチベットの環境を破壊し、人権蹂躙《じゅうりん》を助長した＊3。

ダライラマ（第一四代）は、二〇〇〇年時点の状況を次のように総括している。

中国の支配をうけて五〇年たったが、チベットは一歩も自由へ近づいていない。これまでのところ人権擁護のアピールはほとんど効果がない。しかし、このアピールは今後も続けなければならない。いつの日かこのアピールが救いの手となり、民族自決のため、人口移動の中止のために戦うチベット人民を支えてくれる日がくるであろう……一九九九年の一年に限定しても、知られているだけでも拷問と虐待で六名が死んでいる。中国当局は、僧と尼僧一四三二人を僧院と尼僧院から追放した……記録があり知られている限りでも六一五人の政治犯が存在する……一九九六年以来追放された僧及び尼僧は一万一四〇九人に達するのである……現在でも、年若いパンチェンラマは自宅監禁に状態にある。世界最年少の政治犯である。私はこの事態を深く憂慮している＊4。

ある国際法学誌に掲載された最近の記事も参考になる。

チベット人の人権否定は、次の事態を含む。

一、生命、（圧制と暴力からの）自由、安全が侵害されている。
二、強制労働がチベット人に課せられている。
三、拷問、人格を否定する残忍な扱い。
四、居住、プライバシーの侵害。
五、チベット内の行動の自由、国外へ出る権利と戻る権利の否定。
六、強制結婚の強要。
七、財産所有権の侵害。
八、宗教、信仰の自由の組織的否定。
九、表現の自由、意見の交換、発信の自由の完全な欠如。

一〇、結社の自由の否定。

一一、議会制民主主義の否定。

一二、自国資源に関する経済的権利の無視。

一三、職業選択の自由の否定。

一四、休息、就業時間の制限など最低限の権利を含む労働条件の無視。

一五、妥当な生活水準の権利の否定。

一六、リベラルな非差別の教育制度の権利の否定。

一七、チベット社会の文化生活への参加権の否定。

一八、風紀と公共の秩序を守り、社会の物質的精神的繁栄をもたらす諸条件の、類例なき極端な制限*5。

このようにすさまじい現実があるにもかかわらず、国連は中国を一度も非難したことはなく、チベット人の自決権を認めたこともない。現状は全く逆で、国際社会は二〇〇八年のオリンピック開催という褒美を与えたのである。パレスチナの国家建設を要求する人で、チベット独立というもっと緊急性が高く、よくよくの問題を耳にした者はほとんどいない。何故であろうか。クルド族、トルコのアルメニア人、チェチェン人、バスクその他数十の国家無き民族集団についても、同じ疑問が発せられる。

そのうちひとつとして、国連にオブザーバーの地位を認められたものはないし、パレスチナ人と違って沢山の国家や宗教団体から認められてもいない。さらに、国家建設の提案を受け、何度もそれを拒否した集団など、ひとつとしてないのである。

イスラエルがパレスチナ自治政府に建国提案をした時は、パレスチナ側がテロ撲滅に最大限の努力を公約することが、交換条件であった。パレスチナ側の返事は、逆にテロリズムのエスカレートであった。パレスチナ人はいつか国家を持つであろうが、テロリズムの報酬としての国家であってはならない。

筆者は、一九六七年に始まるパレスチナ人の人口密集地占領に、強く反対してきた。しかし、もっと長期間占領を続けながら、ほとんど非難されていない他のケースに比べると、イスラエルの行動は、軍事上、法律上、道義上はるかに高い正当性をもっている。さらに、イスラエルの占領は、現在進行中の他の占領と違って、パレスチナ人に相当の利益をもたらした。保健衛生や教育の分野で著しい改善が見られる。平均寿命がのび乳幼児死亡率も低下した。イスラエルが保健衛生と医療の責任を有していた時代

（一九六七〜一九九四）、乳幼児及び学童の九〇％以上は予防接種を受け、子供のかかりやすい接触伝染病の防止も進んだ。ちなみにウエストバンクとガザの乳幼児死亡率は、前者の場合、ヨルダン占領時代（一九四八〜六七）の末期一〇〇〇人につき一〇〇であったのが、イスラエルの人口密集地占領が終わった一九九四年時点で二〇に低下していた。後者は、エジプト占領時代（同）の一五〇から二五になっている*6。

皮肉なことに、パレスチナ人の民族主義の推進役を果たしたのは、ヨルダンやエジプト人ではなくイスラエルによる占領であった。このようなさまざまな成果が、望まれない占領を正当化するものではない。しかし、はるかに残酷で占領の正当性もない他のケースは無視し、懸念の意さえ表明せず、イスラエルの占領だけを非難する者には、これだけでも充分な重みがあるのである。

一九六七年にエジプト、ヨルダンの戦争行為で始まった六日戦争で、イスラエルは自衛の結果、両地域を占領した。占領が続くからテロがあると主張する向きがあるが、たといイスラエルが、この全域から撤退しても、テロがなくなるとは思えない。

第一、パレスチナのテロリズムは、イスラエルの占領の前から、戦術として選ばれ使われてきたのである。テロ攻撃は一九二〇年代に始まり、シオニスト、非シオニストの区別なく、ユダヤ人をターゲットにした。一九三〇年代になるとテロはますます猖獗《しょうけつ》し、イスラエル独立後もさらにはイスラエルが両域を占領していない時代（一九四八〜一九六七）も、続いたのである。

一九五一年から一九五五年までの五年間で、フェダインの越境テロで一〇〇〇人近いイスラエルの一般住民が、ウエストバンクとガザの占領前に殺された。パレスチナ人がウエストバンクとガザの占領前に起こしたテロには、例えば次の事件が含まれる。一九五四年のエイラート事件。休暇帰りの乗客をのせたバスが襲撃され、一一人が殺された。テロリストはまず運転手を殺し、車内に入って乗客を一人ずつ射殺した。一九五五年のシナゴーグ襲撃事件。シナゴーグを襲ったテロリストは、小さい子供や十代の若者に発砲し、四人を殺し五人を傷つけた。この事件は、アラバマで黒人教会を爆破して子供四名を殺したＫＫＫ団の襲撃事件に似ている。

ハマス、ヒズボラその他の拒否戦線派は、たとい占領が終わってもテロを続行する、と高言している。ナブルスのナジャフ大学で行なわれた世論調査（二〇〇二年）によると、「調査対象になったパレスチナ人の八七％がテロ攻撃の続行を望み、八七・五％が（イスラエルを含む）パレスチナ全域の解放を望む」ことが判明した*7。テロリズムが奏功して、その結果ウエストバンクとガザにパレスチナ国家が生まれるのであれば、パレスチナ人の大多数が望む全域解放のため、テロを使わぬ手はない。この世論調査の後トーマス・フリードマンは、コラムで次のように論じている。

パレスチナ人が自爆犯を使って、過越し祭のセデルを祝うイスラエル人達を爆殺し、それから「占領をやめろ、そうすれば万事まるく納まる」と言っても、誰も信じない。正常な心を持つ、まっとうなイスラエル人なら、アラファトを信じないだろう。目的に合わせて自爆テロリストを使ってきた男である。ウエストバンクを手中にするのであれば、テルアビブを手中にしたいという要求に合わせて同じことをする気遣いはない、とは考えられないのである。イスラエルが撤退した場合、その地域を自己領として支配するとしても、パレスチナ人はまだ信用がおけない*8。

フリードマンは、イスラエル国民以外の人全員が自問自答すべきであるとし、「ヤセル・アラファトに近所の警備を安心して任せられるか」という質問を呈して、結びとしている*9。

23章　イスラエルはパレスチナ人の国家建設を拒否した？

告　発

パレスチナ人は、ほかのどの国家なき被占領集団よりも国家を持つ権利があるのに、イスラエルが彼らの建国を否定してきた。

告発者

▼イスラエルの目的ははっきりしている。シオニストとイスラエルの指導者が、何世代も前からあけすけに言ってきたように、パレスチナ人の民族的願望と主張は認められず、正当な権利もない、というのである……アメリカは、イスラエルと共に、民族自決の構想に断固として反対してきた（エドワード・サイード及びクリストファー・ヒッチンズ*1）。

▼ヨーロッパ諸国はパレスチナ人に対して同情的であるのに、チベット人、チェチェン人あるいはクルド族には何故同情しないのかだと？

これはもうひとつのねじ曲った考え方である。もし西側がイラクのクルド族に対してやったことを、パレスチナ人に対してやっていたのであれば、ヤセル・アラファトは大変幸福な人であったろう。加うるに、サッダム・フセインにせよ中国共産党にせよ、二カ月に一度西側の首都に来て、クルド族、チベット人弾圧装置稼働用の資金を乞い求める（脅迫するという用語がもっと適切な表現である）ことはしない。

しかし、たといこの論に正当性があり、西側が、他の被圧迫人民に対する犯罪に沈黙しているとしても、これでイスラエルの犯罪性がなくなるのであろうか。

この歪んだロジックには本質的な背徳性がある。イスラエルの支持者達は、イスラエル社会がパレスチナ人を隷属、強奪、迫害し、道義にもとる行為をしていることを認めている。彼らは、その行為が道義に反し不法であることを知っている。そのうえで彼らは、捕囚の民に自分の意志を押しつけるため、暴力依存の意図を隠しもしない、悪名高い戦争犯罪人を指導者に選んだのである。

この単純明快な事実を突きつけられると、イスラエルの支持者達は、〝人種主義！〟とわめきだす。この一連の犯罪を批判すると、人種主義とされ、彼らの行為を黙認し、支持することが正しい態度とされるのである。もちろん歪んでいる。背徳が道義上の正しさに変わり、全世界が〝悪の世界〟、犯罪の友愛団体、犯罪の中の友愛団体となる（アブデルワハブ・エルアフェンディ、ウェストミンスター大学民主主義研究センター先任研究員＊2）。

真実

パレスチナ人は、ヨルダンとエジプトに占領されていたとき、建国を求めなかった。歴史上彼らはシリアの一部として存在したかったのである。パレスチナ建国の要求は、イスラエルというユダヤ人国家を抹殺するための戦術として、始まった。さらに、パレスチナ人の建国と独立の要求は、チベット人、クルド族、バスク人、チェチェン人、トルコのアルメニア人その他国家なき集団の要求と比べると、その正当性は強くない。ケースによっては、はるかに弱い。

それでもパレスチナ人の主張は、緊急性の高い他の主張を飛びこえて、全面に躍り出た。それもひとつの理由からである。つまりパレスチナ人は、無辜の住民を何千人も殺して、世界中から注目された。テロで脚光を浴びたのである。チベット人はテロに訴えることはなかったし、他の集団は時たま域内でやる位のローカルなテロリズムに終始し、パレスチナ人のような見返りを、国際社会からもらえなかった。しかしながら、テロで世界の注目を惹いても、建国にはつながらなかった。国連、EC、バチカンなどがやったようなテロに報いてあげる気など、イスラエルにもアメリカにも無いからである。

立証

感情を排して判断すると、パレスチナの大義は、ほかの多くの国家なき民族と比べれば、はるかに弱い。それでは何故、極左特にヨーロッパの左翼が極右と一緒にパレスチナの大義を擁護しながら、チベット人、クルド族その他はるかに大きい大義を無視するのであろうか。チベット問題とクルド問題だけに限定しても、パレスチナ問題とは、全然意味が違う。国家なきパレスチナ人の数よりもっと多くの国家なきチベット人、クルド族がいるのである。パレスチナ人の場合に比べて、チベット人、クルド族は、支配者からはるかに残酷な扱いを受けている。パレスチナ人が多数派を形成する国家がすでにひとつ存在するのに対し、チベット人やクルド族は、そのような国を持っていない。

チベット人は、法に則り合法手段で不正を正そうとしてきた。クルド族も基本的にはそうである。

それに対しパレスチナ人は、初めから最も弱い立場の一般住民をターゲットにして、人道に対する犯罪を続けてきた。チベット人とクルド族はいつも独立、建国の道をさぐってきたが、パレスチナ人の方には何度も建国の機会があった。ピール調査委員会提案、国連分割決議、ヨルダン・エジプト占領時代の機会、キャンプデービッド提案そしてタバ提案がそうである。パレスチナ人は国家建設を求めていない。イスラエル撃滅の戦術として考えているだけである。

国際法上クルド族とチベット人の主張は、パレスチナ人の主張よりはるかにまさる。パレスチナ人は、第一次及び第二次世界大戦、イスラエル独立戦争、湾岸戦争を含め、二十世紀の戦争まではいつも負け組を支持した。一方チベット人とクルド族は、ナチズム、テロリズム、サッダム主義の悪に組みしたことはない。パレスチナ人の大多数は、国連加盟国の壊滅を支持する。チベット人とクルド族のいずれも、国家壊滅を求めたことはない。

しかし、チベット、クルド両民族の主張は正当性がはるかに高いのに、どちらも国連、EC、バチカンその他公的機関から、然るべき認知をうけていない。さらに極右と極左のどちらのインテリも、両民族の大義をほとんど無視している。道義性の強い、正当性の高い大義を無視し、正当性の低い方を支持する選択的モラリストの責任は重い。

パレスチナ人は、自分達の指導者によって建国を否定されてきた。指導者は、建国をもたらすはずの提案を、何度も拒否してきたのである。

歴史学者のベニー・モリスは、これを「パレスチナ史をつらぬく暗黒の撚《よ》り糸のような本能的な拒否主義」と評し、論考した*3。パレスチナ諸派はイスラエル壊滅の日まで人道に反する犯罪、即ち、住民に対するテロを続行すると、主張している。イスラエルは、パレスチナ自治政府がテロ撲滅を公約し、これに真剣に取り組むことを条件として、パレスチナの建国に同意すると言ってきた。今日もその立場に変わりはない。同じような脅威に直面する民主国家であるならば、当然このような条件を出すであろう。無茶な要求ではない。

24章　イスラエルの家屋破壊政策は集団罰？

告発

イスラエルの家屋破壊政策は、国際法で禁じられている集団罰にあたる。

真実

イスラエルの家屋取壊し政策は、賢明かどうかは別にして、テロのために利用されたものやテロリストを支援した人の所有家屋を取り壊すもので、殺人共犯に対する経済制裁である。特に効果的というわけではない。シンパ組織の提供する金で建て直されるからである。しかし、テロリズムに関わった人の所有家屋だけに限定されている限り、集団罰にはあたらない。さらに、テロリズムはパレスチナ人の圧倒的大多数と指導部に幅広く支持されている。彼らに共同責任の概念を適用するのは、法と倫理に違背《いはい》するものではない。

告発者

▼ラファ難民キャンプでイスラエルが（空家の）家屋を戦車で取り壊したのは、（二五〇〇人以上が殺された）世界貿易センターの様相と大差はない。このセンタービルはテロリストによって破壊されたが、ここで我々はそのテロリストと戦い排除することに合意したばかりである。

国連安全保障理事会は、九・一一の破壊犯を非難しながら、イスラエルの行為は非難しない。二重基準を適用しているではないか（安保理に対するシリア代表の声明＊1）。

立証

無辜の住民に対するテロリズムこそ、集団罰の究極の形である。イスラエル国民は、政治見解や政策に対する態度に関わりなく、イスラエル国民あるいはユダヤ人というだけで、全員がテロリストのターゲットになる。一方、テロリストのテロ活動に関わった家屋を経済面から抑止策等として一軒取り壊すとなると、パレスチナ人のテロを支持する者は、集団罰であると、声高く非難するのである。

テロリスト自身を、特に自爆テロ犯を抑止することが不可能であるから、テロリストを送りだす者、彼らの行動を支援する者、影響を与える者に対し抑止力を向けるのが重要である。直接咎めを受ける者以外の人に向ければ、それは集団罰の一形態とみなされ得る。集団罪は国際法によって禁じられているが、最も民主的かつ自由尊重の国を含め、世界中で幅広く常用されている。

実際のところ、集団罰にいくらか依存しなければ、国際抑止力システムはうまく機能しない。国家が他国に報復するとき、その国の住民を集団的に処罰する。米英空軍によるドイツの都市爆撃は、都市住民を処罰する行為であった。広島、長崎に対する原爆投下は、無辜の日本国民を多数殺したが、指導者達の犯した過ちの報いである。また、軍事目標の爆撃で一般住民が殺されるのは避け難い。

無関係者の殺傷以外に、経済上の集団罰がある。国連決議による制裁や敵国経済の破綻などである。経済制裁は、武力戦争と冷戦のいずれでも普通に使われる。侵略戦争を起こした国が敗北すると、領土を失う場合が多い。第二次世界大戦でドイツが敗北すると、多くの在外ドイツ人が、強制移住の対象になった。なかにはヒトラーを支持しない者もいたのである。

集団罰は程度の問題である。ナチのジッペンハフト概念（親族を連座処罰すること）をひとつの極とすると、その対極にあるのが経済制裁である。

何かの処置を集団罰と呼ぶのは、混乱を狙った政治キャンペーン、あるいはPR作戦である場合が多い。集団罰のタイプに悪いのがあれば、程度も度が過ぎる場合もある。しかし、指導者の行動に対する共同責任を問う上で、これはそれほど間違っていない。いや、極めて正しい場合もあるのである。

例えば、ドイツ国民全体が、自分達の選んだ指導者の所業の故に苦しむのは、正しいことである。ヒトラーと戦った少数のドイツ人は報われてよいが、圧倒的大多数のドイツ国民は、悪との加担という共同責任を問われて然るべきであった。この世が完全な世界であるのであれば、共犯者は直接関与者が投獄、間接関与者が経済制裁となるよう、加担の程度に従うことになろう。ドイツ国民は、ナチの勝利がもたらす輝かしい未来を約束された。あれほど多数の国民がヒトラーを支持した主たる理由は、そこにある。勝利と敗北は表裏一体であり、加担の程度が低いのであれば、苦しみは小さくて然《しか》るべきだが、いずれにせよドイツ国民は、ナチの敗北で全員が苦しむことになった。戦争を始めた者が敗北すると、国民に苦しみをもたらす。これがほぼ公平な扱いである。これは、正義にもとる戦争の抑止力でもある。

この原則をテロリズムに適用すると、大義が、その顕現のために犯したテロリズムによって傷つくのは、不当なことではない。大義をめぐって広範なテロリズム支持がある場合、特にそうである。妊娠中絶反対運動の過激派を例にして、考えてみよう。過激派が堕胎医を殺害し、診療所を爆破し、中絶を望む女性を脅迫する場合、女性の中絶選択権をなくしてテロリズムに屈服するのは、ばかげている。彼らが行動をあらためず、反対運動賛同者の幅広い支持を得てテロを続けるならば、その運動を当然阻止しなければならない。

この文脈で、前に紹介した二〇〇二年の世論調査を考えてみよう。パレスチナ人の八七％がテロ継続を支持している。この支持者達は、テロリズムのもたらす恩恵を、共同して望み、期待しているから、大義に服し大義の名のもとに実行されたテロに対して、彼らが共同責任の一端を問われても（不完全な公平ではあるが）仕方がない。適切な共同責任の問い方が、テロの抑止という形で無辜の住民の命を救うことになれば、正義のバランスはこちらに傾く。

パレスチナ人がよく使う自爆テロは、全く無関係の人々を道連れにする大量殺害行為であるが、多数の一般住民による広範な兵站《へいたん》支援、財政支援、宗教的政治的感情的支持のもとで実行される。従来、戦闘員と非戦闘員の間には明確な一線があった。しかしこの自爆テロは、古典的な区別をあいまいにしてしまった。この明確な一線は、戦争に関する国際法の中核を成すのであるが、テロに悪用されてきたのである。パレスチナ人テロリストは、住民を剣と盾の両方に使う手を身につけた。イスラエルの一般住民をターゲットにして攻撃し、イスラエル軍が追求すると、パレスチナ人住民の間に身を隠す。彼らは、非戦闘員を戦闘員の盾に使う。彼らは意図的に爆弾製造所を学校や病院その他一般施設の傍につくる。

その結果、イスラエルは二者択一の選択を迫られる。空爆のような大規模な自衛戦術か、あるいは一戸毎を掃討していく戦法かである。前者であれば、イスラエル側の損害を局限し、相手に大きな打撃を与えることができるが、戦闘員が盾に使っている非戦闘員を多数殺傷する恐れがある。後者はイスラエル兵のリスクが大きくなる。ジェニンの掃討は後者であった。通常の戦闘でも、妥当な範囲での戦闘員／非戦闘員の被害比率、を算出できる正確な数式は存在しない。

道義国家は、敵民間人の巻添え的死亡を防ぐため、友軍将兵の一部を危険にさらす覚悟がなければならない。しかし、これを厳守するあまり、味方戦闘員を多数犠牲にしてはならない。道義上からみて、妥当と思われる比率は、少なくとも一部には、非戦闘員の共犯性の如何にかかっている。

彼らが戦闘員を進んでかくまうなら、戦闘員を支援するなら、殺人目的の殉教者を送り出すなら、共犯性は強まり、戦闘員の地位に近づく。つまり、戦闘員と非戦闘員を隔てる垣根を自ら排除するので、連続した面になってしまう。また、次の違いを考える必要もある。即ち、自分達が選んだわけでもない指導者から人権を蹂躙《じゅうりん》されている（指導者に従わない）住民の救出を目的とする解放軍と、人道に反する罪を犯すうえで互いに支えあっている住民と戦闘員の混成集団と戦う軍隊。両者を比べた場合、前者は後者と違った尺度を使うべきである。

それでは、垣根のとれた面のなかで、テロリズムを戦うためどこまで共同責任を追及していけるのであろうか。もちろん、全く無関係の人を殺すだけの目的でターゲットにすることは、許されない。これでは無差別殺人を専らにするテロリストと同じになってしまう。しかし、テロ支援者に対する経済制裁は公正であり、効果的と思われる。たといテロを支持しない人が経済的影響を感じたとしても、沢山の無辜の命を救うための小さな代償と考えられる。テロリストを支持する人々がテロリズムからの利益を期待しているから、なおさらである。

筆者は、テロリズム支持者に集団的経済制裁が加えられるとき、ヤセル・アラファトのようなテロリズムに手を染めている人々が、道義を口にして声高に抗議するのを見て、いつも仰天する。同じような偽善者が、二重基準の学者達である。すべてのユダヤ系イスラエル人学者を、イスラエルの政策に対するそれぞれの立場や意見を全く無視して、画一的にボイコットする学者が、テロリズムと共犯関係にあるパレスチナ人が共同責任で集団罰の対象になると、途端に非難の声をあげるのである。イスラエルの学者全員をボイコットし、イスラエルと取り引きのある企業から投資を引き揚げるのも、もちろん集団罰行為である。

テロリズムの共犯者の集団罰をめぐる論争で、筆者はフォール・リバー強姦事件（『被告』という題名で映画化された）を思い出す。この事件には、法的倫理的面で共犯のカテゴリーがいくつかある。実際に女性を強姦した者、女性を押さえつけた者、女性の退路をたった者、強姦者に声援を送って励ました者、警察を呼ぼうと思えば出来たのに、そうしなかった者である。理性的な人間であれば、関係者のなかで、道義責任を完全にまぬがれる者は、誰ひとりとしていないと思うであろう。もっとも、最後の二つのカテゴリーについては、法的責任を問うことに同意しない人もいるだろう。この二つのカテゴリーに法的責任を課すにしても。罰が経済制裁――罰金かあるいは制裁金の支払いであれば、反対の声は小さくなるだろう。強姦に対する彼らの責任は、度合いの問題である。

テロリズムに対する責任も然りである。テロリストに声援を送る者、殉教者に仕立てる者、自分の子供にテロリストになることを勧める者、テロリズムから利益を期待する者と共犯の形はいろいろである。このような共犯者に責任を求めるのは、制裁が共犯の程度と比例する限り、倫理的に間違っていない。

イラク、リビア、キューバに対するアメリカ主導の経済制裁は、指導者の行為に対応した措置だが、大人口の社会に対する集団罰である。アラブ連盟によるイスラエル制裁とボイコットも同じである。テロリストの家やテロリストをかくまった家を取り壊すイスラエルの政策は、共犯関係にあるとみなされる者に対するソフトな形の集団罰である。それが無辜の人に対して時々インパクトを及ぼすことで、倫理的な純白性を減じることになるが、よく使われる全国民を対象とした経済制裁に比べると、害は極めて小さい。しかしそれでも国連は、テロリスト支援者を制裁するイスラエルの政策を非難しながら、その一方でこのような経済制裁を支持してきたのである。

麻薬取り引きに使われた自動車、ボート、航空機、家屋を没収するアメリカの政策は、所有者に一種の共同責任を問い、所有物件を麻薬密輸者に使用させせないための抑止手段である。

これは疑問のある政策かも知れない。しかし、イスラエルが受けるような非難にはさらされない。双方を比べると、もっと悪質な犯罪を防止するため、格段に問題性の少ない措置であるのに、イスラエルだけが非難対象になる。

イスラエルは、ブルドーザーで取り壊す前に、もちろん空家にする。しかし、何度か人が死ぬ事件があった。ひとりの女性抗議者がブルドーザーの前に身を投げ、圧死したケースが含まれる。操縦手には見えなかったと考えられる。メディアは、彼女を平和支持者として報道した。無党派の平和運動家のような印象を与えるが、とんでもない話である。

彼女は親パレスチナ過激グループの一員であった。このグループは極左、過激人種主義〝右翼〟の混成で*2、パレスチナ人テロリズムを全面的に支持する。この国際連帯運動のメンバー達は、「自分達の土地と同胞のために命を捧げている」のであるから、「自爆者に対して思いやりを持て」と教えられる。何か行動を起こす前には必ず「パレスチナ人と協議せよ」と指示され、複数のパレスチナ人テロ組織と緊密に連携して行動する。人間の盾の役割はそのひとつであるが、イスラエル兵からパレスチナ人を守る役割しかない。パレスチナ人のテロからイスラエルの住民を守る盾になったことは一度もなく、もちろんその提案も全くない。彼らは平和を支持していない。

この狂信者達は、イスラエルの自衛に対するパレスチナテロリズムの勝利を唱道し、その行動を弁護する。資金は、パレスチナ自治政府とハマスの双方からもらっている。ジェニンのイスラム聖戦幹部で、シャディ・スキヤという名の男が、二〇〇三年三月にＩＤＦ部隊によって逮捕された。未遂に終わった数件の自爆テロ計画に関与していたが、国際連帯運動のオフィスで逮捕された*3。二〇〇三年四月には、イギリス出身の自爆犯二名がこのグループ内に潜伏し、四月三十日テルアビブ海岸のパブで自爆、六三名を殺傷した。犯人のひとりは、自爆の数日前、運動の礼拝に参加している*4。それからその〝連帯〟グループは、この殺人事件に対するイスラエルの対応を非難した。

メディアは、この種の人を平和活動家と呼ぶべきではない。パレスチナテロリズムの積極的支援者、促進者と呼ぶべきである。この家屋取壊しは狂信者一名の死を招いたのであるから、もちろん実施者の監督不行届きの責任は、まぬがれない。しかし、家屋取壊しの経済制裁は、個々人に身体的危害を加えるものではなく、抑止すべきテロリズムの間接関与者に限定している限り、道義に反するものではない。

テロリズムに関わった家屋の取壊しについては、道義云々が主たる問題ではない。このような非殺傷性の対応は、テロリズムに対する、道理にかない最も抑制のきいた回答なのである。テロリストが戦闘員と非戦闘員を区別する垣根をとり払い、非戦闘員を巻添えにする状況下にあっては、大々的な軍事報復をすれば、非戦闘員の間にも死傷者を出してしまう。家屋取壊しの問題点は、テレビで放映される点にある。大惨事のような印象を与えてしまうのである。ムスリム諸国の視聴者のなかには、中の住民諸共家屋が破壊されていると、信じた人達もいる。

家の中には誰もいないのが分かっていても、家が壊されたと泣きわめく女性の姿が映しだされると、同情はそちらへ行く。この同じ女性が殉教志願の息子を激励し、イスラエルのレストランで十代の子供達数十人を爆殺したと聞いて、前の日に歓喜した人であっても、テレビに映るのは、家の喪失を嘆く姿だけである（家屋取壊しと無差別テロは凶悪性の点で比較の対象にならないが、イスラエルが取壊しの事前通告をやっているように、テロリストがテロの事前通告をするなら、倫理面での論議が少しは可能になるかも知れない）。

家屋破壊は効果がない。ハマスが金を与え、前よりも大きい家が再建できるからである（二〇〇二年四月サッダム・フセインは、ユダヤ人を殺した自爆犯の家族に、現金で二万五〇〇〇ドルを与える、と発表した。その後サッダム・フセイン政権の倒壊で送金は中止された）。アメリカの法律では、自爆テロ犯の家族への事前支払いに同意する者は、テロリズムと殺人の共謀者である。

国際社会は、自爆テロリスト本人に対する無意味な制裁威嚇《いかく》をするより、テロリズムを支持しそれから利益を得る者に対して、非殺傷の比例的抑止策を受け入れるべきである。これは、さまざまタイプのテロリズム特に自爆テロに頼る者に、抑止力として有効であり、公正でもある。

二〇〇三年五月二十一日付APによると、イスラエル軍に家を壊されたパレスチナ人達は、自分の町からロケットを発射されたおかげで、反撃を招いてしまった、とテロリストに怒っているという。パレスチナ人農夫のモハメッド・ザーネンは「あいつら（テロリスト）は英雄気取りでいるが、我々から希望を奪い、代わりに破壊しかくれなかった。連中は、我々の畑や家を隠れ家に使い、子供を盾にしているのだ」と言った＊5。

28章で取り上げるが、最近イスラエルの最高裁は、テロ行為の直接関与者のみを対象とし、管理地区内で居所を移すとの判決を下した。今後この重要判決は、家屋取壊しがテロリズムの共犯者のみという議論に対して、判例として引用されるであろう。

ニューヨークタイムズは、自爆テロに対するイスラエルの対応策を詳しく分析し、イスラエルは、テロ攻撃の多くをくいとめたが、代償も払ったと結んだ。同紙はアリ・アジョウリという男の事例をとりあげている。自爆テロリスト二名を送り出して、イスラエルの一般住民五名を殺した男である。イスラエル軍はアジョウリ家の家屋を破壊し、〝自爆犯用の爆弾ベルトを縫った〟妹と殺人犯を支援した弟を告発した。アリ本人は逃走を企て、射殺されたが、自爆テロを専門にするエルアクサ殉教旅団のメンバーであった。

パレスチナ人は——二〇〇三年四月五日付ニューヨークタイムズの引用した世論調査によると、七〇から八〇％はまだ自爆テロを支持しているが[*6]——、この戦術を批判している。もっとも、「戦闘員達自身は、対策をとられて攻撃が難しくなった」ことを認めている[*7]。アジョウリの家は「再建され大きくなった」という。

しかし犠牲になった人々の命は取り戻せない。市民的自由の擁護者は、イスラエルの取っている対策が行き過ぎかどうかで意見が割れるかも知れない。しかし、理性ある善意の人であるならば、その対策が徹底的な人権蹂躙であるとか、テロと全く同じとかナチ戦術そっくり、あるいはヨルダンやエジプトなど最も進歩的アラブ国家の戦術と大同小異、などとは言えないはずである。実際のところその対策は、アメリカやイギリスのような民主国家が取っている対策と比肩できる内容である。

25章　テロリスト指導者の狙い撃ち殺害は不法？

告発

テロリスト指導者を狙《ねら》い撃ちで殺害するイスラエルの政策は、国際法によって禁じられた殺人行為である。

告発者

▼狙い撃ちして殺すのは、イスラエルが長年使ってきた治安対策の一環である。このような手段を正当な行為と考える民主国家は、イスラエルだけである。この政策は、イスラエルの国内法と国際法からみて違法である。傍らにいる人を傷つける危険性がとても高く、間違って狙われたら、とり返しがつかない。イスラエルはパレスチナ人の狙い撃ちを直ちに中止しなければならない（ヤエル・シュタイン、イスラエル人権団体ベツェルム*1）。

真実

戦時下、敵の指揮中枢を破壊して、その作戦能力を奪うのは、いくさの常道である。敵の軍幹部を狙い撃ちにするのは、その一環であり、戦争法で認められている行為である。イスラエルのみならず、アメリカを初めとする世界の民主国家が使ってきた戦法のひとつである。

立証

狙い撃ちは、ある意味では集団罰の対極にある。テロの首謀者の指揮能力を奪えば、テロをくいとめることができる。首謀者が手の届かぬところにいて、逮捕などの手段が取れない場合に使われる。独裁政権は、狙い撃ちの極端な形である暗殺を常套手段にする。狙われるのは国の内外にいる政敵である。ヒトラーは、罰せられることもなく政敵暗殺（例、エルンスト・レーム）を行ない、粛清の張本人スターリンは、刺客をメキシコまで送ってレオン・トロツキーを暗殺した。

アメリカは、外国の指導者暗殺を何度も試みている。その暗殺対象リストには、フィデル・カストロ、パトリック・ルムンバ（現ザイール共和国）、カダフィ大佐、サッダム・フセインが含まれる。アメリカが直接手をくだしたわけではないが、サルバドル・アジェンデ（チリ）、ゴ・ディン・ディエム（南ベトナム）の暗殺の背後にいたことは確かである。アメリカは、イラク戦争時、再度サッダム・フセインとその子供達、フセインを支えた将軍達を狙い、九・一一後アルカーイダの最高幹部オサマ・ビンラディンとムッラー・モハマド・オマルの首に懸賞金をかけた。他の民主国家でも、非常事態下で、特務機関員に〝殺人許可〟を与えている。

狙い撃ちは、集団罰と同じように、ひとつの連続面としてとらえられる。苛烈な最右翼が、ヒトラーやスターリンがやったような、政敵を一網打尽にする粛清である。その対極にあるのが、アメリカやイスラエルがとっているソフトなアプローチで、テロ攻撃を計画し指図する特定のテロ指導者を対象とし、逮捕できない場合に採用される。例えば、〝ザ・エンジニア〟と呼ばれたハマスの爆弾製造責任者ヤヒヤ・アヤシは、一九九六年一月に、携帯電話に仕掛けた爆弾で爆殺された。二〇〇三年四月には、イスラム聖戦指導者マフロード・ザトメが、自分の乗用車をロケットで狙い撃ちにされた。組織は声明を出して、「殺害を非難し、「殉教者は、シオニスト占領者十人を殺害し数百人を負傷せしめた爆弾及び爆弾ベルトの技術者であった」と称えた*2。つまり、ユダヤ人の子供や一般住民が犠牲になったということである。ザトメ爆殺で巻添えになった人はいない。

狙い撃ちによる殺害の悪は、実施の許可を与える者が検察官、判事、陪審団であり、上告がないという点にある。イスラエルの場合、ターゲット（狙《ねら》い）の選択について、通常政治責任を有する政府高官が決定権をもつ。狙い撃ちによる殺害の長所は、ターゲットを慎重に狙えば、他に被害を及ぼさず、集団罰を避けられる点にある。アルベール・カミュ作〝正義の人びと〟（原意、正義の暗殺者）は、悪事を働く者に的《まと》を絞った暗殺にとどめ、その姫と甥を巻添えにすることを拒否する。狙い撃ちは、たとい巻添えを出す場合でも、兵力を投入した報復作戦より被害が小さい。

降伏しない敵戦闘員を狙い撃ちすることは、国際法及び戦争法のもとでは、合法的である。パレスチナ人テロリストの場合、自爆犯自身、自爆志願者をリクルートした者、自爆作戦の指揮者、自爆テロ組織の首領は、着用する衣服が軍隊か三つ揃いの背広かに関係なく、全員が敵戦闘員である。アメリカがサッダム・フセインの寝込みを襲おうとしたように、敵戦闘員が降伏していないのであれば、就寝中に殺害しても合法である。降伏の機会を与える必要はない。自分から進んで降伏しなければならない。さもなければ、こちら側の兵士がリスクを負うことになる。撃たれるかも知れないのである。

一般にイスラエル政府は、政治指導者ではなくテロリストだけをターゲットにする。テロリストであるが政治指導者でもあるヤセル・アラファトの命を繰り返し守ったのは、その一例である。イスラエルは、パレスチナ自治政府がハマステロリストの逮捕を開始すれば、狙い撃ちをやめると発表している。

狙い撃ちによる殺害の評価ポイントは、無辜の人（無辜ではない場合が往々にしてあるが）を巻添えにしないで、テロリストだけを狙っているかどうかにある。例えばアメリカは、アルカーイダのイエメン統括幹部カエド・サリム・シナイ・ハレシを、イエメンで殺害した。本人の搭乗車両を爆破したのであるが、同乗者諸共殺してしまった。問題は、同乗者達が妥当なターゲットであったかどうかである。

同じ問題が、イスラエルのガザ攻撃で生じた。ハマスのテロ幹部モハメド・ディフを狙って、司令部を爆殺したとき、近くにいた無辜の人数人を巻添えにして殺害したのである。当然批判の声があがった。筆者もそのひとりである。本件については、多くのイスラエル人が筆者と同じく批判している。そしてイスラエル軍は、この作戦のベースになった情報が完璧でなかったことを認めた。アメリカがサッダム・フセインを狙い撃ちで殺そうとしたとき、多数の住民が巻添えになった。問題は同じである。

筆者は、狙い撃ちによる殺害を最後の手段にすべきである、と考える。つまり、殺人犯を逮捕ないしは拘引する機会がない時（戦争法では、殺人犯が戦闘員であれば、逮捕の必要はない）、テロリストがテロを実行中の時、局外者の命を不必要に危機にさらさずに攻撃できる時、に限定すべきである。軍事行動をとる場合は、相手のテロ加担度に応じた措置が必要であり、狙い撃ちの殺害は、その基準で判断すべきである。

〝時限爆弾テロリスト〟の狙い撃ち殺害に関するイスラエルの政策は、非難されるいわれは全く無い。ほかの国や組織と比較した場合特に然りである。イスラエルと比べると、直面する脅威に相応の対処をしていない。

26章　ウエストバンクとガザの入植地が平和の障害である？

告　発

ウエストバンクとガザのユダヤ人入植地が平和の障害になっている。

告発者

▼中東和平の確立が何故こんなに難しいのであろうか。最大の障害がユダヤ人入植地である。入植こそがパレスチナ領を占領するためのエンジンであり、入植が占領の誘因である。三〇年に及ぶアメリカとヨーロッパの反対は無駄であった。イスラエルの入植地はすべて非合法であり、その急速な増殖が、パレスチナ人の国家建設の土台を崩しているのである。入植地が、拡散を続ければ、建国者達の胸に描いたイスラエルに終止符を打つであろう（マルワン・ビシャラ、パリ・アメリカン大学国際関係論教授＊1）。

真　実

アラブとパレスチナ人達は、入植地がひとつもないときに提案された平和を拒否し、エフード・バラクが二〇〇〇年に入植地解体を提案したときも、平和を拒否した。イスラエルとエジプトが平和交渉に入ったとき、シナイの入植地は障害にならなかった。平和の成立によってすぐ解体されたのである。

筆者は、個人的には入植地反対であるが、入植地が本当に平和の障害になるとは思わない。真実の障害は、拒否姿勢にある。パレスチナ人テロ組織のみならず、多くのパレスチナ人も、ユダヤ人国家の存在を受け入れない。パレスチナ人とパレスチナ組織が二国併存方式を受け入れるならば、（領土上多少の調整をして）入植地は解体されるだろう。

　最近の世論調査によると、入植者自身多くの人が、パレスチナ人が平和に同意すれば、放棄してもよい、と答えている。二〇〇三年四月には、アリエル・シャロン首相が、入植地についてパレスチナ人との平和と交換に「痛みの伴う譲歩」をしてもよいと発表、「我々がこれらの土地から去らなければならないことは、分かっている。ひとりのユダヤ人として、これは苦しいことである。しかし私は、紛争解決を目的に、あらゆる努力を払うことを決意した」と述べた＊2。

　二〇〇三年四月末に実施された世論調査によると、何年も続いているテロ殺人にもかかわらず、イスラエル国民は、アメリカとヨーロッパの後押しする「ロードマップ」を支持している。これは、イスラエルに相当な譲歩を求めており、二〇〇五年までに、パレスチナ国家の建設を意図する内容であった＊3。

立証

純粋に法的道義的観点からみると、ヘブロンのような古代から続くユダヤ人都市が、何故ユーデンライン（ナチ用語で「ユダヤ人一掃」の意）でなければならないのか。理由がない。宗教的動機を持つ虐殺でヘブロンから強制的に追いだされたユダヤ人とその子孫は、アラブ難民が主張するのであれば、同じ帰還ないしは保証の権利を持って然るべきである。さらに、ユダヤ人数千人のヘブロン帰還は、アラブ支配地域の人口動態に影響を及ぼすことはないが、難民の地位を主張するパレスチナ人数百万の流入は、イスラエルを第三のパレスチナ国家に変えてしまう。

　ジュディア・サマリア地方（訳注・「ウエストバンク」のイスラエル側の呼称）には、聖書時代からヘブロンなど由緒あるユダヤ人居住地がいくつもあった。しかし、この地を追われたユダヤ人難民の帰還権は、平和と妥協による解決のため、現実的な見地に立って、拒否すべきである。

　二国併存による解決は、ユダヤ人が多数派を占めるユダヤ的性格を持つ国、パレスチナ的性格を持つ国の各《おのおの》一国が前提となる。イスラエルには、独立以来アラブ人が少数派として居住している。それと同じように、理想的な世界ならパレスチナ国家にユダヤ人が少数派として居住できるだろう。しかし我々の住む世界は理想とは程遠い。平和の代償が（ヨルダンのユーデンラインと共に）パレスチナのユーデンラインであるのであれば、支払う価値はある。しかし、代償であることに変わりはない。

国際社会は、イスラエルが平和のため代償を払う用意のあることを、認めるべきである。

27章　テロリズムは暴力の応酬というサイクルの一部にすぎない？

告　発

イスラエルのテロ対策は、暗殺、家屋破壊、一般住民を道連れにする爆撃、パレスチナ諸都市と難民キャンプ再占領を含み、その苛烈《かれつ》な暴力的報復策が、暴力のサイクルを生み出す。

告発者

▼イスラエルのしていることは、イスラエル人に対する憎悪をつのらせるだけである。一般住民はいよいよ敵意にかられ、つまりは彼らを戦闘員としてリクルートするのが、ずっと容易になる。報復を誓う彼らは命を投げ打って、イスラエルとそれを代表するユダヤ人に、打撃を与えようとする（アシ・プルシファー、Yellowtimes.org *1）。

真　実

理性的な人間であれば、イスラエルの対テロ戦術が効果的かどうかで、意見を異にする人がいるかも知れないが、パレスチナ人が展開してきたテロの歴史を見ると、ひとつはっきりしている点がある。つまり、イスラエルが平和提案をしたとき、ハト派の有力候補がいる選挙の時、テロが頻発するようになる。平和への動きで、二国併存の解決方式が検討課題になると、この動きをぶちこわす意図的戦術として、テロが使われるのである。

例えば、マフムード・アッバスがパレスチナ自治政府の首相就任式を迎えた日（二〇〇三年四月三十日）、平和のためのロードマップが提案される数時間前に、パレスチナ人自爆犯が、テルアビブのカフェパブで自爆した。アメリカ大使館のすぐ傍らである。パレスチナ過激諸派（ファタハ、タンジム、ハマス）が犯行声明を出し、和平プラン阻止を目的にテロ攻撃を続けると強調した。この和平プランとは二国併存の解決案である。ニューヨークタイムズは社説で次のように論評している。

新しいパレスチナ自治政府首相が就任演説を行ない、テロリズムを非難した直後に爆発が起きた。偶然が重なった事件とは言い難い。テルアビブ攻撃の背後にいる過激派が、イスラエルのみならず自分達の指導部まで攻撃対象にしているのは、間違いない。彼らを成功させてはならない。イスラエル人、パレスチナ人、アメリカそしてヨーロッパの関係者は全員、決意と勇気を胸にエネルギーを注入する覚悟がなければならない。昨日の恐るべき攻撃は、最初の試練にすぎないのである*2。

イスラエルには、テロリズムを止める手だてはない。イスラエルにできるのは、執拗なテロリストの願望を阻止することだけである。テロで目的を果たされてはならないのである。暴力のサイクルという考え方は、一方が相手の暴力に対応しないなら、自発的にサイクルを止めることができる、という前提に立つ。経験が示すようにイスラエルがパレスチナ人のテロリズムに断固として対応しなかった場合、テロが頻発するようになる。逆に状況に応じた軍事的対応をすると、テロ攻撃の発生回数と激しさが低下する。

立証

暴力のサイクル論に底流するのは、テロを感情的反応とする考え方である。つまり、テロリズムは、他に手段のない失意の人が起こす、感情的な復讐、というのである。イスラエルに対するテロリズムの歴史は、この考え方を根底からくつがえし、パレスチナ人のテロリズムが、指導者達の選択した計算尽しの戦術であることを示している。テロが有効であることを知ったうえでの選択なのである。

復讐を求める失意の人々から自爆志願者をリクルートするのは、他の層から募るより容易かもしれない。しかし、自爆などの実行犯が、勝手に行動するわけではない。費用対効果を冷静に計算するエリートの指導者に指示され、送り出されるのである。コストは極めて安い。過激テロ集団は、イスラエル人の死、パレスチナ人の死の双方から利益をあげるからである。パレスチナ人は殉教者として祭られ、遺族は称えられ慰労金をたっぷりもらう。

テロリストの目的のひとつが挑発で、イスラエルの過剰反応を引き出し、テロリストの大義支持のとりつけを狙う。二〇〇〇年から翌年にかけて行なわれた一連のキャンプデービッド及びタバ会談で、バラク・クリントン提案をアラファトが拒否し、これに続いてパレスチナ側は計画的に自爆テロをエスカレートした。理にかなった提案を拒否したので、国際社会は当初アラファトを非難したが、凄惨な自爆テロを前にしたイスラエルが対策を講じると、計算どおりその非難はイスラエルへ向かってきた。

もうひとつの目的は、イスラエルの選挙民を揺さぶろうとする。ハマスのような過激拒否戦線派が特にこれを狙う。イスラエルがユダヤ人国家としての性格を残す二国併存案をベースとし、平和交渉が始まりそうになると、テロの頻発がイスラエルの選挙民を挑発して、右派の登場を促がす。その例が二〇〇一年から始まる連続自爆テロで、シャロンが選出され、ハマスをはじめイスラエルの存在拒否派が喜んだ。

第三の目的が、可能な限り多数のイスラエル人を殺し、イスラエルを慴伏《しょうふく》せしめようとする。第四の目的は、市井のアラブ人に対する教育である。学校、モスクそしてメディアで、ユダヤ人に流血を強要するのは義務と教える。

以上四つのうち第一だけが、より穏健なイスラエル国民の反応で影響をうける可能性がある。しかし高い代償がつく。イスラエルは穏健でなければならないし、テロリズムに対してはテロ加担度に応じた対応をとらなければならない。これが正しい道であるからである。しかし、イスラエルの穏健さがテロリズムを減少せしめると考えるのは間違いである。テロリズムが暴力のサイクルの一部とする話と同じ考え方である。テロリズムは、パレスチナ人が有効として真先に選んだ戦術であることを忘れてはならない。

28章　イスラエルは世界最悪の人権侵害国である？

告発

イスラエルは世界最悪の人権侵害国である*1。

告発者

▼反人種主義世界会議の開催に先立って、反人種主義宣言と行動計画の原案作りを目的として、四つの地域会議が開かれた。中東地域会議はテヘランで開かれたが、イスラエルは除外された。このテヘラン会議は、第二次世界大戦以来最も下劣な反イスラエル告発をまとめた。この〝告発〟は次の七つの柱で構成されている。

●占領は人道に反する犯罪、アパルトヘイトの新しい形態、国際平和と安全に対する脅威である。

●イスラエルは、本質においてアパルトヘイト国家である。

●イスラエルは超人権侵害国である（人権を新しい世俗宗教の中心にすえる世界では、イスラエルは現代の新しい〝反キリスト〟となる）。

●イスラエルは、国際犯罪——戦争犯罪、人道に反する犯罪、ジェノサイド——の犯罪人である。したがって、この〝犯罪〟国家に対する〝武力闘争〟と〝抵抗〟の権利が、当然生まれる。

●（ユダヤ人国家としての）イスラエルは、委任統治下アラブ・パレスチナの〝民族浄化〟を通してつくられた〝原罪〟である。

●ホロコーストは複数形であり、小文字で表記する時は、例えばアラブ人に対するイスラエルの〝ホロコースト〟を意味する。

●シオニズムは人種主義の一形態と宣言されているだけでない。シオニズムは〝反ユダヤ主義〟である

(アーウィン・コトラー教授による誣告《ぶこく》解説＊2)。

▼六週間に及ぶ国連の人権委員会の会期は、現在二週間目を終わったところであるが、「大きい国も小さい国もすべて平等」という国際関係に関する国連憲章の最も基本的な原則が破られて、始まる。毎日毎日会議は、毎日午前九時から一〇時まで、ひとりのメンバーが取り残され、ホールに立ち尽している。その間ほかのメンバーとオブザーバー達は（パレスチナ自治政府のオブザーバーを含む）一室に集まり、戦略情報交換会議を開くのである。取り残される国とはイスラエルである。これが国連スタイルのアパルトヘイトである……実際のイスラエル攻撃については、今年は木曜に始まったが、三〇年以上に及ぶ人権委員会の記録がおのずから明らかにする。すなわち、

●毎年すべての会議事項の対象になる国は、イスラエルだけである。

●人権委員会は、ほかのどの国よりもイスラエルに一番時間をかける。

●全体の実質討議のうち一一%がイスラエル関連にあてられるのに対し、ほかの国連加盟国関連については、全加盟国を合わせて二四%の時間が使われている。

●特定国を対象とした決議のうち二七%が、イスラエル批判決議である。

これこそ本当の二重基準ではないだろうか。これまで人権委員会は、例えばシリア、中国、サウジアラビア、ジンバブエといった国に関して、決議したことがない。

バハレーン、チャド、リベリア、マラウィ、マリ、パキスタン、サウジアラビア、シリア、アラブ首長国連邦、イエメン、ジンバブエといった国々でひどい人権侵害が組織的に行なわれ、その犠牲者が数千数万と国連に訴えを出している。犠牲者に罪はない。しかし人権委員会は、毎年非公開会議を召集し——第一回は金曜日に召集——この訴えを没にしてしまい、これら諸国を決議という形で公に批判の対象にすることを避ける。

人権委員会は、イスラエル関連で何を取りあげて討議するのであろうか。問題の取りあげ方が委員会の性格と傾向を明らかにしてくれる、木曜日、パレスチナ人オブザーバーのナビル・ラムラウィが次のように言った（ちなみに、

議長のリビア代表は、〝パレスチナ国代表、大使閣下〟と呼んだ）。

「昔……第二次世界大戦時、世界は旧ナチズムを非難した……世界は……一九四八年以来五〇年以上も、……パレスチナ人民に対して行なってきた同じ悪辣な犯罪行為のために、シオニスト・イスラエルも非難した……世界は、未だ新シオニスト・ナチズムを排除するに至っていない」

イスラエルは、人道に反する犯罪からつくられたとし、その犯罪は現在も続いているとされる（元国連人権委員会委員アン・バエフスキー教授による誣告解説＊3）。

真　実

法の支配のもとで社会が機能している国は、中東ではイスラエル以外にない。同じような脅威に直面する他の国々と比べても、人権尊重の実績はイスラエルがまさっている。人権擁護に関していえば、イスラエルの最高裁は世界一であり、軍と政府をしばしば統制し、法の支配のもとで行動させた。女性の権利、ゲイの権利、身体及び精神障害者等の権利擁護では、イスラエルは世界有数の実績を持つ。言論、報道、異議申し立て、結社そして信仰の自由が保証されている。

一方パレスチナ自治政府は、人権尊重の実績が全くない。内通の容疑者は、見せかけの法の手続きすらとらず、情け容赦なく拷問にかけ、殺してしまう。異議を唱える者を許さず、別の生き方に寛容ではない。パレスチナ人宣伝家は、イスラエル攻撃の戦術として、〝人権〟を訴えているにすぎない。

立　証

史上内外の脅威にさらされた国は沢山ある。しかし、このような状況下で軍隊に法の支配のもとでの行動を求め、懸命に努力してきた国は、誰に聞いても、イスラエルをおいて他にない。イスラエルの最高裁は、世界で一番立派な法廷のひとつである。アメリカを含め裁判所が軍事行動上役割を果たしたケースがいろいろあるが、世界広しといえどもイスラエルの最高裁ほど軍の統制に大きい役割を果たしているところはない。イスラエルの最高裁は、治安上の配慮が必要であることを認識しながらも、最高水準の法の支配に抵触《ていしょく》するような行動を、政府と軍に繰り返し禁じてきた。

アメリカを含む民主国家では、国家の安全保障上必要と軍が判断して行動するとき、裁判所がその行動に介入する力は、極めて限定されている。ニューヨークタイムズが報道しているように、「イスラエルの司法で最もユニークなのが素早い司法機関の対応である。パレスチナ人を含む請願者は、イスラエルの最高裁まで訴えをすぐに通すことができる。二〇〇二年四月、近年希に見る激戦が、ウエストバンクのジェニン難民キャンプで展開しているとき、最高裁はほとんど毎日のように請願を受理し、判決を下していた」のである＊4。

公民権の擁護者として知られるイスラエル最高裁の前判事イツハク・ザミール教授は、「民事（刑事）法廷がこれほど広範に軍事行動に司法上の介入する国をほかに知らない」と言う＊5。ガザのパレスチナ人権センターのラジ・スラニ所長は、小うるさいイスラエル非難者であるが、その彼でも「司法制度の高い規範にいつも驚いている」というのである＊6。

現在のイスラエル最高裁は、長官のアハロン・バラク教授のリーダーシップのもとで、安全保障と人権・自由を両立させ、妥当なバランスをつくるうえで、積極的行動家としての役割を果たしてきた。イスラエルの一般市民と兵士の生命を危険にさらす場合が往々にしてありながら、パレスチナ人、非戦闘員、捕虜その他の権利を守ってきたのが、この最高裁である。

さし迫るテロ攻撃を阻止するため、情報が至急に必要な場合があり、この時捕まえたテロリストから情報を引き出すため、身体的な圧力を加える問題が生じる。イスラエル最高裁は、この問題に直接関わる世界唯一の高等裁判所である。このような身体的圧力が人の命を救うかも知れないが、最高裁は、それを禁じた。これが法の支配の求めるところであり、そこにはイスラエルは「片手を後手にして縛られた状態」でテロリズムと戦わなければならない、との認識がある。

最高裁は、爆発物と自爆犯の輸送によく使われることが分かっているが、救急車の攻撃を禁じている＊7。

我々戦闘部隊は、負傷者、病人、遺体の取り扱いについて、人道的ルールに従うことが義務づけられている。（パレスチナ人の）病院や救急車の医療関係者の犯した施設設備悪用のため、ＩＤＦはそのような行為を避けるために行動せざるを得ない。しかし、人道的ルールを自発的実質的に破ることはない。これは、国家が宣言までしている立場である。この立場は、国際法からみて妥当であるだけではない。ちなみに請願者は国際法にもとづいて論争する。ユダヤ人国家そして民主国家としてのイスラエルの価値観に照らしても、妥当である。

ＩＤＦは、第一線の一兵卒に至るまで、いかに苛烈な状況下にあっても、人道支援のルールに沿わない諸活動を極力阻止せよという具体的指示を通し、法と道義そして国家の価値観にもとづく公約を守り、今後も国民の負託にこたえる戦闘部隊である＊8。

この判決が出た後も、パレスチナ人テロリストは救急車を犯行目的のために使い続けた。二〇〇三年五月二十一日付ニューヨークタイムズでは、このような事例を紹介し、「ある自爆予定者は、イスラエル軍の検問を通過するため、三回救急車に隠れた……それから、三人の子持ちである四〇歳の女性と合流した。女性は胸に爆弾ベルトをまき、この男と道づれでタクシーに乗った」と報じた。

イスラエル人を人質にとって、要求をつきつけてくることがある。イスラエルの最高裁は、捕虜交換の〝取引材料〟として相手方の者を捕虜にすることを禁じている＊9。

二〇〇二年九月三日、法廷はイスラエル軍の追放命令に関し、判決を下した。自爆テロを数回組織したテロリストがおり、軍がその男の姉と弟の二年間追放を決め、ウエストバンクからガザ回廊へ移した。姉が爆弾ベルトをつくり、弟は「兄とその仲間が爆弾二発を運搬するとき、見張り役になった」のである＊10。法廷は、管理地区外への追放ではなく管理地区内での臨時の〝居住地指定〟となるが、本追放命令は「本人（追放対象者）が真に危険を生じる」場合のみ有効とし、次のように判定した。

危険を生じない無辜の親族に対する居住地指定は、たといこれが他者のテロ活動を抑止することが証明されても、そうすることはできない。最早危険を生じない者に対して、居住地指定はできない。居住地指定は、明確かつ説得力のある行政上の証拠をベースとしてのみ可能である＊11。

追放命令をくつがえした類似ケースでは、法廷は次のように指摘している。

しかしながら、テロリストのナセル・アディン・アシダの弟で請願者のアベド・アルナセル・ムスタファ・アフメド・アシダに関しては、居住地の指定の処置は採用できない。その理由は次のとおりである。すなわち、この請願者がたといテロリストの兄の行動について知っていたとしても、本人の関与は兄に車を貸し、洗濯した衣服と食事を自宅で与えただけであり、請願者の行為と兄のテロ活動との関連はなかった。居住地を指定するほどの危険性ありと、判定するに足る充分な根拠はない*12。

法廷はその結論として、次のような見解を述べた。

イスラエル国は困難な時期にある。テロが国民を傷つけ、人間の命が踏みにじられている。数百名の人が殺され、数千人が負傷した。ジュディア・サマリア地方とガザ回廊のアラブ人住民も耐え難い苦しみを味わっている。これはすべて、テロリストの殺人行為、殺しと破壊のためである……国は国民の保護と地域の安全保障を目的に、できるだけのことをしている。その対策には限度がある。一番に大きい制約をうけるのが軍事作戦上の対策である。自分を人間爆弾に変える者と戦うのは困難である。その制約は規範上の制約でもある。イスラエル国は自由を追求する民主主義国家である。それは、国連憲章が認め自衛の権利の枠組のなかで自衛行動をする民主主義である……有効な対策がすべて合法的対策というわけではない……イスラエル国の立場は、まことに難しい。判事としての我々の役割も容易ではない。我々は、人権とこの地域の安全を適切にバランスさせるため、できることはすべてやっている。完全な両立はあり得ない。人権は、テロがないかのように完全に保護することができない。一方国の安全は、人権がないかのように完全に保護することができない。デリケートできめの細かいバランスが必要である。これが民主主義の代償である。それは、高くつくが、守る価値がある。それは国家を強くする。それは、闘争する理由を与えてくれる*13。

この判決全文は、ウェブサイトで見ることができる*14。イスラエルが法の支配に従っていないと主張する人は、是非読むべきである。テロリズム撲滅上イスラエルの行動は完璧には程遠いが、同じような脅威に直面する他の国と比べれば、法の支配の遵守度ははるかに高い。イスラエルと対照的に、エジプト、ヨルダン、パレスチナ自治区では、容疑者の拷問が日常茶飯事で、身体的圧迫に限定されない。二〇〇二年パレスチナ自治政府は、対敵協力容疑者の拷問を認めた。容疑者は叔母に罪をきせ、その叔母は法的手続きをとらず射殺された＊15。ヨルダンは口を割らせるために、テロ容疑者のみならず容疑者の親族まで拷問する。

天安門事件に対するヤセル・アラファトの態度は、実に興味深い。一九八九年、天安門広場で中国政府がデモ参加者を殺したとき、デモ鎮圧の祝電を最初に送ったのがアラファトで、パレスチナ人民を代表して、次のように祝意を表明した。

アラブ・パレスチナ人民とその指導部を代表し、人民中国における最近の事件後、秩序を回復されたことに対し、この機会に……衷心より御慶の意をお伝えする。我らが友人たる中国人民の希望、目的そして願いをかなえるため、安定と治安の確立に向け、貴政府の努力が実を結ぶことを、心より御祈りする＊16。

完璧な人権規範の物差しからイスラエルが一ミリでもずれると声高に偽善の叫び声をあげるくせに、このパレスチナ宣伝家達は、サッダム・フセインからリビアのカダフィ大佐、そしてキューバのカストロに至る人権蹂躙の暴君達を賛美し、熱烈に支持する。

イスラエルは、ほかの国と同じように、テロその他の脅威に対し時には住民に過剰反応を起こすこともある。イスラエルは完璧な国ではない。しかし、同じような状況下におかれた他国の対応と比較すれば分かるが、法の支配の枠組の中で、非戦闘員の人権に対して配慮しつつテロと戦う姿勢、努力は、批判ではなく称賛に値する。

ウィリアム・ブレナンという人物がいる。最高裁陪席判事で、アメリカの最高裁史上最も強力な市民的自由の擁護者として知られるが、一九八七年に行なった講演で、治安と市民的自由をバランスさせようとするイスラエルの努力に言及し、次のように述べた。

国の治安対策から市民的自由を守ることができる法組織の構築について、一番期待のもてる国はアメリカではなく、恐らくイスラエルであろう。過去四〇年治安に対する重大な脅威にさらされ、当分その脅威に直面していくのが、イスラエルであるからだ。治安に対する脅威を背景としつつ、市民的自由を構築しようとする努力は、並大抵のことではないが、自由の防壁構築を約束する。それは、突如ふりかかる危険の恐怖と狂乱を押さえ、戦ってまで守るに値する国家の価値観を犠牲にすることなく、生存の戦いを支えてくれるのである。世界の諸国家は、治安上の危機に突如として見舞われたら、継続的な治安の危険に対処しているイスラエルの経験に学ぶであろう。その経験には、豊富な専門知識が貯えられており、治安を損なうことなくイスラエルが保持してきた市民的自由と、それを守る勇気が読みとれる。それは、イスラエルに対する苦情など根拠なしとして一蹴される、重厚な経験である……。

将来世界に危機が訪れたとき、市民的自由を守るとりでが、イスラエルが身につけた教訓をベースにすることになっても、私は少しも驚かない。イスラエルは、市民の自由と国家の安全を両立させる努力のなかで、体得しているからである。この厳しい試練の中にこそ機会がある。戦争や危機の狂乱に翻弄されることなく、それに耐える強靱な市民的自由の法体制を世界規模で構築できる機会である。そうなれば、逆行は自由に従属するであろう＊17。

本章の冒頭で引用したような学生リーダーが、イスラエルは世界一の人権侵害国などときめつけるとき、その学生は底知れぬ無知か、悪意にみちた中傷の責めを負って然るべきである。いずれにせよ、その学生には、大変よろしくない道連れが沢山いる。大変理性的な人々なら、市民的自由と人権について講義を受けるのであれば、エリック・ライヘンベルガーやヤセル・アラファト、あるいは国連人権委員会ではなく、ウィリアム・ブレナン判事を選ぶだろう。

アラブ・ムスリム諸国と比べた場合、あるいは西側諸国と比較しても、イスラエルの民主主義が優れており、法の支配がしっかりしている。

少しでも疑いを持つのであれば、イスラエルの政治及び司法体制に詳しいパレスチナ人自身に判断してもらおうではないか。そのひとり、パレスチナ人政治学者のハリル・シカキ博士（パレスチナ政策研究センター長、ラマッラ）は一九九六年以来「どの政府に敬服するか」という項目で、世論調査を続けているが、次のように述べている。

毎年イスラエルがトップに選ばれる。イスラエルと答える人の割合が八〇％を越える時もある。第二位がアメリ力方式で、その次がフランスである。ヨルダンとエジプトはずっと下位にくる。

パレスチナ自治政府は、発足当時四位につけ、五〇％ほどだったが、今や二〇％以下、最下位になってしまった。腐敗、管理体制の不始末、先の見えないパレスチナ人の苦境が、批判の文化をパレスチナ人統治者に向けたのである*18。

世論調査の対象になったパレスチナ人達は、「パレスチナの統治体制で最も弱い要素である司法を根本から強め、かつ守る憲法」が欲しい、と答えている。それもイスラエルをモデルとした司法制度である。アラファトが「弱い司法制度を好んだ」のは驚くべきことではない。独裁者は大抵そうである。

29章　倫理観から見ると、パレスチナテロリストとイスラエルの対応は同類、人命無視の点で同じである？

告発

> 女子供や老人その他無辜の住民を意図的にターゲットにする者と、テロ攻撃を防止しようとする過程で住民を不注意に殺す者は、倫理上から見ると同じである。

告発者

▼自爆犯はテロリストであり、イスラエルの犯罪はもっと悪質である（ノアム・チョムスキー＊1）。

▼今日アムネスティ・インターナショナルから発行された新しい報告「未来を殺す――火線上の子供達」は、第二次インティファダの勃発以来パレスチナとイスラエルの子供達が、前例のないやり方でターゲットにされているさまを、詳述した内容である。

今日、アムネスティ・インターナショナルは「子供達が次第にこの紛争の矢面にたつようになった。イスラエル国防軍（ＩＤＦ）とパレスチナ武装集団は共に、子供達や他の住民の命を完全に無視している」とし、次のプレスリリースを発表した。

　人命尊重が回復されなければならない。これ以上子供が殺されてはならない。イスラエル人とパレスチナ人の新しい考え方だけが、これを防止できる。

　ＩＤＦとパレスチナ集団所属の者が児童を殺害しても、下手人として責任を問われず、罰をまぬがれていることが、相手側の子供と住民の命がくずのように扱われる状態をつくりあげるのに一役買った。

　受け入れ難い理由づけや言い訳は沢山である。イスラエル政府とパレスチナ自治政府は、いずれも迅速に行動し、殺害を一件毎にしっかり調査し、このような犯罪の下手人に法の裁きを受けさせなければならない。（アムネスティ・インターナショナル・プレスリリース＊2）。

▼（ヨハネ・パウロⅡ世は）、「発進源にかかわりなく、テロリズムはテロリズムとしてはっきり非難する」旨のメッセージを出した＊3。

「我々は……自爆テロ……そして、イスラエルの占領の暴力を……双方に平等に非難する」（教会国民評議会中東派遣団＊4）。

▼パレスチナ人達は、イスラエル社会が経験していることに比べると、イスラエル占領の暴力の方がずっと大きく、拷問、家屋破壊、屈辱的な尋問や捜索、狙い撃ち殺害、町村封鎖といった日々の組合せの方が、はるかに悪質であると主張する。彼らの主張は正しいかも知れない（ラビ・マイケル・ラーナー＊5）。

真実

哲学、神学、司法のどれをとってもよい。まっとうな学派であれば、そして常識のある人間であれば、意図的に一般住民をターゲットにする場合と、一般住民の間に隠れた住民を盾にしたテロリストをターゲットにして、誤って一般住民を殺す場合とは、はっきりと区別する。

立証

イスラエル国民、ユダヤ人をターゲットにしたテロ攻撃には、次の事件が含まれる。

●保育園襲撃。幼児及び保育士一八名を機銃掃射して射殺。
●小学校襲撃。学童及び教師二七名を殺害。
●ユダヤ教団襲撃。八六名の一般住民を殺害。
●トルコのシナゴーグ襲撃。礼拝中のユダヤ人二七名を殺害。
●イスラエル行きのスイス航空機襲撃。乗員乗客四七名全員死亡。

●ロッド空港襲撃。三七名を射殺。犠牲者の大半はキリスト教徒巡礼。
●ナタニアのパークホテル襲撃。過越し祭のセデルを祝っているユダヤ人を攻撃。二九名死亡。
●十代向けテルアビブのディスコ襲撃。二一名死亡。犠牲者の大半はロシア系ユダヤ人。
●ヘブライ大学カフェテリア襲撃。九名死亡。
●ハヌカの休暇をケニアで過ごしたユダヤ人旅行団の搭乗機襲撃。

襲撃が失敗したのは、最後の事例だけである。このような子供、老人そのほか弱い立場の一般住民を狙い撃ちにした殺人は、正当化の余地など全然ない。アムネスティ・インターナショナルは、このようなテロ攻撃を〝人道に反する犯罪〞と呼んだ。テロの多くは、イスラエルの一般住民ではなく、イスラエルの国外に住むユダヤ人をターゲットにしている。個々人のイスラエルに関する立場や意見など全くお構いなしに、十把《ぱ》一からげでユダヤ人を狙い撃ちにする。これは、まじり気なしの反ユダヤ憎悪の暴力である。

ＫＫＫ団が同じような非道行為をやったとき、規模ははるかに小さいのに、非難の大合唱が起きた。ところが、ＫＫＫ団の意図的な爆弾事件と時おり生じるＦＢＩの過剰反応とを、平等に非難する人は誰もいない。しかるに、今日の反ユダヤ暴力を、フリーダムファイターの仕事として正当化しようとする人々もいる。極右とイスラム武装集団が、ドイツその他のヨーロッパ諸国で共闘し、「大学キャンパスで暴力的反ユダヤ主義」を浸透、拡散させている現実もある＊6。アルゼンチンの反ユダヤ襲撃事件では、ネオナチとイスラムテロリストが共闘していた。

ホロコーストをはじめとするジェノサイドの犠牲者は、復讐と称して幼い子供達をターゲットにしたこともない。ところがイスラエルを敵視する者は、パレスチナ人からイラン人、そして彼らに手を貸すネオナチまで、躊躇せず子供達を殺す。ユダヤ人を狙い非ユダヤ人も巻添えにして殺してしまう。そして国際社会では多くの者が、非道な暴力を防止しようとするイスラエルの行動を、この暴力と同列において、倫理上同じ穴の貉《むじな》にしてしまう。

行為と結果を考えるとき、故意の意図的行為がもたらす結果と、故意ではない行為による結果の場合が考えられる。前者は、子供を意図的にターゲットにして、期待どおりの結果を得るケースが考えられる。後者は、危険なテロリストをターゲットにする過程で思いかけず子供を死なせる場合である。

非常に悪質な規範破りが、一部の宗教指導者である。自派の神学ではっきり区別しているのみならず、ほかの誰よりもその区別を知っているはずなのに、目をつぶってしまう。『新カトリック百科事典』は、「結果の二面性」を「ひとつの行為を合法的にとろうとして、悪い結果と良い結果の二つの結果が生まれるとき、道徳神学（道徳行為の原則を研究する神学の一部門）で判定によく使われる行ないの基準」と定義し、次の状況をあげている。テロリズムと戦うイスラエルの政策を的確に説明している例である。

近代戦において、結果の二面性原則が適用できる場合が多い。したがって、国家が正当な戦いを敢行するなかで、比較的少数の非戦闘員がたとい殺されても、敵の重要な軍事目標を爆撃することがある。この悪の結果は、目標破壊を通して得られたもっと大きくて良い結果で、補償できる。この攻撃で非戦闘員殺傷数が、利益に比べて釣り合いを失った場合であれば、その限りではない……さらに、攻撃の直接目的が、敵の戦意喪失を狙い、和を請わせるための非戦闘員の大量殺傷にあるならば、その攻撃は犯罪である……それは、良き結果を得るため悪の手段を用いる例である。

聖職者や神学者の一部が唱える倫理上の同一視に対し、哲学者ジャン・B・エルシュタインは、次のように反論している。

我々が、自動車事故による事故死と意図的な殺人を区別できないならば、刑事事件を裁く司法制度は崩壊する。我々が、戦闘員の殺害と争いを好まぬ一般住民の意図的殺害を区別できないならば、倫理的ニヒリズムの世界に住むことになる。このような世界では、すべてが灰色一色に色あせてしまう。我々の政治的倫理的位置を確かめるうえで区別が必要だが、それがなくなる*7。

意図的な一般住民殺害と、自衛行為の過程で誤って一般住民を殺す場合とは、基本的な違いがある。それを理解せず、もっと質《たち》が悪いのは、理解しても認めようとしないのは、よくいって倫理的な鈍感、悪くいえば完全な偏執である。それは、「人道的で道義性の高い敵を〝倫理的に同一レベル〟へ貶《おとし》める手段として一般住民を意図的に殺す者」

をそそのかす。一方、ある種の偽善者にとって、イスラエルは、敵テロリストの風上にもおけない倫理的下劣国である。例えばノアム・チョムスキーは、イスラエルとアメリカの対テロ行動を、テロリズム自体よりはるかに悪質とみなす。

筆者は、「他に不正があっても不正は不正」といった議論をしているのではない。いずれの側にも間違いを見つけることは、いつも可能である。議論は、文明と正義の核心に触れる内容で、悪の概念は必ずしも程度の問題ではない。意図的な悪、意図せずしてはからずも生じた悪との間には、質的な差があるということである。一般住民二人の死は、ひとりが殺人のためにターゲットにされる場合と、もうひとりは、一般住民の殺害を防止する行動過程で、兵士が命懸けで被害を局限するなど八方手を尽くしたのに、はからずも不幸にして死に至らしめた場合を比べると、死は死でも倫理的に同一ではない。二人の入院患者が抗ガン剤の過剰投与で死ぬ場合のように、死は死である。しかし、黒人患者が人種主義者の看護婦によって意図的に過剰投与された場合と、死亡するリスクの高いことを知りながら投薬に同意した場合と、この二つを区別できない人、あるいは区別したくない人は、倫理的に盲目か故意の偏執のどちらかである。誰でもこの違いを理解している。ほかの事例でもそうであろう。しかし、イスラエルのことになると、ユダヤ人国家に二重基準をあてはめる人々によって、基本的な倫理観や知性が棚上げされてしまう。

特定のケースで過剰反応を起こし、一般住民を危険にさらすなら、それはそれで批判されても仕方がない。

しかし、イスラエルがたといそのようなことで批判されたとしても、一般住民を可能な限り多量に殺傷することだけを目的に、鼠駆除剤に浸した釘入りの対人爆弾を爆発させる行為と、何人かの一般住民が死ぬ可能性のある状況下で展開するテロリストとの戦いは、倫理上同じではない。死を招いた点で両方も悪い。しかし、倫理上はるかに大きい責めを負うべきは前者である。意図が全く違うからである。文明社会なら、計画的な第一級殺人と過失致死とを倫理上同一視しない。聖書、コーラン、国際法いずれも然りである。ところがイスラエルを扱う段になると、広く受け入れられている伝統的な倫理規範が、忘れ去られるようである。

一部の人間は、倫理性はすべて相対的であり、世界に絶対悪は存在しないと考える。特にヒトラー、スターリン時代後に成人になった人に、この傾向が強い。絶対悪の権化ともいうべき二大巨悪の死後にも、カンボジアのポルポトやウガンダのイディ・アミンのような、まじり気なしの悪が登場した。しかし、彼らは遠い地域に住み、ヒトラーやスターリンの場合と違って、日常的にアメリカ国民の意識にのぼることはなかった。ベトナム戦争は、多くの者が道義上同じ侵略者同士の戦い、と考えた。キューバのカストロ議長は、左翼陣営の多くの者が、良いことをしたが悪いこともした、と考えた。

しかし、世界にはまじり気なしの悪が存在する。人種、民族、出身国をベースとして、女子供、老人を意図的に殺すのは、まじり気なしの悪であり、絶対に正当化できない。このようなテロリズムを純粋な悪として認めることができなければ、すべてに相対主義を招き入れることになる。ユダヤ人であるからという理由で乳幼児や学児の殺害が許されるのであれば、許容の限界を越えたものが存在するのだろうか。ドストフスキーは著『カラマーゾフの兄弟』で、この問題を提起した。イワンとアリョーシャが、相対主義について語り合うくだりである。

イワン「仮におまえが、究極において全人類を幸福にし、宿願の平和と安らぎを人類にもたらすことを目的として、人類の運命という建物を自分で建てていると仮定しよう、ところがそのためには、たった一人だけが、ちっぽけな、ちっぽけな一人の人間を責め殺さなければならないとする、それは、たとえば小さな拳を固めて自分の胸を叩いていた例のあの子でもいい、そして、その子のあがなわれない涙の上にこの建物の土台を築くことが、どうしても避けられない、不可欠なことだとする。だとしたら、おまえはそういう条件でその建物の建築技師になることを承諾するだろうか、さあ、嘘はぬきで答えてみてくれ」、「いや承諾しないでしょうね」アリョーシャは小声で言った（第五編第四章反逆、江川卓訳）。

ヒトラーとスターリンは、大量虐殺政策の正当化を行ない、知識人、大学教授、芸術家を含め多数の支持者、崇拝者を得た。今になって我々は、何千万という無辜の住民抹《まっ》殺が、何をもってしても正当化できないことを理解している。もっともパレスチナ人とアラブの指導者のなかには、ヒトラーが仕事をやりとげなかったとして嘆く者もいる。

それでは、何故、まともな人間が悪を悪と呼ぶことを恐れるのであろうか。何故多くの人が、子供を意図的にターゲットにする悪の中の悪を、〝フリーダムファイティング(自由のための戦い)〟といった口あたりの良い、前向きに響く言葉で語り、このナチのような悪を防ごうとする正当な努力を、何故ナチズムそのものと呼ぶのであろうか。ノアム・チョムスキーは聴衆に向かって、ヒトラーとスターリンを出して、彼らのやったジェノサイドは実際にはテロリズム防止だという主張を紹介する。一〇〇万の子供をガスで殺した抹殺キャンプの建設から、ひとりのテロリスト幹部の狙い撃ちに至るまで、一切合切にテロリズム防止のレッテルを張り、倫理上同レベルと言わんばかりである。

ブッシュ大統領がイスラエルのシャロン首相とパレスチナ自治政府のアッバス議長をタバ会議に招いた日の翌日、ハマス指導者イスマイル・アブシャナブは、アッバスがユダヤ人の歴史上の苦しみを認めたのは、怪しからぬと息巻き、自爆テロの続行を誓って、「アッバスはイスラエル人の苦しみを語ったが、あたかもパレスチナ人がユダヤ人に対してホロコーストをやったような口振りだ。冗談ではない。イスラエルのホロコーストにさらされて苦しんでいるのは、パレスチナ人の方だ」と言った＊8。

ホロコーストでパレスチナ人指導者が果たした歴史上の役割を知らないのか、それとも自分に嘘をついているかのどちらかであろうが、このような無知あるいは欺瞞が、ナチの抹殺キャンプと、テロリズムに対するイスラエルの自衛を一緒くたにする行為とあいまって、平和の阻害因になっている。

同一性という倫理上の操作があれば、政治上では平等、公平という操作がみられる。これは、間違った前提をベースとして生まれる。つまり、和平プロセスの挫折と暴力のエスカレートは、パレスチナ人、イスラエル人双方が悪い、双方の責任であるとか、国際社会は双方を平等に扱われなければならない、といった類いの前提である。

現実場面では、二国併存による解決を繰り返し拒否し、そのあげくが暴力のエスカレートであるから、パレスチナ人指導者は、非難されて然るべきであり、双方を平等な扱いを受けるべきではない。拒否と暴力に平等な対応をもって扱うことは、このような態度を助長するだけである。

パレスチナ人が一九二〇年代からやってきたように、平和を拒否し暴力を選択する者には、高い代償が必要である。イスラエルの場合と同じように、一九三七年、一九四七年そして二〇〇〇〜二〇〇一年に提示された平和的な二国併存方式の解決を受け入れる者には、恩恵があって然るべきである。

さらに、アラブ諸国とパレスチナ武装集団が繰り返しやったように、殲滅《せんめつ》、抹殺戦争を始める者にも、代償を払わせる必要がある。そして、このような侵略戦争から国民を守り通した者に対しても、恩恵があって然るべきである。他の対応をすれば、侵略戦争や暴力の助長につながる。

ナチズムからサッダム主義に至るまで悪の中の悪に繰り返し加担し、積極的に支持した者には、やはり代償を払わせる必要がある。同時に、正義の戦いにつらなり、その勝者を支持した者が、戦後有利な扱いをうけてきたのも、歴史の伝統である。

平等、公平な扱いという概念は、一見したところ、思いやりがあり、道義にかなったように見える。アメリカ人は、平等の精神につらぬかれ、一般的にいえば、平等な扱いを支持する。スポーツ大会では、アンパイアあるいはレフェリーには、公平な審判を期待する。政府に対しては、人種、宗教、性別、性的関心の違いに関係なく、国民を平等、公平に扱うことを求める。しかし、平等は、全く違う行動をとった国や集団に、自動的に適用される基準ではない。第二次世界大戦後、ドイツと日本に対して、誰も連合国と対等な扱いをすることを考えなかった。米法務省がKKK団と対決したとき、誰も公平、平等な扱いを期待しなかった。オサマ・ビンラーディンのアルカーイダと、そのテロ遂行能力を破壊しようとする人々を、平等に扱うことは誰も考えない。我々は、戦争肯定派より和平派を好意的に扱う。そして、国連加盟国の撃滅を誓う者と、そうではない者を同列に扱ってはならない。

理論から現実場面に移ると、平等、公平な扱いが平等、公平になることは希である。イスラエルとその敵の平等な扱いを提唱する者は、通常パレスチナ人の方に傾斜し、イスラエルに強く反撥する。国連は長い間この傾向にある。平等な扱いと公平の話に明け暮れているが、いざ投票となると、パレスチナに肩入れしイスラエルに対し強い偏見を示す。イスラエルだけではない。ほかの被占領民や国のない人々は無視される。

アムネスティ・インターナショナルすら、公平、平等な扱いというテストに落ちている。未成年のパレスチナ人が自爆テロに関与したことはなく、イスラエル軍はパレスチナの罪無き子供達を〝ターゲット〟にしている、と偽りの主張をするのは、その類いである。

アメリカは、全体的には公平である。イスラエルとパレスチナ人についても然りである。しかし、アメリカは不公平な程イスラエル寄りと受けとめられている。不公平な程パレスチナ寄りの姿勢を示す者は、公平と広く受けとめられる。国連安保理で、アメリカが反イスラエル票に投じた例はいくらでもある。時には大変残念な反イスラエル票を投じる。例えばイスラエルがイラクの原子炉を破壊したとき、アメリカはイスラエルを非難した。今ではその行動に感謝しているのである。公平、平等な扱いを自称する国の多くは、パレスチナ人の行動について非難票を投じることはまずない。

世界の国々は公平、平等な扱いをするのに、アメリカだけは何故イスラエル〝一辺倒〟なのかといういかがわしい論議は、かなりむきだしの反ユダヤ主義で色付けされている。

「ユダヤ人がアメリカを支配」というのは、その代表例である。「アメリカがあれ程親イスラエルなのは、そのためだ」となる。しかし、フランスの政策に対するムスリムや石油の影響といった不満は、聞こえてこない。ユダヤ人であろうが非ユダヤ人であろうが、イスラエルを支持するアメリカ国民は、イスラエル支持がアメリカにとってベストの政策であると信じているからそうするのであり、国連その他の国際機関で一方的な投票が行なわれているように、世界が一方的な反イスラエルの姿勢をとっている時であるから、民主的手段でアメリカの政策に影響を及ぼすべく、正当な権利を行使しているだけの話である。

平等、公平な扱いが国際社会全体のなかで達成されるとすれば、アメリカがヨーロッパの公平概念を手本にしない時にのみ、達成可能である。アメリカが国際社会式の公平、平等な扱いを身につけるなら、ユダヤ人国家に対する侵略、暴力の継続を必ずや助長するようになる。それは倫理上間違ったことにもなる。倫理的に同じではない行動をとる者に対して公平、平等な扱いをすれば、それは倫理的に間違った人工的対称性をつくることであり、危険である。

30章　大学はイスラエルから投資を引き揚げ、イスラエルの学者をボイコットすべきである？

告発

イスラエルの行動は、資金引揚げとボイコットの正当な理由になりうる。

告発者

▼我々下記署名者は……ＭＩＴとハーバードにイスラエルからの投資引揚げを求める（請願者ノアム・チョムスキー）。

資金引揚げは原理原則上間違っている……。

資金引揚げは〝節操のない〟行為であり、〝パレスチナ人に対する残虐行為と暴力の拡散に喜びを感じるアラン・ダーショウィッツ、ローレンス・サマーズ、マーティ・ペレッツが愛する〟方法である。この男達は〝米・イスラエル共同の残虐行為と犯罪の極大化を願う過激派〟である（ノアム・チョムスキー＊1）。

真　実

イスラエルだけを抜き出して非難の対象にするキャンペーンは、道義に反し、偏執的であるのみならず、誤まった情報にもとづいている。

現在世界各地の大学キャンパスで組織されている反イスラエルキャンペーンは、無知、無節操、偏執、シニシズムによって、たきつけられている。ハーバード大、マサチューセッツ工科大等を拠点にしており、イスラエルに対する投資の中止、イスラエル人研究者や講演者のボイコットを呼びかけているが、目的はイスラエルの存在を非合法化し、のけ者国家として孤立させることにある。このキャンペーンは、作り話を学生達に伝える役目も果たしている。イスラエルは世界有数の人権侵害国であるとか、ジェノサイド、拷問、人種主義、民族浄化等々、ナチ戦術の常習国と称し、パレスチナ人とこれを支持するアラブは、イスラエルの侵略の犠牲者と位置付づける。

キャンパスで資金引揚げが履行されるとは思えない。しかし、このキャンペーンの意図は、一九七〇年代の反イスラエルキャンペーンと同じで、そこから増殖したのである。当時シオニズムを人種主義と同一視し、イスラエルとユダヤ人企業に対するアラブのボイコットに順応する風潮があった。このボイコットはもちろん非合法。今では信を失っている。

立証

このキャンペーンの黒幕インテリが、誰あろうノアム・チョムスキー本人である。イスラエル国の廃棄処分と、それに代わる〝非宗教的多民族国家〟の設立を呼びかける。レバノンとユーゴスラビアをモデルにするという。チョムスキーは、反ユダヤ主義者でホロコースト否定者のロベール・フォーリソンを弁護する。

フォーリソンは、第二次世界大戦はユダヤ人のせいで勃発したと唱え、ユダヤ人が抹殺キャンプのガス室で殺されたこともない、と主張する。チョムスキーは、ホロコースト否定を含め「フォーリソンの著作に反ユダヤ主義的含みはない」とし、「大々的な歴史調査」をベースにしている、と弁護するのである。

チョムスキーはさらに一歩進んで、フォーリソンの反ユダヤ主義的著書のひとつに、序文すら書いた。第二次世界大戦勃発の廉でユダヤ人を非難し、ユダヤ人虐殺はなかったという主張に、反ユダヤ主義のかけらも無いと言いながら、テロリズムに対するイスラエルの自衛権を擁護すると、その人をすぐ人種主義ときめつけてしまう。

チョムスキーの下劣な請願書に名をつらねる者には、それ相応の人物が揃っている。中東唯一の民主国家への投資を引き揚げ、リビア、シリア、キューバそしてパレスナ自治区へまわす金の分け前にあずかろうとする者、テロリズムを支援し資金援助をしている者が含まれる。ワンパターンの反応しかしない反シオニスト、狂暴な反米主義者あるいは極左など、ごたまぜの寄合所帯である。極左には、スパルタクス連盟（北朝鮮の核兵器開発と販売の〝権利〟を擁護している）が含まれる。ちなみに、チョムスキーの教え子で、現在イスラエルで教職の地位にある者数名も、名前をつらねている。

良識派から請願が支持されなかったのは、驚くほどのことではない。イスラエルを抜きだして縁切りの対象にするのは、知的倫理的に弁護できるわけがなく、経験豊富で社会的にも尊敬されている人権活動家達は、ほとんど支持しなかった。

大学は、さまざまな分野で世界各国の企業に投資している。投資先には、組織的な人権蹂躙国が沢山ある。諸国は国家壊滅を意図し住民をターゲットにする者に対して、自衛措置を講じている。しかるにこの請願は、どのような規準からみても最悪の人権侵害国を含め、すべての国をボイコットから除外し、イスラエルだけに焦点をあてるのである。

筆者は、ほぼ四〇年間人権問題の研究者、擁護者としての経歴から、イスラエルの人権擁護の実績は、世界でもベストの部類に入ると確信する。同じような脅威に直面する諸国と比べた場合、特に然りである。中東で司法の独立をしっかり守っているのは、イスラエルだけであり、最高裁が高い評価を受けている国のひとつである。アラブ人あるいはムスリムが公平な裁判を期待できるのは、イスラエルの法廷といっても過言ではない。これまで、イスラエル政府やイスラエル軍あるいはイスラエル人を相手にして勝訴したケースは、いくらでもある。人権と市民的自由を守るうえで、政府に対しても敢然と立ち向かう司法の独立が、重要な要素である。ここで、縁切り提唱者に挑戦したい。アラブやムスリム国家で、イスラエルの最高裁に匹敵する裁判所があったら、指摘して欲しい。

イスラエルは中東唯一の民主主義国家であり、実質上無制限の言論の自由がある唯一の国である。メディアは政府に対して極めて批判的であり、ユダヤ人、ムスリムあるいはキリスト教徒の如何を問わず、イスラエル国民は、政府とその首脳を公然と批判できる。ほかの中東諸国あるいはムスリム諸国では、指導者批判は、投獄や死を招く恐れがある。パレスチナ人も報復を覚悟しなければならない。

アラファトがベツレヘム市長を脅迫したのは、その一例である。市長が、パレスチナテロを停止する停戦を提案した。アラファトは「目的を遂げる前にインティファダの中止を考える者には、どてっ腹に弾を一〇発ぶちこんでやる」と言った*2。最初アラファトは、そんなことは言っていないと否定した。ところがアメリカの国務省が録音テープを公表すると、アラファトは、それは脅迫ではないと言い張った。複数のアラブ人翻訳者が、脅迫以外に意味のとりようがないと主張すると、今度は、市長に言ったのではない、自分に言いきかせたのであると述べ、「私は、自分がインティファダをやめようとするなら、横の少年が私を撃つと言ったのである」と言い逃れをした＊3。ベツレヘム市長は、それが何を意味するか、直ちに理解し、提案をすぐ撤回した＊4。最近ある人がジョークで、イスラエルとパレスチナ自治区の住民は、全く同じ言論の自由を持っている、「双方共アリエル・シャロンを批判し、ヤセル・アラファトを称賛する」と皮肉った。

既述のようにイスラエルは、自爆テロ犯の市民的自由と真正面から向き合い、緊急時でも情報取得を目的とする身体的圧力を非合法化した唯一の国である。中東・ムスリム国家では、どこでも致死性のものを含む残忍な拷問を行なっている。アメリカは時々容疑者をエジプト、ヨルダン、フィリピンへ送る。彼らがその国で必ず拷問されることを知っているから、そうするのである。

イスラエルは、ほかの中東諸国あるいは、ムスリム諸国と比べて、ジェンダー、宗教、性的傾向及び人種の各分野で格段に平等であり、女性の権利、ゲイその他の権利はアラブ世界と比較にならないほど広く認められている。米軍はゲイに対しては差別するが、イスラエル軍は差別しない。イスラエルのクネセットにはゲイの議員もいる（反イスラエルデモでは〝パレスチナ支持のオカマ〟と書いたプラカードがあった。パレスチナ自治区では、殺されることを覚悟しなければ、このようなことはやれない。この性的傾向のため自治区で拷問され、イスラエルに保護を求めてきたパレスチナ人ゲイが何人もいる）。

イスラエルでは、アラブ系のクネセット議員がいれば、最高裁判事として活動している人もいる。彼ら独自の新聞がいくつもあり、その活動の場をあげたら切りがない。請願書が資金引揚げの対象にしなかった諸国と比べて、イスラエルはどの分野でも優れている。イスラエルが完璧な国であると言うつもりはない。筆者が批判している政策もある。しかしイスラエルには、市民的自由と人権を改善していくメカニズムが存在する。ほかの中東諸国、ムスリム諸国には、このようなメカニズムはない。

ヨーロッパ諸国と比較しても、イスラエルの人権擁護の実績の方が優れている。フランスは、アルジェリア戦争時、拷問で数千人を殺している。この戦争を抜きにして考えてもイスラエルの方がフランスよりはるかに優れている。北アイルランドのテロリズムに対応するイギリス、アルカーイダのテロリズムと戦うアメリカと比べても、イスラエルの人権擁護は少しも孫色がない。イスラエルの司法制度は、イタリア、スペインその他ヨーロッパ諸国より格段に優れており、アメリカとは少なくとも同じレベルにある。

　もちろん、イスラエルとパレスチナ人との間には、今後解決すべき難しい問題がいくつもある。それには入植地、パレスチナ自治政府の行政能力の確立、テロリズム防止が含まれる。いずれも双方の譲歩と妥協が必要である。アメリカ人はイスラエルを自由に批判できる。人権擁護が完璧ではない諸国もイスラエル批判は自由である。しかし、ユダヤ人国家イスラエルだけを選びだして、あたかも世界一の人権侵害国のように攻撃するのは、偏見そのものである。チョムスキーの請願書に署名した者は、自らを省みて恥を知らねばならない。

　筆者は、投資引揚げについて、別の方式を提案している。大学が、人権擁護の実績の高い国から順に投資をする方式である。この方式をとれば、イスラエルに対する投資が劇的に増加することは間違いない。サウジアラビア、エジプト、ヨルダン、フィリピン、インドネシア、パレスチナ自治区その他世界の大半の国からは、投資が劇的に減少するだろう。国の人権問題に対する国内の批判度を尺度として、投資順を決める方式も考えられる。投資引揚げは外部圧力のひとつであり、改革を求める国内の声を容赦なく叩き潰す国にこそ、この外圧が必要なのである。右の方式をとれば、対イスラエル投資は急上昇するはずである。

　二〇〇二年十月、ハーバード大学総長ローレンス・サマーズはキャンパスのメモリアル・チャーチで講演し、投資引揚げキャンペーンなどイスラエルに的を絞った行為を非難した。この講演の冒頭、サマーズは、次の「昨年起きたグローバル問題」のいくつかに触れた。

●複数のシナゴーグの放火炎上、ユダヤ人襲撃、ヨーロッパ各国のユダヤ人墓地で起きているカギ十字の落書き。多くの国で多くの観測者達が第二次世界大戦以来最悪の反ユダヤ攻撃が起きている、と指摘している。

●フランス、デンマークでは、ホロコーストの重大性を否定する候補者達が、最高の公職選で、決選投票まで残った。諸国の公立テレビ局で反シオニスト・プロパガンダ番組が放映されている。

●国連主催の反人種主義世界会議は、中国、ルワンダ、アラブ世界における人権侵害には一言も触れず、バラク政権の政策を民族浄化、人道に対する犯罪としてとりあげた。この世界会議の本会議と同時に開かれたＮＧＯ会議の宣言は、もっと憎悪にみちた内容であった。

サマーズは、この後本題に入り、次のように述べた。

もちろん、学会は、いかなる見解でも自由に表明できる場所でなければならない。中東について、多々議論があって然るべきであり、イスラエルの外交、防衛政策についても、活発な反論があって然るべきである。

しかし、反ユダヤ主義と反ユダヤ的見解は、伝統的に教育のない右翼ポピュリストが唱えていたのであるが、最近それが反イスラエルの性格を強め、さらにこれが、進歩的な知識階級に浸透しつつある。真面目で思慮があるはずの人々が、意図しないまでも実際は反ユダヤ的な行動を取り、あるいは提唱している。

サマーズは次のような例をあげている。

●ヨーロッパの学術団体が、ほかの出身国の研究者には手をつけず、イスラエルの研究者だけを対象に支援を打ち切っている。

●今年の春イスラエルの研究者達が、国際文学研究誌の理事会から追放された。

●抗議デモで、抗議者は多くが大学生であるが、ＩＭＦ（国際通貨基金）やグローバルキャピタリズムに抗議し、グローバリゼーションに疑問を呈するが、最近イスラエル罵倒を加えるようになった。この春の反ＩＭＦデモでは、ヒトラーとシャロンを同一視するシュプレヒコールが聞かれた。

●出所の怪しい政治団体が、後でテロ支援組織であることが判明したケースもいくつかあるが、本大学その他の大学キャンパスで学生組織を使って寄付集めをやっている。いずれもそこそこ金を集めている。しかし批判する声がほとんど聞かれない。

●そして本大学及び全国の諸大学で、イスラエルだけに的を絞ったキャンペーンを行なっている者がいる。大学基金の投資はイスラエルだけにはするな、と要求しているのである。大学はこの提案をはっきりと拒否する。

サマーズは、誰にでもイスラエルやほかの国、機関を批判する権利があるとし、次のように結んだ。

我々は学問の自由を常に尊重すべきである。誰がどのような立場をとるか、全く自由である。同時に我々は、学問の自由が批判からの自由を含まぬことを、想起しなければならない。危ない思想に対する解毒剤はひとつしかない。それは、しっかりした別の考えを、正々堂々提唱することである。ひるんではならない。

私は、自分の半生をふり返ると、いつも神経過敏症の人達に戸惑いを感じてきた。その人達は、侮辱や軽視のなかにガラスの割れる音を聞き、イスラエル批判を、ことごとくヒトラーのクリスタルナハトのイメージに重ね合わせるのである。このような態度は、ヒステリックとはいわぬまでも、取越し苦労にみえる。しかし、私にはまだ神経過敏に見えても、一年前と比べると、段々と取越し苦労と言えない状態に近づいてきたように思われる。

このバランスのとれた問題提供に対し、ノアム・チョムスキーは、サマーズを「米・イスラエル共謀犯罪・残虐行為」のカテゴリーに含めてしまった。イギリスのジャーナリスト、ロバート・フィスクも然りで、サマーズを「イスラエルの政策を批判しようとする者に対する、悪意にみちた中傷キャンペーン」に参加する「ハーバードのユダヤ総長」と位置付けた*5。

筆者は、コラムでサマーズ総長を支持する記事を書いた。そのなかで私は、請願書に署名したハーバードの寮監に、次のようにディベートを呼びかけた。

私はＨＬＳ（ハーバード・ロースクール）で教鞭をとって三八年になるが、ハーバードの総長が取った行動について称賛記事を書いた記憶はない。しかし今回は、ローレンス・サマーズ総長の勇気ある発言に、敬意を表さなければならない。ハーバード大の教官の多くが長い間信じてきたこと、つまり、世界中の国家のなかからイスラエルだけを選びだして投資引揚げの対象にするのは、意図しないまでも実際には反ユダヤ的行為であることを、声を大にして指摘されたのである。

意見が割れ論争のまとになる問題については、大学は広範なディベートと討論を奨励すべきである。請願書に断固たる態度で署名しながら、今では〝ほかの優位事項〟の背後に隠れている寮監は、教育者の名にふさわしくない。このような態度は対話と教育の益にならない。本請願書に署名しながら、公開論争で自分のこの行為の弁明を拒否するのは、卑怯である。私は寮監が私の挑戦を受けることを希望する。受けて立つことをしなければ、私は（彼の）学生達に招かれて、卑怯者がつくりだしたギャップを埋める手伝いをする。

学生達は私を招いた。しかし当の本人は公開論争や討論に参加することを拒否した。そこで私は、本人の署名した請願書の写しを空席におき、これを相手にウィンスロップハウスの学生達の前で〝ディベート〟した。

コロンビア大学のリー・ボリンガー総長も、投資引揚げ請願を非難したひとりである。総長は、南アフリカのアパルトヘイト反対の請願と同じようなことをした人々に対し、この同一視を「グロテスクで侮辱的」と評した。多くのキャンパスで、イスラエル支持のユダヤ人に対して侮辱的な言動もみられたが、カレッジを含め三〇〇の大学総長が、この脅迫と憎悪に懸念の意を表明している。筆者は、総長達の声明を支持し、次のように書いた。

総長達の意見広告は、キャンパスのディベートに水をさすと論じる人がいる。逆である。この意見広告は、投資引揚げキャンペーンは事実上反ユダヤ的行動とする、ハーバード大学ローレンス・サマーズ総長の声明と共に、健全なディベートを喚起した。

サマーズ総長は、イスラエル批判は反ユダヤ言動ではないと明言した。私が知る限り、イスラエルやイスラエルの現政権に対する批判を抑えあるいはもみ消し、あるいはまたパレスチナ国家建設や人権支持に水をさすような人はいない。

反ユダヤ主義というのは、数ある国のなかでユダヤ人国家だけに的を絞り、投資引揚げやボイコット、あるいは国連での非難対象にすることである、人権尊重は中東のどの国よりもはるかに優れ、世界の大半の国と比べても良い実績を持つ国であるにもかかわらず、一国制裁の対象にする。

投資引揚げの請願書に署名した者のなかには、自分の行為が反ユダヤ的とは思わない者もいるであろう。その人は、イスラエルの敵に自分が利用されている現実が、見えないのかも知れない。世界でただ一つのユダヤ人国家の存在を否定し、孤立させようとする人がいるのである。

最近のボイコット、投資引揚げキャンペーンは、過去の二つにキャンペーンの起源がある。それは、ユダヤ人国家の壊滅願望を根に持つものであり、第一がアラブのイスラエルボイコット。長い間続いたが、ついに敗北した。第二は、シオニズムは人種主義の一形態とする国連総会決議（一九七五年）である。こちらも取消し決議が行なわれた。南アフリカのアパルトヘイト政権とイスラエルを同一視する現在のキャンペーンも、いつか失敗する。このキャンペーンの実際の目的は、投資引揚げを実現することではなく、若くて感受性の強い大学生に、誤まった教育をすることにある。イスラエルが世界最悪の人権侵害国と信じこませるのが、その狙いである。対テロ作戦では、我が国を含め多くの国が自軍には安全な〝量販方式〟の爆撃で掃討するが、イスラエルは極めて危険な〝小売り方式〟の戸毎掃討を行ない、一般住民の犠牲を局限するため、兵士の命が危なくなることもよくある。全体的にいえば、イスラエルの人権尊重はきちんとしている。さらに、言論の自由、司法の独立、女性やゲイの権利が守られているのは、中東でイスラエルだけである。イスラエル孤立化の作業では、このようなことが一切無視される。偏執は無知の中で栄える。しかし、大学のキャンパスには、その居場所はないはずである。

イスラエル支援のユダヤ人に対するキャンパスの猥雑なキャンペーンは、アイディア、思想、芸術作品などの競争の場としての知性のマーケットで論争しなければならない。総長の手紙は、偏執との戦いで重要な役割を果たす。反ユダヤ主義を前にして、余りにも多くの人が沈黙している。今こそ立ち上がる時である。

反イスラエルの投資引揚げ請願が広く非難されたことから分かるように、アメリカの主要大学が、イスラエルからの投資引揚げなど真剣に考えないのは明らかである。投資引揚げキャンペーンを提唱した人々は、もちろんこの現実に気づいている。実際の投資引揚げは目的ではなかった。イスラエルの人権擁護の実績について間違った情報を学生達に与え、誤った教育をするのが、狙いであった。署名集めをした後、ノアム・チョムスキーは、事実上これを認めたのである。反イスラエル投資引揚げ請願の先頭にたった当の本人が、ハーバードで聴衆を前に、自分は実際にはイスラエルからの投資引揚げに反対なのである、と言った！その時チョムスキーは「私は反対である。これまでもそうであった。イスラエルからの投資引揚げと学界ボイコットについて、自分はそのキャンペーン反対で主導的立場にいた」と述べている*6。彼はそれが「原理原則上間違っている」のであり、「節操のない行為」と言明した*7。

投資引揚げに原理原則上反対なのに、何故署名したかと問われて、この著名な言語学者は、「重要なのは主旨であり、その主旨が妥当であれば、細部にはこだわらない。請願書に署名した人が、一語一句同意する必要はない」と釈明した*8。しかし、投資引揚げが請願の主旨であり、少なくともこれに署名した人の多くは、そのように理解していた。しかし、チョムスキーはそうではなかった。内に秘めた真意は、故意の偽情報を流して、イスラエルの正当な存在権を否定することにあった。チョムスキーは自分のこの主旨を署名人と共有していなかった。彼は、署名を集めてしまうまで、投資引揚げに反対であることを隠していた。

後にチョムスキーは、投資引揚げの呼びかけが〝大きい誤り〟あったと認めた。しかし、影響力のある自分の名前を請願書から撤回しなかった――教授のなかには撤回した人達もいたが――。請願理由の内容に間違いはないからである、とチョムスキーは弁明した。果たしてそうであろうか。理由付けを見ると、それがいんちきであることがすぐ分かる。他国と比較して云々するまでもない。

この請願書はイスラエルに、国連安保理決議二四二、国連拷問禁止委員会二〇〇一年報告、第四次ジュネーブ協定、難民の権利に関する国連決議一九四を順守せよ、と求めている。イスラエルはこの決議と協定をそれぞれすでに履行しあるいは順守のための提案を行なっているが、ハーバードとMITの学部教員一三〇名を含む署名人の大半は、この事実を知らなかった。

安保理決議二四二の起案者のひとり、アーサー・ゴールドバーグ判事（国連の米首席代表、筆者は弁護士助手として仕えたことがある）は、リベラル派の重鎮であるが、決議が一九六七年の防衛戦争で占領した地域の全域返還を求めているのではない、と述べている。安保理で合意したのは、アラブ諸国による主張と敵視状態の完全中止と交換に、イスラエルが領域（テリトリーズ）から撤退するという内容であった。全領域を示す定冠詞theが故意に省かれ、撤退域の幅に含みを持たせてあったのである。ソ連派諸国は全領域からの撤退を求める決議案を出したが、こちらは採択されなかった。

採択決議案の主な起案者であるゴールドバーグ判事とイギリスの首席代表キャリントン卿は、決議が全領域からの撤退を意図するものではないと二人共明言している。キャリントン卿が指摘したように「一九六七年六月四日現在の位置は、問題を起こしやすく、不自然」であることを認めたうえで*9、この決議になった。これまで、占領地返還の条件に合致したのは二カ国、即ち、イスラエル敵視を完全にやめたエジプトとヨルダンだけである。

前述のようにイスラエルは、エジプトが敵対政策を放棄したとき、同国の要求どおり全域を返還した。ヨルダンは、領土に関する主張のほぼ全部を放棄した。ヨルダンが主張していた小さい領域は、イスラエルと平和を結ぶと直ちに返還された。イスラエルとエジプトの間には小さな係争地（タバ）の問題があったが、ハーグ審判所の調停を求め、審判所の判決に従い、イスラエルはエジプトに返還した。

さらに二〇〇〇年には、キャンプデービッドとタバで、イスラエルは、ウエストバンクの係争地の九四〜九六％、ガザ回廊は全域から撤退し、パレスチナ国家の建設も受け入れる用意がある、と提案した。この提案は、エジプト及びヨルダンへの全域返還と合わせれば、安保理決議二四二が含みをもたせる数パーセントが、イスラエルの領有として残されることになる（ゴラン高原については、平和と交換にイスラエルがシリアへ返還することを提案している）。

このようにイスラエル側は、字義どおり安保理決議二四二を順守している。しかし、アラブの拒否戦線派の国家と組織は、二四二を順守せず、イスラエルに対する好戦的状態を続けている。しかるに、これら諸国に投資引揚げの請願が出されることはなく、多くの国がアメリカの対外援助を受け、ハーバードをはじめ諸大学から投資もある。

第二の要求は、「国連拷問禁止委員会二〇〇一年報告」に概括されている。〝法的（に認めた）拷問〟の中止である。この条件を考えた人達は、無知か嘘つきのいずれかである。既述のように、この請願書が回覧される二年前に、イスラエルの最高裁が、テロ容疑者から情報を引き出すための身体的圧力をすべて非合法化している。いかなる拷問も法律で廃止した国は、中東でイスラエルだけである。ヨルダンとエジプトは、アメリカの経済援助と投資を受けているが、致死性の極めて高い拷問をオープンにやっている。それでも、この投資引揚げ請願は、イスラエルがすでに止めていることを要求し、拷問の常習国には要求しない。質《たち》の悪い拷問国は数十ある。何故イスラエルだけを抜きだすのであろうか。答えは、不快な答でも質問を恐れぬ人には、明らかである。

投資引揚げ請願が課した条件に、難民の帰還がある。帰還を受け入れるか相応の補償をして、国連決議一九四を順守せよとある。イスラエルは、キャンプデービッドとタバで、補償を提案したが、パレスチナ側はこのオプションを拒否した。一方、一九四八年にアラブ諸国がイスラエルに攻め込んだ後、数百数千年も昔から住み続けてきた当のアラブ諸国から、ユダヤ人数十万が追い出された。アラブは一国としてこのユダヤ人難民に補償を提示したことはない。しかし、この請願は、アラブ側に何も要求しないのである。

最後の条件が、新しい入植地の建設中止と既存入植地の解体である。これはイスラエルでも意見の割れる問題であるが、国民の過半数は、地域の総体的平和の一環として、入植地は新設せず、既存入植地の大半は解体すべきであるとしている。入植者でもかなりの人が、平和と交換に入植地を出てよいと表明しているのである。しかしパレスチナ自治政府は、イスラエル政府の提案した平和を拒否した。穏健派パレスチナ人の多くは、アラファトがキャンプデービッドとタバで出された提案を拒否したのは、戦略的誤りであり、イスラエルに対するテロの再開は道義的にみて弁明の仕様がない、と考えている。

サウジアラビアのバンダル王子は、パレスチナ人の権利の強力な支持者で、右の交渉に直接関与した人物であるが、大幅譲歩のバラク提案をアラファトが拒否したのは、「パレスチナ人のみならず、地域全体に対する犯罪行為」と述べた。バンダル王子は、「アラファトが私に嘘をついた」と自分の経験に触れ、「アラファトに信用がおけないというのは、アラブ世界では公然の秘密」と語り、「一六〇〇名のパレスチナ人と……七〇〇名のイスラエル人を死に至らしめた責任は、アラファトにある」と言った。ニューヨーカー誌のインタビューでは「私の考えでは、イスラエル人、パレスチナ人の死は、ひとりの死すら正当化できない」と述べている。

バンダル王子は、アラファトの拒否姿勢を半世紀に及ぶパターンの一部と見ており、「一九四八年以来、何か提案がある度に、我々はノーと言った。そして、時間がたってからイエスと言うのである。我々がイエスと言った時には、その提案はすでに撤回されている。拒否する度に、交渉対象が小さくなっていく。その繰返しだ。今こそイエスという時に来ているのではないか」と言った*10。多年イスラエルの外相をつとめたアバ・エバンも「パレスチナ人は、機会を逃す機会を逸したことがない」と指摘し、「彼らは、どうしてもイエスという答を出せない人達のようである」と述懐している。このように双方がバラクの平和提案を拒否し事態を悪化させた元凶は、アラファトであるとの認識を双方が持つにもかかわらず、この一方的投資引揚げ請願は、イスラエルの咎《とが》めだてに終始する。

ハーバードのウィンスロップハウス（ハーバード／MIT投資引揚げ請願書に署名した寮監が管理する施設である）で学生達に話をしたとき、学生の多くはイスラエルが決議・協定を順守していることに気付いていないようであった。今なお交戦状態が続く中東情勢には、複雑な事情がある。請願書に署名した人の多くは、その現実を知らないのではないかと思われる。しかし、起案者達はそうではない。彼らは学生達の無知につけこみ、意図的に間違った情報を与え、間違った方向へ誘導しようとしたのである。極めて悪質な教育操作である。

真実を知り倫理観のある人であれば、イスラエルだけを抜きだして、投資引揚げの対象にする請願書などには署名しないであろう。署名した人は、間違った情報を吹きこまれた人か、悪意の人である。それ以外は考えられない。

31章　イスラエル批判は反ユダヤ的？

告　発

イスラエルを批判する人は、自動的に反ユダヤ主義者の烙印を押され、その国と政府と政策に対するまっとうな批判を躊躇させる。

告発者

▼昔からシオニストは、イスラエル批判を反ユダヤ主義と同定して、人々を中傷してきた。これがシオニストの常套手段である（エドワード・サイード＊1）。

▼イスラエル政府は祭壇にまつりあげられ、これを批判すると、すぐ反ユダヤ的と決めつけられる（デズモンド・ツツ南アフリカ聖公会大主教＊2）。

真　実

筆者は、単なるイスラエル批判が反ユダヤ的と呼ばれるのを耳にしたことはない。

立　証

専制的支配者は、大きい嘘を繰り返せば人民が信じ始めることを理解していた。アメリカ全土、特に大学キャンパスで、繰り返し唱えられている大嘘がある。イスラエルの政策やシャロン政権に批判的な者は、自動的に反ユダヤのレッテルを貼られるというのが、それである。もしそれが本当なら、恐ろしい。何故ならば、民主主義は完璧ではなく、常に批判が必要だからである。その意味でイスラエル批判は大切である。永年、筆者はアラブ・イスラエル紛争を扱ってきたが、誰か単なるイスラエル批判やシャロン批判を反ユダヤ的と実際に決めつけた例を知らない。単なるイスラエル批判が反ユダヤ主義と規定された例も知らない。

ところが、大嘘だけは存在する。それも執拗に続いている。ダートマス大学のユダヤ学教授スザンナ・ヘシェルは、「我々は、イスラエル批判は反ユダヤ主義と同義であるという話をよく聞く」と言った。「ティクン」編集者のマイケル・ラーナーも同じような主旨のことを述べている。ノアム・チョムスキーはそう主張してきた。最近の例ではハーバード大学の有力教授であるポール・ハンソン（神学部）が、そう言った。

そこで筆者は、単なるイスラエル批判が反ユダヤ主義のレッテルを貼り付けられる、と主張する人に挑戦する。この重大主張に、実際の引用、前後の文脈、出典をもって裏付けをして欲しい。筆者は、匿名のハガキやeメールを送りつける変わり者のことを言っているのではない。単なるイスラエル批判を反ユダヤ主義と同一視する（と言われる）主流派のイスラエル支持者のことを言っているのである。

ハーバード大学のローレンス・サマーズ総長が、「中東について、イスラエルの外交、防衛政策について、多々議論すべきことがある。イスラエルの政策は問題にできるし、活発に問題にすべきである」と言ったが*3、もちろんこの発言は反ユダヤ的ではない。ニューヨークタイムズのトーマス・フリードマンは、「イスラエル批判は反ユダヤ的ではないし、そう決めつけるのは下劣である。しかし、中東でほかの国や組織との釣合いを全く無視して、イスラエルだけを選び出して、非難や国際制裁の対象にするのは反ユダヤ的である。そして、そう言わないのは、誠実さを欠く」と書いている*4。

筆者はイスラエル批判を歓迎するが、イスラエルの人権擁護実績がこの地域のなかで群を抜き、同じような危険に直面している諸国と比べても遜色がないにもかかわらず、イスラエルだけを選び出して経済制裁を加えるのは、偏執であると非難している。フリードマンも筆者も、単なるイスラエル批判を反ユダヤ的と言っているわけではない。筆者自身イスラエルの政策をよく批判する。特に入植地に関しては批判的である。しかしそれで、反ユダヤ的と非難されたことは一度もない。イスラエルのメディア内にいる多くの批評家についても、同じことが言える。

イスラエル政府の実質的かつ最も猛烈な批判者が、国民である。時には閣内でも批判が起きる。誰も彼らを反ユダヤ的とは呼ばない。著名な人物でひとり、反シオニズムを反ユダヤ主義と同定した人がいる。マーティン・ルーサー・キング・ジュニアである。シオニズムを攻撃した学生の提起した問題に応えて、シオニスト攻撃はユダヤ人攻撃の婉曲語である場合が往々にしてあるとし、「君が言っているのは反ユダヤ主義だ」と指摘した*5。しかし、キング牧師の発言は、イスラエル批判の文脈で発せられたのではなく、シオニズムに対する、ユダヤ人国家の存在権に対する全体的攻撃に端を発していた。キング牧師は、善き人は全部が「その存在権を守らなければならない」と強く信じていた。キング牧師の第一補佐であったジョン・ルイス下院議員は、次のように述懐している。

一九六八年三月二十五日、師は明快かつ率直に、「イスラエルの平和とは安全の意であり、我々は総力をあげて、その存在権、領土保全を守らなければならない。私はイスラエルを、世界における民主主義の偉大な前哨のひとつとみている。人間に何ができるか、砂漠の地を兄弟愛と民主主義のオアシスにどうしたら変えられるのか。イスラエルはその素晴らしき例である。イスラエルにとっての平和は安全を意味する。そしてその安全は現実のものでなければならない」と語った。

最近南アフリカのダーバンで開催された人種主義に関する国連会議で、ユダヤ人、イスラエルそしてシオニズムが攻撃され、我々はひどいショックをうけた。アメリカ合衆国は、この病的な攻撃に対して立ち向かっている。

キング牧師の言葉が再び私の記憶によみがえった。師は「私は、力の限りユダヤ人の名誉を守ることを誓う。何故ならば、偏執は如何なる形態といえども、我々全員の侮辱になるからである」と言った*6。

イスラエル批判はそれ自身反ユダヤ主義ではないが、たといユダヤ人という言葉ひとつも出てこなくても、ある種のイスラエル批判は反ユダヤ的である。この点を理解するのが重要である。

その一例がアミリ・バラカが詩の中で主張した「イスラエルとシャロンは世界貿易センターの攻撃を事前に知っていて、イスラエル四〇〇〇人に出勤するなと警告した」内容である。この血の中傷の変形は、骨の髄まで反ユダヤ的である。誰がこれを疑えようか。フランス、ドイツあるいはロシアで、ユダヤ人を攻撃対象にして襲っているのは、反ユダヤ的行為である。誰がこれに異論を唱えることができようか。

人権問題の専門家として知られるアーウィン・コトラー教授は〝新しい反ユダヤ主義〟として、次の九点をあげている＊7。

●**ジェノサイド指向の反ユダヤ主義**　イスラエルとユダヤ民族の殲滅を公言する。次の例がある。

憲章でイスラエルとユダヤ民族の殲滅を義務づけた、ハマスのようなテロ組織。

イスラエルとユダヤ民族の殲滅を求めるファトワ（イスラム教の宗教法上の判定）。

国家主導のジェノサイド煽動（例えばイランのイスラエル抹殺威嚇）。

●**政治的反ユダヤ主義**

ユダヤ民族の自決権の否定。

国家としてのイスラエルの存在否定。

世界の悪をすべてイスラエルのせいにする行為――毒物による国際源泉の汚染者としてのイスラエル。

●**イデオロギー的反ユダヤ主義**　シオニズム＝人種主義の同定の域を越えて、イスラエルのナチ化を唱える。

●**神学的な反ユダヤ主義**　イスラムの反ユダヤ主義の出現とキリスト教の〝置換〟神学、これが古典的ユダヤ人憎悪に接近している。

●**文化的反ユダヤ主義**　〝当世風〟サロンインテリの傾向、情感、論考のごたまぜ。

●**経済的反ユダヤ主義**　アラブのイスラエルボイコットは、境界を越えイスラエルと取り引きのある諸国、諸団体も、ボイコットの対象にする。

●**ホロコースト否定**

●**ユダヤ人に対する人種主義テロリズム**

●**国際社会における法の前の平等の原則否定**　イスラエルだけを選びだし、国際社会で差別扱いをする。

人によってこのセットを全部受け入れるかどうか分からないが、そのうちのいくつは、偏執の総合力カタログに含めなければならない。

ホロコースト否定やホロコーストの責任を〝ユダヤ人〟に着せる行為は、パレスチナ過激派の常套手段になっているが、このカテゴリーに入るのは間違いない。パレスチナ自治政府の〝進歩的〟首相すら、ホロコースト否定の本を書いた。今では後悔しているようである。自治区の金曜説教には、ホロコーストはなかったとするあからさまな否定、あるいはホロコーストの責任をユダヤ人に押しつける話が詰めこまれており、それが自治政府によって放映されている＊8。

極右と極左を結びつける要素が二つある。ホロコースト否定とパレスチナテロに対する揺るぎない支持である。古代遺物のような超保守派のパトリック・ブキャナンと、過激左翼アナーキストのノアム・チョムスキーは、世界観が全然違う者の組合せで、両者に共通点を見つけるのは難しいように見える。しかし、両者は強いパレスチナ人支持とユダヤ憎悪で一致する。多くのパレスチナ人、アラブ人指導者と同じように、両者は共にホロコースト否定をもてあそぶ。

ブキャナンは、ユダヤ人がトレブリンカにおいて、ガスで殺されたことに疑問を呈している。彼のいう〝証拠〟が、「一九八八年、子供九七名が、ワシントンＤＣの地下鉄車内に閉じ込められた。地下二〇〇フィートのトンネル内で、二両の機関車が出すジーゼル排気が車内に入ってきた。四五分後に救出されたとき、子供達は全員無事だった」という内容＊9。ニューリパブリック誌掲載記事は、「ブキャナンが（ホロコースト否定）記事のベースにしたのは、大半が親ナチと反ユダヤの偏執者達が送ってきた話」であると指摘した。ブキャナンは、トレブリンカの情報をどこから入手したのかと問われて、「誰か私に送ってきた」と答えている。ニューリパブリック誌の記事は、ホロコースト否定者達が「ブキャナンなら聞いてくれる」ことを知っていた、と結んでいる＊10。

ブキャナンは、クラウス・バルビー、カール・リンスと言ったナチ戦争犯罪者を支持し、ナチ犯罪調査局の廃止を求めたことから、前法務省高官アラン・ライアンは、「何故パット・ブキャナンはナチ戦争犯罪者をこれほど熱愛するのか、多くの人が自問している」とコメントした＊11。

ノアム・チョムスキーがホロコースト否定をもてあそぶのは、もっと奇異である。ブキャナンは、今日多くの保守派人士が認めるように、伝統的な反ユダヤ主義者である。しかしチョムスキーはユダヤ人であり、両親はヘブライ語の教師であった。彼は、ヘブライ語のサマーキャンプへ行った。私も同じ所へ行っている。若い時は、彼は左派親イスラエル組織メンバーであった。しかし、その後の経歴は、説明を加えるまでもない。公表記録が雄弁に物語る。

話は、ロベール・フォーリソンという名の奇妙なフランス人から始まる。フォーリソンはリヨン大学に籍をおく名もないフランス文学の講師であったが、本を一冊書き、一連の話をした。そのなかでフォーリソンは、嘘のでっちあげ者としてホロコーストの犠牲者と生残りを愚弄したのである。フォーリソンによると、ホロコーストは起きなかったし、ヒトラーのガス室も存在しなかった。第二次世界大戦勃発の責任はユダヤ人にある。ヒトラーはユダヤ人を狩込んで、収容所に入れたが、そこは労働キャンプであって抹殺キャンプではない。ヒトラーは理性的に行動し、狩込みをやったのも自衛行動であった。ジェノサイドなど真赤な〝大嘘〟で、アメリカのシオニスト（文脈からいってユダヤ人を意味している）によって始まった意図的でっちあげである。この嘘で一番得をするのはイスラエルで、この「桁はずれの政治・金融詐欺をそそのかしている」という。この詐欺の犠牲になっているのがドイツ人とパレスチナ人である。フォーリソンは、アンネ・フランクの日記も贋作《がんさく》であると主張している*12。

　フォーリソンの常軌を逸した〝大作〟が出版されると、すぐ世界中のユダヤ人憎悪者がとびついた。アメリカでは、『シオン長老の議定書』などの反ユダヤ本を配布している札付きのリバティ・ロビー（訳注・ホロコースト否定運動を続けるアメリカの団体）が、一番憎悪にみちた個所を早速翻訳し、フォーソリンに教授の肩書をたてまつって、組織のネットワークで広く配布した。フォーリソンの演説ビデオは、ネオナチ集会での使用を目的に配布された。筆者は、郵便で取り寄せて見た。画面ではフォーリソンが笑いながら、〝存在しない〟ガス室の〝自称犠牲者〟の話をする。ネオナチの集会では、フォーリソンが生残りの目撃証言を翻弄する場面で、笑いが起きる。

　フォーリソンの本が出版された後、リヨン大学は、安全を保証できないと主張し、本人を一学期《セメスター》の停職処分にした。リヨンはナチ占領時代非常な苦しみを味わっており、この決定は理解できるかも知れないが、不適切であり、馬鹿げている。教師は、馬鹿げた見解を信奉しても、守られる権利がある。

　チョムスキーは、フォーリソンの停職抗議に参加を求められた。チョムスキーはこの機会を歓迎したにちがいない。フォーリソンの記事と講演は、きしり音を聞くような耳障りな調子で、反ユダヤ的であると共に反シオニズム的内容であったからである。案の定チョムスキー教授は、第二次世界大戦の悲劇をシオニストが利用したとする声明を出した。フォーリソンの主張と大差のない内容である。彼は、イスラエルとナチドイツを比べることもしている。

　チョムスキーはフォーリソンを弁護した。言論の自由だけではなく、フォーリソンの〝優れた〟学識と人格についても弁護したのである。彼は請願書に署名した。フォーリソンの歴史の歪曲を〝発見〟ときめつけ、〝徹底的な歴史調査〟にもとづく成果としている*13。チョムスキーが労をいとわずフォーリソンの歴史調査の中味を調べていたら、でっちあげであることが分かったはずである*14。

　徹底的な歴史調査などなかった。あったのは、歴史とは何の関係もない詐欺的作り話である。それは、教授なら首を切られて当然の欺瞞《ぎまん》である。その見解は、議論の的になる異論ではなく、歴史研究の最も基本的規範を侵しているからである。ところがチョムスキーは、フォーリソンの〝徹底的歴史調査〟に自分の学問的正統をもって権威づけをしたのである。今やホロコーストはひとりの教授によって〝論駁〟されただけでなく、教授の調査と発見が別の教授——今度はMITの先生が！——御墨付きをくれたのである。

　チョムスキーはさらに一歩進んで、請願書に署名した後、評論を一本書いた。そして、次作の序文として使うことを、フォーリソンに赦したのである。その次作とは、ホロコースト否定者としての経歴を綴った内容であった。フォーリソンは二作目の本で再びガス室は嘘と呼び、ホロコーストはでっちあげという主張を繰り返している。一方チョムスキーはこの序文で、フォーリソンの仕事について分からないふりをして「私は本人の仕事をよく知らない」と書きながら、しかしフォーリソンの論議は反ユダヤ的ではなく、フォーリソン自身も反ユダヤ的ではなく、ナチでもなく、「比較的政治色のないレベルの一種」と書くのである*15。

　それから数年たった。フォーリソンは、さまざまな反ユダヤ組織やネオナチグループに、意識して自分の名前を貸し、それがはっきりした後でも、チョムスキーは本人の性格について、「ガス室の存在否定やホロコースト否定に反ユダヤ的含みはない。ホロコースト（発生の有無を信じるかどうかは別にして）は、イスラエルの抑圧と暴力を擁護する弁明者によって不埒にも利用されている、と主張すること自体に、反ユダヤ的含みはない。私は、フォーリソンの仕事が反ユダヤ的含みを示唆しているとは思わない」と繰り返し主張した*16。

　ホロコースト時代を生きてきたひとりのユダヤ人が、

しかも自分の気にくわぬものをほとんどすべて、〝人種主義〟ときめつける人が、ホロコーストはユダヤ人達がでっちあげた〝作り話〟で〝詐欺行為〟と主張する人物の仕事に、反ユダヤ主義の痕跡や示唆を見ないと言うのは、全く理解できない。ひとりのユダヤ人が〝ホロコースト発生の有無を信じるかどうかは別にして〟と主張するのも、理解できない。理性ある人間は、ホロコーストが起きたかあるいは起きなかったか、どちらを信じるも自由、と言っているからである。

筆者は、チョムスキーを社会的不正の犠牲者を守る人とするボストングローブ紙掲載記事に、この主張を読み、編集者宛に次の手紙を書き送った。

チョムスキーを著名な言語学者とみなす人もいるであろうが、本人自身は、文脈のなかで最も明白な言葉の意味を理解していない。ユダヤ人を集団的嘘つきと一括非難するフォーリソンの主張に、〝反ユダヤ的意味あいの示唆〟を見ることができないのは、馬鹿か破廉恥漢のどちらかである。ホロコースト否定の反ユダヤ的意味あいを認識できないのは、黒人は奴隷制を楽しんだとする発言に人種主義の意味合いはないと、主張するのと同じである。あるいは、女性は強姦されるのが好きという発言に、女性差別主義の偏見はないと唱えるのと同じである。ホロコーストは、現代ユダヤ史で中心的な歴史的事件である。ホロコーストは、現代ユダヤ史で中心的な歴史的事件である。現在反ユダヤ主義者とネオナチがやっているのは、その否定あるいは矮小化である。つまり、それがユダヤ誹謗の常套手段になっている。フォーリソンとチョムスキーは共に、この憎悪の煽動者達によって頻繁に引用されている。しかも両人の同意を得てのうえである。

反ユダヤ主義と当然の告発をされ、フォーリソンが偏執的反応を示す。それを弁護するチョムスキーの行動は、悪意に満ちたたわごとをだすフォーリソンの出版の権利を擁護するのとは違い、社会的不正の犠牲者を守る名誉ある人としての適格性を奪う。社会的不正の犠牲者は、ホロコーストの犠牲者であり、ホロコースト否定者ではない＊17。

チョムスキーの反応がふるっている。フォーリソンは〝シオニストの嘘〟を非難したから反シオニストであり、反ユダヤ主義者ではないと言った。そして、ダーショウィッツがシオニストをユダヤ人と安易に翻訳するのは、非論理的であるとし、「実際のところ、それが反ユダヤ主義者の標準的手口」と言った*18。

このやりとりの後、ホロコースト否定が反ユダヤ主義か反ユダヤ人なのか、私は公開論争を提案した。彼から返ってきたのは、「それを論争しても意味がない。ホロコースト否定に反ユダヤ主義的含みがあるとは誰も信じないからである」という答であった*19。その答は、チョムスキーの住む歪んだ世界を物語る。自らこれを証明している。

チョムスキーがネオナチのホロコースト否定者の弁護にこれほど巻きこまれた政治的心理的動機は何か、思いめぐらしたくなる。市民的自由、つまり言論の自由の本義は、チョムスキーの意見を支持するためにあるのではない。ネオナチの言論の自由を弁護する市民的自由の擁護者は、〝徹底的歴史調査〟をベースとした彼らの〝発見〟を正当化し、証拠を充分に揃えた告発から彼らを守って、彼らとの考えに同調するわけではない。さらに、序文を与える行為は、著者と出版社の側について、本の販売促進に協力することである。それは、アイディンティー、思想、芸術作品などの競争の場を単にオープンにしておくための行為ではない。その域を越え、著者の思想の売りこみに協力しているのである。

ヴィレッジ・ボイス誌に寄稿したポール・L・ベルマンは、「反ユダヤ主義に関するチョムスキーの見解は、確かにとっぴである。彼の定義は、『シオン長老の議定書』の部類ではないし、ホロコースト否定妄想の部類でもないが、まさにすれすれのところで……反ユダヤ主義とシオニストの嘘に関する彼の意見は、傾聴に値する資格を本人から奪ってしまった」と書いた*20。正鵠《せいこく》を射た意見である。

しかるにチョムスキーは、イスラエルに関する嘘や歪んだ反ユダヤ主義観にもかかわらず、ユダヤ人に関わる諸問題について、学生や教授から傾聴に値する人として扱われている。ハーバードのケネディ行政研究学科で、この題目を含むコースを教えたことすらある。本人は言語学者であり、この分野では専門的資格がない。偏った意見を持っているだけである。

チョムスキー・フォーリソン症は本書で検討した重要課題のいくつかを浮彫りにする。チョムスキーの奇怪な反ユダヤ主義定義（ホロコースト否定を抜きにして、ホロコーストはシオニストのでっち上げと主張する）は、反シオニズムが、反ユダヤ主義の隠れみのに使われることを、教えてくれる。フォーリソンがホロコーストはシオニストによるでっちあげと言うとき、ユダヤ人を指してそう言っているのである。アメリカその他の国々でシオニストではないユダヤ人多数が、ホロコースト教育と記憶の継承事業に関わっている。フォーリソンとチョムスキーは、非難者がシオニストという記号を使うならば、ユダヤ民族に向けられたいかなる非難も弁護する。しかし、その非難は、〝シオニスト〟を〝ユダヤ人〟に簡単に翻訳できる代物である。

　フォーリソンのような〝修正主義〟歴史家は、過激派イマムによって普段に引用され、金曜説教でユダヤ人憎悪の材料にされる。例えば、ガザのアルアクサ大環境問題講師シェイク・イブラヒム・マドヒは、ユダヤ人を〝ロバ〟と呼び、イスラエル壊滅を呼びかけているが、二〇〇一年九月に〝歴史〟分析の話をして、「ユダヤ人の悪業のひとつが〝ホロコースト〟である。ナチズムによってユダヤ人が殺されたという話であるが、（歴史）修正派が、いくらかのユダヤ人に対して行われた犯罪はユダヤ人指導者によって計画されたもので、彼らの政策であったことを証明している」と説明した＊21。

　この説教は――チョムスキーは反ユダヤ的とは見なさないだろうが――パレスチナ自治政府のテレビ局で放映された。アフマド・アブハラビヤ博士の説教も同じテレビ局で放映された。自治政府の任命したファトワ（イスラム法の解釈、適用をおこなう）評議会メンバーで、次のように述べている。

> 　ユダヤ人に慈悲を垂れてはならない。どこにどの国に居ようとも関係ない。彼らと戦え。見つけ次第殺せ。ユダヤ人、ユダヤ人に似たアメリカ人、ユダヤ人の肩を持つ者は殺せ。アラブ世界の心臓部であるパレスチナにイスラエルをつくったからだ。連中は、アラブとムスリムに敵対する同じ穴の貉《むじな》だ。連中は、彼らの文明の前哨として、軍の前衛として、イスラエルをつくったのである。西側と十字軍の剣として、この地のムスリムの喉元に突きつけた剣の切っ先なのだ。連中はユダヤ人を自分達の槍の鉾《ほこ》先にしたのである＊22。

シオニストやシオニスト国家だけを選びだして批判するのは、反ユダヤ的ではないと信じる人でも、単なるイスラエル批判と、ひとつだけ選びだして投資引揚げやボイコットなど特異な制裁対象にするのとでは違いがあることを、認めなければならない。後者を提唱する人が反ユダヤ主義として非難されたのは確かである。しかし、前者のカテゴリーに入る人が、そのようなレッテルを貼られたというのは、嘘である。ところが最近の大嘘は、この違いをなくし、十把一からげにしてしまう。この大嘘をばらまいている者に対して、きちんと対応する時がきている。

32章　ユダヤ人そしてイスラエル国民の中にもパレスチナ人に味方する者が沢山いるのは何故か？

告　発

沢山のイスラエル国民とユダヤ人がパレスチナ側に味方し、イスラエル側を支持するパレスチナ人、アラブ人、ムスリムは極めて少ない。パレスチナ側が正しい証拠である。

告発者

▼ユダ・マグナス（多民族パレスチナ国家を提案したアメリカ出身のラビ）の衣鉢を継いで、エルマー・ベルガー、イスラエル・シャハク、ノアム・チョムスキー、マキシン・ロディンソン、リビア・ロカッハ、I・F・ストーンといった非あるいは反シオニストのユダヤ人達が、その多くは、西側におけるアラブの努力に支えられ、あるいは直接励まされ、非常な努力を重ねて批判的研究を行ない、シオニスト無罪の神話を一掃する（資料）をつくった（エドワード・サイード及びクリストファー・ヒッチンズ＊1）。

▼イスラエルの若手歴史修正主義者のなかには、（トム・セゲブ、ベニー・モリスなどの）シオニストがいる。しかし彼らの仕事は、過去を理解しようとする真摯な心で遂行されている。彼らが、一九四八年の惨劇について語っているのは、嘘をついたり過去を隠したりせず、オープンに言っているのである。それに対し体制側の者はやましさを心に抱きながら、仕事をしている（エドワード・サイード及びクリストファー・ヒッチンズ＊2）。

▼シオニズムは、ユダヤ人を特殊化するから、反ユダヤ的である。ユダヤ人の多くは、パレスチナ人に対するイスラ

エルの迫害を支持していない（ミシガン大法学部学生アメル・ザフル、同大親パレスチナ学生団体主催パネルディスカッションにおける発言＊3）。

▼本物のユダヤ人はユダヤ教の教えに忠実であり、シオニズムに汚染されていない。本物のユダヤ人は、アラブの土地と家を奪うことに反対する。トーラーに従って、この地は彼らに返さなければならない。（反シオニズムの超正統派ナトレイ・カルタのウェブサイト＊4）。

真実

イスラエルには情報、言論の徹底した自由があり、イスラエル国民としてユダヤ人は自由に発言し、左から右までさまざまな意見が存在する。一方アラブ・ムスリム諸国では、大半の住民に対し厳しい情報、言論統制が行なわれており、当局の意に反した意見には苛烈な制裁が加えられているから、意見の違いを比較すること自体不可能である。

立証

イスラエル国民とユダヤ人は、イスラエル・パレスチナ紛争に関する見方や意見を、自由にやりとりできる。制限は一切ない。アラブやイスラムのテレビ番組を見ることができるし、激しい敵意にみちた反シオニズム論の記事や本を読むこともできる。紛争に関する意見の表明も自由である。そもそもユダヤ人とイスラエル国民は、伝統的にさまざまな意見を持ち、政治的宗教的観点に立つ反シオニズムから、メシア思想に由来するユダヤ人国家観まで、幅広い見解がある。

メディアは、主流派より反体制派の意見を報道する傾向が強い。例えば五〇〇から六〇〇人の予備役兵が、管理地区勤務を拒否した。勤務した予備役兵の一％にもみたない数である。さらに、予備役年齢を過ぎてもイスラエル防衛に志願する人の数より、はるかに少ない。しかしメディアは、当然反体制派の方に重点をおいて報道した。

さらにアメリカのユダヤ人団体の多くは、さまざまな意見を聞きたいと願っており、反体制派の来訪を歓迎し、発言の機会を与えている。欧米のメディアは、イスラエルの政策に極めて批判的な作家のアモス・オズ、元外務省次官ヨッシ・ベイリン・ピースナウ運動の指導者、パレスチナ寄りのベツェレムなど特に自己主張の強いイスラエル人の意見を重視し、紹介する傾向がある。このイスラエル人批判家の大半はシオニストであり、ユダヤ人国家としてのイスラエルの存在権を支持し、相応的手段による対テロ防衛を是認する人々である。彼らの批判は、イスラエル国内では真摯に受け止められているが、国外では、ユダヤ人国家の存在権を否定し抹殺しようとする人々によって、悪用される。

反体制派に対する扱いは、イスラエルと相手側とでは非常な違いがある。パレスチナ人、アラブ及びムスリム社会では、反体制の小さい声でも容赦されず、その声をあげる者は投獄され、処刑される場合も多い（例えば「薔薇の詩」の作者サルマン・ラシディエに死刑を宣言したファトワ）。

さらに、世界各地のパレスチナ人、アラブ人、ムスリムには片寄った情勢しか提供されない。イスラエルに対する同情を惹きそうな情報には、アクセスできない。例えば、パレスチナ人住民が殺される映像は、繰り返し放映されるが、爆殺でずたずたになったユダヤ人の幼児、女性、老人の遺体が映されることはない。ブルドーザーが到着する前に住人が退去したとの説明もなく、家屋破壊の映像が写真が流される。情報の自由な伝達に関して、イスラエル国民、ユダヤ人とパレスチナ人、ムスリム、アラブ人とは比較するのが無理である。

さらに、ユダヤ人、イスラエル国民の中には、どのような問題にも必ず過激思想の持ち主が存在する。絶海の孤島生活のジョークもある。二人のイスラエル人が五年後に救出されたとき、まず救助隊に報告したのは、二人で七つの政党をたちあげた話であった。今日イスラエルの社会には、メシア思想の反シオニスト、スターリン主義者、毛沢東主義者、トロツキスト、世界政府主義者、地球平面信仰者、ホロコースト否定者等々、考えられる限りの思想の持ち主がいる。なかには思いもよらぬ考えの持ち主もいるのである。

筆者には、忘れられないひとりの著名弁護士の思い出がある。イスラエル人弁護士として、法廷でパレスチナ人テロリストを弁護するのみならず、パレスチナ人の政治的主張を支持し、個人的にパレスチナ人達の友人になった人である。彼女は猛烈な反シオニストで、イスラエル共産党の スターリン主義派（ラカー、一九七七年以降ハダシ）の活動家であった。筆者がスターリン主義者になった理由をたずねると、彼女の答は単純明快、感動的であった。「スターリンが私と私の家族をヒトラーから救ってくれたのです。私は決して忘れることができません」と言ったのである。よくよく考えれば納得のいかない点もあるが（彼女に質問することに思いが至らなかったので、今でも残念である。そのホロコーストで彼女の家族を含め多数の人が殺された。そのホロコーストを否定しあるいは微小化する人々を支援し、友人にすることがどうしてできるのか）。

このユダヤ人反体制派のほかに、一〇〇万を越えるムスリム、アラブ人が、イスラエル国民として存在する。彼らも完全な情報、言論の自由を享受している。

キャンプデービットとタバの和平交渉が崩壊する前、イスラエルのハト派は大きく割れていた。アラファトは本当に平和のパートナーなのか。パレスチナ側の和平努力は真剣なのか。この二点で意見が割れていたのである。現在、活動的な和平陣営がありはするが、アラファトの平和達成能力と意志を信じるイスラエル人は、ほとんどいない。イスラエルの平和運動創始者のひとりヨラム・キヌィクが指摘したように、「キャンプデービッド交渉の失敗で真実が明らかになった。以来私は、アラブがイスラエルの存在を受け入れないという真実と向き合わざるを得なくなった。パートナーは今や自爆テロリスト」なのである*5。

アブマゼン（アッバス）が自治政府の新首相に任命されたというので、多くの人が楽観的展望を持ったが、当の本人はホロコースト否定の本を一冊出版した人物である。そのような人物の登場に楽観的期待をかけるのは、和平陣営にねばりがあることを意味するが、受け入れ可能な意見を持つパレスチナ人指導者が少ないことをも物語る。

歴史と真実をまともにつきつけると、平和達成がもっと難しくなるので、平和の到来を待ち望む多くのイスラエル人のなかには、歴史を歪め、明確な事実を否定してもよいと考える人もいる。例えばアラファトがアラブの指導者達に秘密ブリーフィングで、ユダヤ人国家抹殺という本当の計画を明らかにして、周囲を魅惑したとき、多くのイスラエル人がその話をどうしても信じようとしなかった。イスラエルの平和提唱派の多くは、見直し論者を受け入れ、もっと〝バランスのとれた〟過去の話をつくりだす歴史既述にしてもよい、と考えている。その記述は間違っている場合が多く、実際の歴史とは違うのであるが、平和促進の一助になると信じているのである。

ユダヤ人、イスラエル国民の中に反体制派が存在し、相手側にはその存在を欠く。この違いを生みだした歴史的背景がある。歴史的に見て確かだが、非理性的ファクターである。どの時代にもユダヤ人社会には、ユダヤ教やユダヤ人あるいはユダヤ人国家に関わるものには、すべて激しく批判する少数の人がいた。カール・マルクス、ノアム・チョムスキー、ノーマン・フィンケルシュタインなどすぐ頭に浮かぶ。何故そうなのか。これは、政治やメディアの領域ではなく、ジークムント・フロイトとジャン・ポール・サルトルの領域の問題である。しかし、これが悲しい現実であることに変わりはない。

　筆者は、反シオニストとイスラエル非難者が全員、自己憎悪のユダヤ人と言うつもりはない。真価の判断を間違うこともある。しかし、宗教からユダヤ人国家、そして〝余りにユダヤ的〟な人に至るまで、ユダヤと名のつくものを軽蔑するユダヤ人が、確かにいる。この経験的観察の確度に問題があるかも知れないが、それは、反シオニスト、反イスラエル論の功罪論議の重要性を、必ずしも弱めるものではない。それは、一部ユダヤ人の間にみられる反射的なイスラエルバッシングの激しい性格を――時には嗜虐《しぎゃく》的で、フェミニスト作家フィリス・チェスラーは〝エロチック〟とも言った――部分的に説明してくれる。

　過激左翼の間で反イスラエル感が高まることに、不安を感じ当惑するユダヤ人もいる。この手のユダヤ人は、他の政治問題で連帯している人々から嫌われたくない。そこで彼らはイスラエルと距離をおこうとする。そしてあと先を考えずに、パレスチナ側を支持することも希ではない。一部のユダヤ人にとって、イスラエル反対、パレスチナ支持が、左翼の身分証明の方法であり、差別や偏見にとらわれない自分の信条が民族を超越した連帯の証拠となる。この現象は相乗効果を生む。ユダヤ人のなかには、これまでイスラエルを支持していたのに、過激左翼がパレスチナの大義を課題として採用してくると、イスラエル支持を放棄するのである。

　これと関連しているが、特にヨーロッパで恐怖心からイスラエル支持を放棄する現象がみられる。一九六七年、六日戦争の劇的な勝利の後、イスラエルは世界のユダヤ人を守る砦とみられた。欧米のユダヤ人は身代わり体験のような至福感に浸り、ユダヤ人であることに新しい誇りを抱いた。今日イスラエルは、ヨーロッパのユダヤ人の目には、危険な源と映る。反シオニズムが、ユダヤ人に対する暴力を正当化ないしは口実になっているからである。その結果、都合のよい時だけのイスラエル支持者のなかに、困難な時になると支持を放棄する者が出てくる。

　民族的に「こちら側」になる者の一部が「あちら側」に

味方するからといって、紛争当事者の「あちら側」が正しいということにはならない。例えば、一握りのホロコースト否定者がいて、ノアム・チョムスキーのような著名ユダヤ人が、ひとりの否定者の〝徹底的調査〟に御墨付きを与えたところで、ホロコーストが起きなかったことにはならない。同じように、一九三〇年代初期一部のイタリア系ユダヤ人が、ムッソリーニを支持したことは、ファシズムが正しかった証明にはならない。ところが親パレスチナのプロパガンダには、これが組み込まれていて、「御覧のとおり、何々の問題（適当な問題を入れる）では、誰々のような（人名を入れる）ユダヤ人さえ、イスラエルが間違っている、パレスチナ人が正しい、と言っているのである」というやり方で、自己陣営の正しさの証明にしようとする。この〝相手側人種の是認を使う論法〟は、論理的に経験的に誤っているのである。

結び　イスラエル――諸国民の中のユダヤ人

国際社会におけるイスラエルの地位を評価するためには、中東唯一の民主主義国を諸国民の中の〝ユダヤ人〟として見るのが、有用であると思われる。イスラエル国は、個人的にはパイオニア精神や知性、勇猛果敢、堅忍不抜の国として称えられ、公には人種主義、軍国主義、外国人嫌い、非妥協、権威主義、強情と非難される。二〇〇〇年に及ぶ強制追放と離散の後、一・四半世紀に及ぶ建国運動と生存をかけた闘争の時代があった。この時代、高く掲げた理想と国際法、人権そして市民的自由（ひとつにまとめて〝法の支配〟と呼ぶ）の遵守が完璧だったわけではない。

しかし、本書の冒頭で述べたように、世界史のなかで、イスラエルと同じように生存に関わる厳しい内外の脅威に直面した国で、極力法の支配を守る努力を続け、高い基準に到達したのは、イスラエルをおいて他にはない。しかるに、全体主義国家と独裁国家を含め、近代国家のなかでイスラエルほど不当、不公平、偽善の扱いをされてきた国はない。国際社会によって、繰り返し非難、批判されてきたのである。その結果、法の支配の遵守について、実績と外から見たイメージの蓄積との間には大きいギャップができた。このギャップは世界のどの国よりも大きい。このギャップがイスラエルの場合と同じかそれよりも大きい国があったら、筆者に言って欲しい。そのような国はないはずである。アメリカバッシングを専らにする人がつくりだすアメリカの（実際と感じの）ギャップが、はるかに距離をおいて第二位になるかも知れない。

誤解を招くこのギャップが生じた背景には、イスラエルの場合、欠陥部分が国際社会、メディア、学会、世論によって目ざとく取り上げられ、誇張され繰り返される。一方他国の不完全さは見逃されてきたのである。

公正と平和のためには、世界はイスラエルを現実的に見るようにならなければならない。不完全部分だけを見て、それを誇大化し、イスラエルの実績、他の国の不完全との釣合いを無視することをやめなければならい。

イスラエルは小さな国で、天然資源も乏しいが、内外の敵から自衛するためにGNPの数十%を充当しなければならない。それでもイスラエルはユダヤ系国民のために快適な生活環境を整備し、アラブ系国民の生活水準を大幅に引き上げた。収入、健康、平均寿命その他の尺度のいずれでも、近隣アラブ諸国の住民よりも高い。二〇〇〇年にイスラエルのアラブ系週刊誌クル・アルアラブが、ウンム・エルファファム市のアラブ系住民を対象に、世論調査を行なった。その結果、住民の実に八三%がパレスチナ国家への編入に反対であることが判明した。理由は、民主主義体制下に残りたい、高い生活水準を維持したいことであった*1。

イスラエルのユダヤ人とアラブ人の経済格差については、批判すべき点が多々あり、改善すべきではあるが、世界はイスラエルという民主主義国家がアラブ系国民にもたらした恩恵を、認めて然るべきである。

イスラエルを目の敵にする者は、アラブ系とユダヤ系両国民の差異を強調する傾向にあり、アラブ系国民がアラブ諸国の住民と比べ格段に良い状態にある事実に目をつぶる。欧米の新聞は、イスラエルのアラブ人社会は、家族の平均収入が一番低く、乳幼児死亡率が、一番高い（アメリカを含めほとんどの国のマイノリティ社会も同じである）事実を、日常的に報道する*2。しかし、アラブ人社会は、乳幼児死亡率が高いにもかかわらず、大家族が多く、さらに女性が外で働くことを嫌う。これが家族一人当たりの収入に影響しているのであるが、この点を指摘する新聞は少ない。ユダヤ人・パレスチナ人間の平等をモニターし、極めて厳しい批判の目を向ける人権監視団シックイすらも、イスラエル政府がアラブ社会のインフラと教育施設の改善に向け、真剣に努力していることを認めている*3。

イスラエルの医療制度は、近隣諸国と比較にならないほど整備されており、人種や宗教に関係なくすべての国民が平等に恩恵をこうむっている。そのおかげで、近隣諸国のアラブ人と比べれば、イスラエルのアラブ人の平均寿命は高く、乳幼児死亡率が低くなった。イスラエル国内のパレスチナ人の平均寿命は、ユダヤ人と比べると低いが（前者は女性七七歳男性七四歳、後者はそれぞれ八〇歳と七六歳*4）、男女共六〇歳台後半のシリアと比べれば、格段に高い*5。

シリアは天然資源に恵まれた国である。しかし、イラクと同じようにその富は指導者のポケットに入り、国民医療の拡充は後回しにされる。アラファトは世界大富豪のひとりとなったが、強奪した援助金は自分の金庫に入れ、病院や健康管理にほとんど支出しない。指標上アラブ、ユダヤ間に完全な同等値がないとしてイスラエルを批判するのに、近隣のアラブ側指導者の完全な努力の欠如を全く問題にしないのは、フェアではない。近隣アラブ諸国の医療ケアが総がかりになったよりもイスラエル一国の医療で救われたパレスチナ人の命のほうが多いと考えられる。

イスラエル経済は、医療分野で国外にも恩恵を及ぼしている。イスラエルは、バイオ技術の分野で世界をリードする国となり、イスラエルの研究所や企業は、ガンや自己免疫疾患等について最先端の研究を行なっている。現在一六〇を越えるバイオ技術企業があり、数億ドルの投資を呼びこんでいる。この分野の就業機会を拡大し、新製品の開発も目覚ましい。ちなみに製品の八〇％が輸出されている＊6。イスラエルのバイオ技術は、大学や教育機関の研究所とタイアップし、きめ細かい政府の支援を受けて、大きい産業分野に発展し、アルツハイマー病、パーキンソン病あるいは多発性硬化症などの難病の研究に進歩をもたらした。さらに、悲劇的な話ではあるが、テロによる負傷者を多数出し、その救急医療でイスラエルは世界一の国になった。イスラエルの企業と政府の研究開発資金が国内外の人の命を救っているのに対し、中東アラブ諸国は天然資源にも恵まれているのに、この分野の貢献はほとんどゼロに近い。国のサイズに比べ医療分野におけるイスラエルの貢献は極めて大きい。イスラエルを極悪非道のようにバッシングするのは、フェアではない。

医学の分野を別にしても、コンピューター科学から考古学に至るまで、さまざまな分野の研究でイスラエルは世界有数の国である。

イスラエルは、勤勉と創意工夫を旨とし、自由と法の支配を信条としつつ発展し、活気にみちた経済を築きあげ、躍動的で批判力旺盛なメディアと創造力豊かな芸術文化を生みだした。その社会は、ジェンダー、性的傾向そして人種の平等を旨とする。この地域の国々は、天然資源に恵まれているだけでなく、外国からの相当な資金援助を得ているのに、これを国民の利益になるように還元していない。さらに、比較的強いイスラエル経済は、宗教や人種に関係なく、イスラエル国民全員の福祉に物質的にも貢献している。ユダヤ系と非ユダヤ系国民の格差は、平和が達成されれば、さらに縮まるのは間違いない。

アムノン・ルービンシュタイン教授は、二国共存による問題解決の強い支持者で、イスラエル政府の政策をよく批判する人として知られるが、イスラエルの建国五五周年にあたり、次のように回顧している。

イスラエルは非常な誇りをもって過去をふり返ることができる。小さいサイズで、地中海沿岸のほんの一角を占めるにすぎないが、相次ぐアラブの猛攻撃、戦争、ボイコット、テロリズムに耐え、貧しい農業国から工業国、脱工業化社会に成長した。前途遼遠であり、一層の社会統合が必要ではあるが、アラブ人とユダヤ人間のギャップを含め、さまざまな社会成分の間に見られる社会、教育及び医療面のギャップを縮めた。前例のない目覚しい業績がいくつもある。イスラエルのアラブ系国民の平均寿命は、ヨーロッパの大半の白人よりも長い。国家の非常事態でもイスラエル国内では民主主義がきちんと機能しているし、イスラエルの裁判所は世界に冠たる活発な介入主義者で、他国の裁判所ならためらうようなことでも、果敢に介入する。報道の自由は戦時下でも守られている。貧困と停滞のアラブ・ムスリムの海に囲まれた第一世界（西側先進諸国）民主主義の孤島、それがイスラエルである。

しかし、この現実は、イスラエルを魔物扱いにする意図的行動のなかで、無視され、あるいは歪曲される。

世界の石油企業が、イスラエルよりアラブの方を向き、事実を歪曲する傾向にあるのは、筆者は容易に分かる。イスラエルは、エジプトとの平和のため油田を返還してしまったが、アラブは世界の石油、ガス埋蔵量の大半を支配しているからである。イスラム原理主義者が、イスラエル人よりパレスチナ人を贔屓《ひいき》にする理由はよく分かる。イスラエルは世俗化の進んだユダヤの民主主義国家であり、パレスチナ人はイスラム国家の建設を約束しているからである。パット・ブキャナンやディビッド・デュークのような極右の反ユダヤ主義者達が、過激で反キリスト、反米のパレスチナ人を贔屓にする理由は、よく分かる。普通ならパレスチナ人をさげすむのだが、ユダヤ人と戦っているので、支持するのである。女性差別主義者、ホモ恐怖症者、人種主義者が女性、ゲイそして非ムスリムを差別する者をイスラエル人より贔屓にするのかよく分かる。イスラエルは平等の国だからである。

人間の命を軽蔑する者が、自爆、無差別テロ集団をイスラエルより贔屓にするのはよく分かる。イスラエルは人命尊重の国であるからだ。子供を安全な所へ避難させ戦闘から守るが、テロリストは自分の子供を自爆テロ犯に仕立て、爆弾製造所を幼稚園の傍らにつくり、子供を盾にする。

安全より不安定を望む極左が、パレスチナテロリズムを支持する理由がよく分かる。イスラエルは安定しているが、パレスチナテロリズムは不安定化の過激な衝撃力を持つからである。アメリカ合衆国、自由そして民主主義を憎悪する者が、アメリカの最も大切な民主主義同盟者のひとつより、アメリカの敵を支持する理由がよく分かる。彼らは、ドイツ皇帝、ヒトラー、スターリン、サッダム・フセイン、オサマ・ビンラーディンに味方する。

ヒトラーはジェノサイドをやり遂げなかったと嘆くネオファシスト右翼が、何故イスラエル壊滅を望むのか、よく分かる。交渉ではなく暴力による紛争解決を望む者は、イスラエルよりパレスチナ側指導を支持する理由が、よく分かる。その指導者は、平和の具体的代案を出すこともなく、キャンプデービッドとタバの交渉を蹴り、暴力を再開したからであり、イスラエルの主張する交渉と妥協による解決が、意に沿わぬからである。

しかし、筆者にはどうしても分からぬことがある。日頃平和を唱え平等と自決を支持する平和愛好家達が、何故この価値観を否定する側につき、この価値観を大切にする側をつき放すのか。この疑問を呈するからといって、筆者がイスラエルに対する建設的批判を、放棄しているわけでもない。パレスチナ人は充分すぎるほど苦しんだ。その苦しみは、破壊的なパレスチナ指導部の破壊的行動と、アラブ諸国による政治的利用に起因すること大であるが、苦しみは苦しみである。

筆者は、イスラエルの政策、与党、政府、首相をいつも全面的に支持しているのではない。いずれの時もそれぞれに批判して然るべき点がある。イスラエル支持者の多くが、私と同様、時にはイスラエルのやり方に強く反対することもある。筆者がたずねたいのは、質的な違いについてである。それは、知性ではない感情的なイスラエル嫌悪（時には憎悪になる）のことで、パレスチナの大義に対する無批判の支持と結びあっている。つまり、普通はテロリズムに恐怖する人々（例えばクェーカー教徒の一部）、普通ならパレスチナ人がアメリカの敵を広く支援していることに激怒する人々（例えば愛国的アメリカ人）、パレスチナ人の女性差別言動を罵倒している人々（例えばフェミニスト）、パレスチナ自治政府の無法行為を決して許せない人々（例えば市民的自由の擁護者）、パレスチナ側指導者の金がらみの腐敗や労働者搾取に反対する人々（例えば左翼運動家）、国連加盟国の抹殺を誓い非戦闘員をテロのターゲットにするパレスチナ人の主張を認めず、その正当化を許さない人々（例えば国際主義者）が、感情をあらわにしたとき、嫌悪感を露呈するのである。

イスラエル反対、パレスチナの大義支持の段になると、首尾一貫した姿勢が忘れ去られてしまうようである。ユダヤ人国家は独特なのである。合理性、道義あるいは節操を旨とする理性的な人間や団体が何故そうなるのか。論理的に説明することは不可能である。ユダヤ人国家を扱う時になると、右の規範が全部棄てられてしまう。

この変則性については、次のようなさまざまな説明が行なわれてきた。第一、善人は社会的に弱い立場の者を応援する。国家なきパレスチナ人は、強力なイスラエル国に対する反占領闘争の敗者である。第二、パレスチナ人は有色人種であり、イスラエル人は白人のヨーロッパ人である。第三、イスラエルは米帝国主義の手先で、パレスチナ人は第三世界の人間である。第四、善人はアラブ人よりユダヤ人に対する期待値を高くする。第五、穏当で上品な人間は、アラブの行動や態度に影響を及ぼすことはできないが、イスラエルになら影響力を行使できることを知っている。以上の説明は、いずれもこじつけであり、間違っている。なかには露骨な人種主義のにおいがするものもある。

グローバルな視野に立って見ると、世界唯一のユダヤ人国家イスラエルこそ、弱い立場にある者である。パレスチナ人は、世界各地に住む数億のムスリムによって支持されている。それに加えて、国連、ＥＵ、第三世界、バチカン、権威ある学界、左翼系国際機関、極右そして多数のプロテスタント教会に支持されている。パレスチナ人は、チベット人、クルド族、アルメニア人、チェチェン人その他本当に弱い立場にある民族集団に比べると、はるかに大きい支持を得ている。さらに、この弱者集団を迫害している中国、トルコ、ロシアは、人口約六六三万（ユダヤ人五三七万、アラブ人一二六万）のちっぽけなイスラエルに比べると、はるかに強大である。しかるに、この一群の〝弱者〟達は、パレスチナ人を擁護する人々からほとんど支持を受けられない。

イスラエルは、ほかの弱者と比べると、極めて危険な状態にある弱者である。一度敗北すれば後がない。住民はジェノサイドにさらされ、国としての存在はなくなる。政治的自殺行為である。対イスラエル戦争は、都市と人口密集地をターゲットにする殲滅《せんめつ》戦争である。相手はイスラエルの完全抹殺を意図している。

これと対照的にイスラエルは、都市攻撃をしない。一般住民の攻撃をしない。一般住民の攻撃を意図しているわけではない。軍事力は、抑止力として絶対必要であるが、現在の軍事力があっても、歴史という長い時間でみると、弱い立場にあることは明らかである。弱い立場のパレスチナ人支持という理由付けは、前に指摘した事実から考えると、近視眼的で、首尾一貫してない。

有色人種であるから支持するというが、イスラエルこそ有色人種の国で、さまざまな肌の色の人々で構成されている。エチオピア出身のブラックアフリカ人、北アフリカ、イエメン、エジプト、イラクそしてモロッコ出身の褐色の肌の人々（アジア、アフリカ系）、中央アジア出身のユダヤ人、ロシア、コーカサス地方、ルーマニア、ラテンアメリカ、旧ユーゴスラビア、ラトビア等々実に多彩である。ネルソン・マンデラは、イスラエルを〝白人〟国家と呼ぶ、イラクを〝黒人〟国家と称した。全くの間違いである。

イスラエルはアメリカの手先というのも、大嘘である。両国は同盟国であり、テロリズムと戦う民主主義国である。イスラエルはイスラエル独自の国益を追究し、その国益はアメリカのそれとは必ずしも一致しない。ソ連の支持を得て建国された経緯もある。ソ連は、イスラエルに社会主義のルーツを見たからである。イスラエルは、エジプトがスエズ運河を国有化したとき、英仏と同盟を組んだ。アフリカ諸国との付合いは長く、イスラエルは、技術などさまざまな分野で支援を行なっている。

アメリカは、イスラエルの政策にしばしば反対してきた。一九五六年のスエズ問題。一九七三年のヨムキプール戦争ではエジプト第三軍を包囲したが、アメリカの介入で撃破できなかった。二〇〇〇〜二〇〇一年には、アメリカはイスラエルの対パレスチナ和平努力を支援し、キャンプデービッドとタバの交渉が崩壊したとき、ビル・クリントン大統領は崩壊の全責任はパレスチナ人側にある、と非難した。アメリカイスラエルは共に独立主権国家であり、その緊密な関係は、民主主義、平等。法の支配という価値観をベースとし、二重基準で非難することではなく、支援することにある。ただし、ノアム・チョムスキーのように、アメリカが目指すもの、尊重するものすべてを憎悪する人々は、別である。チョムスキーは、アメリカこそ〝悪の枢軸〟の指導者であると考えている。チョムスキーの〝悪の枢軸〟にイスラエルとトルコが含まれるのは、驚くべきことではない*7。そして、リビア、イラン、キューバ、北朝鮮、さらにはサッダム・フセインのイラクもリストには含まれない。

　期待値はユダヤ人に高くアラブ人には低くせよという論議、あるいは〝理性的〟なユダヤ人には圧力を強くし、〝非理性的〟なアラブ人には弱くしなければならないという論議も、粗悪な人種主義である。アラブは筋の通らぬ行動をすると期待することによって、相手はそのような行動をとっても構わぬと理解し、そのように行動しても大目にみられる。イスラエル人は、イスラエルにより以上のことを求める権利があるだろう。アメリカ人も自国に対して、パレスチナ人も自民族に対して、より以上のことを求める権利があろう。しかし部外者がひとつの民に多く求め、もうひとつの民には少なく求める権利はない。ユダヤ人であっても、イスラエル国民となってその苦しみとリスクを背負う道を選ばなかったのであれば、ユダヤ人国家を別扱いして二重基準を適用する権利はない。

　教育があり裕福で恵まれた立場にあるパレスチナ人（例えばアラファト）やアラブ人（例えばビンラーディン）に対する期待値を、低くしてはならぬことは確かである。アメリカはイスラエルに多額の経済援助をしているのであるから、近隣アラブ諸国よりイスラエルに対する要求を大きくせよというのも、おかしい。このようなアプローチはイスラエルを傀儡《かいらい》視するものである。イスラエルはそのような国ではない。

　イスラエルは、経済支援の見返りに、金銭に代えられないほど貴重な機密情報や技術を提供している。これは、アラブが足元も及ばないイスラエルの得意分野である。イスラエルは中東における民主主義の砦でもある。エジプト、ヨルダン、トルコ及びパレスチナ自治政府は、一括すればイスラエルとほぼ同額の経済支援を受けているが、アメリカに対する見返りがほとんどない。彼らが受け取るアメリカの対外援助は、大部分が政権維持に使われている。いつも内部反乱の危機に直面しており、そのテコ入れ用なのである。イスラエルは民主国家であり、その必要はない。要求水準を手加減する二重規律は、一方を大目に見ることであり、人種主義すれすれの恩考で、暴力の助長につながる。

　これまでの合理化が否定された以上、筋の通らぬイスラエル憎悪や、イメージとしてのイスラエル観と現実との乖《かい》離《り》を、どう説明したらよいのであろうか。第一の説は、憂慮すべきことであるが、国際社会に反ユダヤ主義が残っているという見方である。〝ユダヤ人〟からユダヤ人国家へ移ったということである。第二の説は、パレスチナ運動の努力が稔《みの》ったとする見方。人権擁護の一部不備をとりあげ、それを誇張するキャンペーンが、うまくいったというのである。第三の説は、イスラエル政府の反対勢力、つまり野党が政府の一寸した失点を重大視して国外へ伝え、国内問題を国際化する（与党も野党の立場にたてば同じことをやる）。これが多くの人の心に敵のやった誇張の確認となる。つまり、追認作用のせいとする見方。

第四の説は、国内外のイスラエルの友人達まで、他国より高い人権擁護を期待するとする見方。何故ならば、イスラエルがユダヤ人国家であるからである。第五の説は、第四に近いが、ユダヤ人自身モラルの高さを誇っているのに、現実場面では口ほどではないとする見方、悪意のない人のなかにも、ユダヤ人が高い倫理観を誇示していると信じ、ユダヤ人国家が他の国と同じように行動していても、苦情を言う人がいる。前出トーマス・フリードマンは、「今日、ヨーロッパの反ユダヤ主義に底流するものがある。それは、ヨーロッパ人の心の奥底に、シャロン氏にパレスチナ人を虐殺して欲しい、あるいはジェニンの出来事を虐殺と定義したいという願望である。虐殺となれば、ホロコーストの罪の意識を払拭できる。〝見ろよ、あのユダヤ人達を。我々がやったよりも悪いことをしているではないか！〟というわけである」と述べている*8。

第六の説は、みじめなユダヤ人の姿を見慣れ、同情してきた人に由来するという見方。その人達は、反撃能力の高い軍事力を持つ強いユダヤ人国家のイメージが、受け入れられたい。しかし、どのような説でも、法の支配にもとづいて判定するのが大切である。しかし、いずれの説も二重基準を正当化する説明にはならない。

これまでの二千年、どの都市、国家、文化あるいは宗教も、ユダヤ人を扱ったやり方で公平に評価されて然るべきだった。現代をみると、国際社会は、世界のユダヤ人を扱うやり方で公平に評価されて然るべきである。このやり方、基準で判断すると、国連は落第である。ヨーロッパ、アジア、アフリカ、南アメリカの諸大国の多くも落第である。国際連盟と同じように国連が駄目になってしまうとすれば、イスラエルをめぐる課題で道義的権威を失った結果としてであろう。国連総会が、シオニズムは人種主義の一形態と称する決議を採択したとき（一九七五年）、国連は人種主義に加担することになった。そして、アメリカをはじめ、いくつかの国で（全部ではないが）、国連はすっかり威信を落とし、支持も失った。女性に関する国連会議が、メキシコシティ（一九七五年）そしてコペンハーゲン（一九八〇年）で開催されたとき、性差別の問題よりシオニズム非難に時間とエネルギーを費やし、会議は笑えぬ冗談になってしまった。ダーバンで国連の反人種主義会議が開催されたとき（二〇〇一年）、カナダの国会議員で人権活動家アーウィン・コトラーの言葉を借りれば、それは「ユダヤ人を敵視する人種主義者の会議」となり＊9、偏執の拡声器になりさがったのである。

国連総会あるいは国連そのものの威信は、ユダヤ人国家に認められた扱いをせず、フェアでない仕打ちをしたことで、大いに傷つき、危うい存在になっている。国際司法裁判所が、他国に対してファに扱っているとしても、イスラエルに対して公平でなければ、信用されなくなる。ジム・クロー（黒人差別政策）時代の南部の裁判所、あるいはアパルトヘイト時代の南アの裁判所は、訴訟当事者が白人同士であれば、大抵双方をフェアに扱った。しかし、白人と黒人が当事者であれば、信用できなかった。国際機関も、イスラエルが関わる時には、これまで大抵そうであった。アムネスティ・インターナショナルさえも——普通は素晴らしい組織と思うのであるが——間違ったことに加担した。即ち、法の支配を尊重しない無法国家とイスラエルを同列においてしまうのである。世界保健機構（ＷＨＯ）も同じである。証拠も調べず、聴取することなく、ウエストバンクに対するイスラエルの医療がなっていない、と非難した。実際には、平均寿命が飛躍的にのび、乳幼児死亡率が劇的に低下していたのである。その指摘を受けて、医療調査チームが派遣された。そのチームは、ルーマニア、インドネシア、セネガルの医師で編成され、「イスラエルに占領されたアラブ領における医療は、一九六七年の戦争以来九年間でゆっくりではあるが、着実に改善されてきた」とする調査報告をまとめた。この専門家報告を受けて、世界保健機構は、これを投票にかけ、受入れ反対を決めた。政治路線に沿わないので、葬り去ったのであった＊10。コトラーは次のように述べている。

二〇〇一年一二月、ジュネーブ協定調印諸国が初めて会議を開いた。彼らはイスラエル批判のために開催したのである。五二年の歴史で、国家が非難対象になったのは、その時が初めてである。同じように国連人権委員会は、本当の人権侵害諸国を無視して、差別的扱いを理由に繰り返しイスラエルだけを取りあげてきた＊11。

ほかの国がやっても滅多に問題にされない行動で、イスラエルは日常に非難されている。これは、さまざまな二重基準のほんの一例にすぎない。それがどのようなものか、〝地球外生命体〟の調査委員を考えてみればよい。法の支配が地球でどうなっているのか。これを調べるために白紙の状態で派遣され、資料をこの三〇年間の国連決議と国際機関の非難決議だけに限定して調査するならば、世界最悪の法の侵害をやる無法国家はイスラエルという結論に到達するであろう。

地球外生命体調査員は、このの け者が侵略戦争をやったして非難され、他国領を占領し続け、住民を家から追いだし、家を破壊し、囚人を拷問し、秘密裁判をやり、裁判なしで刑務所にぶちこみ、一般の施設に砲爆撃を加え、宗教上の差別と性差別を強要し、その他諸々の法の侵害をやって非難されていると報告するだろう。しかし、気のきいた調査委員なら、イスラエル非難史だけでなく、ほかの国に向けられた非難の比較史を調べるだろう。しかし、国連の資料に依拠するだけなら、犯罪の深刻性、常習性、確信犯的行動からみて、イスラエルが地球上の最悪の犯罪国という結論を確認するに終わるであろう。しかし、中国、キューバ、エジプト、ヨルダン、アルジェリア、ベラルーシ、フィリピンその他、法の支配の遵奉においてイスラエルと格段に劣る諸国の人権侵害については、この国連決議からほとんど分からない。

この地球外生命体の調査員云々は、ある法学教授の想像上の作り話にすぎない。しかし、この教授は、現実の世界を講義や講演でまわっている。大学や団体で地球人の若者を相手に、法の支配について、語っているのである。ニュージーランドから南アフリカ、中国からロシア、オーストラリアからドイツ、カナダからポーランド、イタリアからノルウェーと世界各地に足をのばし、北アフリカは主要都市をすべてまわっている。その教授とは筆者のことである。高い教育をうけた青年男女の多くは、地球外生命体が到達した結論と余り変わらない先入見を持っている。

地球の若者の多くは、人権侵害はイスラエルに特異な現象とは考えていない。彼らは、イラン、イラク、リビア、アルジェリア、中国、北朝鮮その他ひどい人権蹂躙の常習国について聞いてはいる。しかし、イスラエルは最悪国のひとつと思っているのである。この先入見は、イスラエルに対してフェアでなく、危険である。それだけではなく、法の支配の崩壊につながる。すべての国に適用される単一の基準が存在しない限り、法の支配は生残れない。〝人権〟がひとつの戦術として使われ、法の支配を真剣に守ろうと努力している国が最悪の人権侵害諸国によって選択的にターゲットにされ、数をたのんだその戦術がうまくいくのであれば、人権は客観的意味を失い、国際正義を求める闘争に果たすはずの基準性あるいは有効性が薄められる。

　大きい嘘が繰り返し唱えられると、ベテランの外交官のなかにさえ、騙《だま》される人がやがて出てくる。国連のアナン事務総長は、「全世界がイスラエルに反対しているのに、それでもイスラエルが正しいというのはあり得ない」と発言した*12。しかし、血の中傷（訳注・ユダヤ人がキリスト教徒の子供を殺し、その血を過越し祭用の種なしパンに練りこむというデマ）、あるいは帝政ロシアの偽書『シオン長老の議定書』の流した害毒を記憶している人なら、分かるであろう。徹底して嘘で固めた非難であっても、多数の人間が信じこむことは可能なのである。

　二十一世紀を迎えた今日、世界が直面する大きい道義上の課題がある。それは、テロから身を守るイスラエルの行為が、世界的な反ユダヤ主義――ユダヤ人国家、その支持者及び世界のユダヤ人社会に対する反ユダヤ主義――を大々的に引き起こすのかどうかである。議論の余地がない主張が二つある。第一、女子供、老人など一般住民の殺害を意図する者がいる。イスラエルはそれから国民を守ろうとしているのであり、その防衛努力は、凶悪性の低い脅威に対応している他の民主主義国家と比べた場合、多くの点でもっと妥当性がある。第二、イスラエルとその支持者が直面した非難は特異なものがあり、カトリック教国あるいは、プロテスタント、イスラムあるいはまた無宗教の国を含め、如何なる国も経験したことがない。特に二十一世紀になってから、この傾向が強まっている。アラファト議長が、キャンプデービッドとタバでイスラエルの和平提案を蹴り、イスラエルの住民をターゲットにする無差別テロを劇的に増やしてから、この現象が続いている。

　倒錯的で粗暴な反ユダヤ主義が、これほど執拗に続いているのは、あの一九三〇年代後半から一九四〇年代前半の時代の話ではない。起きているのは現代である。客観性を重んじる評論家達が認めているとおりである。ニューヨークタイムズ・マガジンの常連執筆者のひとりアンドリュー・サリバンは、イラク戦争勃発の前（二〇〇三年）、次のように書いている。

アメリカの反戦運動は、まだ弱小で苦闘の最中であるが、すでにひとつの徴候を示している。歴史の古い、底知れぬ暗黒の偏見にからめとられているのである。恐らくそれは不可避のことであった。イスラムファシズムとの紛争が円を描きまわりまわって、イスラエル問題に到達したのだ。ヒトラーの反ユダヤ主義に負けず劣らずの狂信的反ユダヤ主義が、今や中東の文化的規範になっている。サッダム・フセイン、アラファト、アルカーイダ、ヒズボラ、イラン及びサウジを一緒に糊づけにしているのが、この苛烈な反ユダヤ主義である*13。

作家のオリアナ・ファラシは、さらに劇的な表現で「私は恥と思う。このごたごたの中に、新しいファシズム、新ナチズムの勃興がみてとれるのである。新ファシズム、新ナチズムは、善行と進歩の偽善的ポーズをとる空想的社会改良家によって実行され、育てられているので、もっといやらしく、格段に恐ろしい」と述べている*14。

　これまで起きた反ユダヤ主義の暴発時と同じように、非難されるのは犠牲者の方である。一八七九年、ドストエフスキーはユダヤ人問題に関する例の著書（『作家の日記』）の中で、「悪いのはユダヤ人である」と書いた。このロシア人大作家は、ユダヤ人憎悪が「何かに由来するに違いない」と論じ、その由来を憎悪者ではなく、憎悪される者の行動に求める。そして、「ユダヤ人自身が悪である」と宣告し、「ユダヤ人は、何処に居を構えようが……住民を侮辱し、堕落させる」と主張するのである。ドストエフスキーによると、〝ウォトカ〟でリトアニア人を〝駄目にした〟のがユダヤ人であり、アメリカ南部の黒人解放については「黒人達は奴隷所有者から解放された。しかし……これで終わりとはならない。世界中にごまんといるユダヤ人達が、この新しい獲物にとびかかるからである」と書く*15。

　ドストエフスキーによると、ユダヤ人は虎視《こし》眈々《たんたん》として獲物を狙っている。彼の頭にある世界的陰謀説は、ヒトラーの『我が闘争』や帝政ロシアの偽書『シオン長老の議定書』の中味と大差はない。ドストエフスキーの考える奇怪な世界では、「どの証券取引所もユダヤ人に制御」されている。「資本をコントロールしているユダヤ人」は「金融の支配者」であると同時に、「国際政治の支配者でもある」。そして、すべてはユダヤ人の胸中にありとして、「今後起きることは、ユダヤ人に分かっている」と確信し、「彼らの支配、完全支配が近づきつつある」と説く＊16。ドストエフスキーは「ユダヤ教とユダヤ思想が、キリスト教に代って全世界を掌握しつつある」と考える＊17。彼のユダヤ陰謀説は、次の論法をベースにしている。まず「神無きユダヤ人は考えられない」とし、「教育のあるユダヤ人のなかにも無神論者は絶対にいない」のであり、「イディッシュ語をしゃべる底辺のユダヤ人そして哲学者やカバリスト・ラビのような一番教育のある者まで、全員がメシアの到来を信じ、メシアによってエルサレムで統一され、諸国民をその剣で慴伏《しょうふく》せしめると考える」と主張する。ドストエフスキーは、「圧倒的大多数のユダヤ人がひとつの商売――金の取引――を偏愛する理由は、まさにそこにある」とし、「メシア到来の時、金なら持運びが容易だからである」とその理由を説明する＊18。しかしドストエフスキーは、「ユダヤ人がすでにヨーロッパを支配し、そこから証券取引所に指令を出し、政治、国内問題、そして諸国の論理観を支配している」とき、金を何故持ち去る必要があるのか、その理由を説明できない＊19。

　ドストエフスキーの偏執的思考は、抽象としてのユダヤ教だけに向けられるのではなく、ユダヤ人そのものを対象とし「教育のあるユダヤ人ほど……苛立《いらだ》つものはほかにない」と考えるのである＊20。

　ドストエフスキーほどの才気と洞察力を持つ人物が、ユダヤ人についてこれほど稚拙な幻想を抱くのは、きわめて異常である。しかしながら、ドストエフスキーの名声は、フィクションの作品にあり、ノンフィクションの世界ではない。史上多数の反ユダヤ主義者が登場したが、ドストエフスキーは彼らと同じ言い訳をする。つまり自分は憶測で反ユダヤ的感情を語っているのではなく、ユダヤ人に向けられた憎悪のもとをたどれば、ユダヤ人に責任があることが分かるからである、と説明する。この主張は、ヒトラーやスターリン、グレンプ枢機卿が唱え、その他歴史に登場する多くの反ユダヤ主義者が同じことを言った。

　現在では、「イスラエルのせいでこうなった」とか「悪いのはシャロン」という主張になる。ドストエフスキーの論はもとよりこの種の主張は、事実が証明しない。

　事情を知るためには、西側世界の御気に入りのアラブ・ムスリム国家、即ちヨルダンと比較するのが、一番分かりやすい。英帝国主義の創作であるヨルダンは、二〇年間ウエストバンクを占領していた。やがてウエストバンクを併合し、その住民を対象に戒厳令をしき、ユダヤ人全員を締め出してしまった。一九七〇年九月、フセイン国王は一カ月間で多数のパレスチナ人を殺傷した（ブラックセプテンバー事件）。その数は、三年に及ぶインティファダ自爆テロとの戦いで、イスラエルが相手に与えた損害より、はるかに多い[＊21]。ヨルダンでは、特にパレスチナ人に対する拷問が蔓延し、そのやり方に磨きがかかり、今では芸術の域に達している。テロの容疑者が拷問されるだけではない。親族まで拷問される。拷問で自白を引きだす技術はまさに完璧で、アメリカのＣＩＡもエジプト、フィリピンと並んでヨルダンを頼りにしている。イスラエルがパレスチナ人に対して何か悪いことをしたとすれば、ヨルダンはそれよりずっとひどいことをしているのである。しかし、この王国に対してボイコットや投資引揚げのキャンペーンは起きない。その対象になるのは、民主主義国のイスラエルだけである。

　筆者は、自国アメリカに対していつもそうしているように、市民的自由と人権の擁護者のひとりとして、個人的にイスラエルに言いたいことは沢山ある。法の支配に完璧を期すべきところ、状況に妥協したケースについて、同意しかねることがある。私がイスラエル国民なら、イスラエルで改善要求のキャンペーンをおこすだろう。しかし国際社会には、イスラエル国民と違って、イスラエルだけを選びだして世界最悪の人権侵害国などと非難する権利など無い。法の支配の遵奉にかけては、世界有数の国であるのに、最悪とか最悪の部類などと非難するのは、これはまさに血の中傷の現代的国際版である。イスラエルに対する国際社会の不当な扱いこそが、平和の障害になっている。これを証明するために、もし言われるとおりにしたらどうなるという話をしたい。

　つまりイスラエルが、パレスチナ自治政府、国連及びヨーロッパ共同体の要求をことごとく受け入れたら、どうなるであろう。要求をすべてのんでそれを実行した後、一般住民に対するテロが続き、エスカレートしたらどうするのだろう。その場合、国際社会はイスラエルにどのような行動を期待するのだろうか。肝心の国際社会は何をするのだろうか。イスラエルは、安心してそれに頼れるのか。

　これが、平和を希求するイスラエルの穏健派とアメリカの支持者が発する質問である。バラク首相が、満額回答に近い妥協案をパレスチナ側に提示したとき、パレスチナ指導部はテロのエスカレートで答えた。その時国際社会がどのように対応したか。これを考えると、先の質問は非常な不安材料なのである。

現在提示されているのは、「もちろん、テロに終止符を打とうとする新生パレスチナ国家の誠実な努力が条件」というのが、標準的答である。しかし、パレスチナ人自身が実施した最近の世論調査によると、相当数のパレスチナ人が、イスラエルを含む全パレスチナの解放までテロを継続すべきである、と回答している。暴力頻発で緊張状態下での調査であるから、数値が多少あがり、真の平和が実現すれば、下がる可能性はある。

しかし、その逆が真であることも考えられる。パレスチナ国家がテロリズムで誕生するのであれば、あるいはその認識が大多数のパレスチナ人の間に存在するならば、多くの人がハマス、ヒズボラ、イスラム聖戦そしてファタハの一部を含むパレスチナ諸派が、究極の目的を達成するため、テロのエスカレートを求めるだろう。このシナリオには、前例があるのである。ヒズボラのテロが増えた結果、イスラエルが南レバノンから撤退したとき、パレスチナ諸派のうち数グループが、テロの増加を主張した。ニューヨークタイムズのトーマス・フリードマンは、この状況を「イスラエルがレバノンから一方的に撤退し、それ以来パレスチナ人達は、レバノンから放送されるヒズボラのテレビ放送をずっと見てきた。放送内容は一貫している。イスラエルは軟弱な一大シリコンバレーになっているので、パレスチナからユダヤ人を駆逐できる。南レバノンでそれが証明されたという主旨である」と総括した[22]。

過激派の言動が大衆に支援され、その諸派が究極の目的を明言してはばからぬ状況にある時、筆者のようにパレスチナ国家の建設を求める者でも、現実味にある可能性を無視するわけにはいかない。つまり、誕生後そのような国は、イスラエルが手をあげるまで執拗に闘争を継続する可能性が強い。イスラエルの一般住民に対するテロを支援し、教唆煽動し、少なくとも見て見ぬふりをする恐れがある。

イスラエルが一九四八年に独立を宣言したとき、新首相ダビッド・ベングリオンが最初にだした指示のひとつが、アルタレナ号撃沈命令であった。そしてメナヘム・ベギンの率いるイルグンを含む准軍事組織をすべて強制的に解体したのである。アラファト、あるいは選挙で選ばれたパレスチナ人指導者が、選挙民の願望に反して、このような断固たる行動を取れるのか。取れると本当に信じる人が果たしているのか。二〇〇二年二月にはカリンA号事件が起きている。アラファトが直接関与した（本人は否定したが）イランからの武器密輸で、本人にテロ中止の意志があるのか疑問を提起する事件であった。

パレスチナ国家が建設されると、そこがテロの策源地、発進地になる恐れがある。客観的に中東を観察している人であれば、その可能性が高いことを認めるはずである。アメリカと国際社会による具体的な保証があって、この恐怖のシナリオに対応策が講じられるまで、あるいは講じられない限り、イスラエルにパレスチナ国家の建設を是認する政治的コンセンサスが生じるのは難しい。

イスラエルに自衛権ありとか、テロに反撃する権利がありと言うだけでは充分ではない。これまでイスラエルがその権利を行使したとき、きまって国際社会と国連に非難されたからである。パレスチナ国家ができれば、その国がテロに目をつぶり、あるいはテロ対策のリップサービスをしたり、あるいはまた秘かにテロ支援していても、イスラエルが反撃すれば、国家主権の侵害という理由で、非難はもっと激しくなるであろう。難民キャンプでは公然とテロが計画されているが、国連のパレスチナ難民救済事業機関（UNRWA）は介入を一切拒否している。このように国連は全くあてにできない。必要な保証ができるのは、アメリカだけである。それも諸国の協力がなければならない。しかし、現在の行詰まり状態に対して、イスラエルに責任を問う声ばかりが大きくて、平和の障害になっている「もしそうしたら」という問題を除去するにはどうすべきかという点が、おざなりにされている。

事態がうまく進まなかったことに対して、イスラエルだけを非難したり、他者の過失は咎めないのに、イスラエルの過失には釣り合いのとれない咎めだてをすることは、ユダヤ人国家に対してフェアな態度とはいえない。ユダヤ人とユダヤ人社会に対する差別の歴史を考えれば、それだけでも不都合極まりない。

しかし、その影響するところはもっと厳しい。イスラエルに対する二重基準の適用は、法の支配と国際機関の信頼性を傷つける。イスラエルの欠点に焦点をあて、時にはイスラエルだけを問題視するやり方は、もっと深刻で持続性の強い人権侵害を無視する調法な口実を、国際社会に与えてしまう。それはまた、暴力助長につながる。暴力によってイスラエルを刺激すれば、イスラエルは反応する。そしてその反応は過度ともいえるイスラエルの批判をひき起こす。このメカニズムを知る者が、イスラエル批判の大合唱をつくりだすため、意図的に暴力に走る可能性は充分にある。

もうひとつ、恐らく一番微妙な点と思われるが、筋の通らない二重基準の過激なイスラエル非難の不協和音は、反撥を呼ぶ。そしてその反撥が、イスラエルの特定の政策や政府あるいは行動に対する理性的批判を、押し流してしまう。ユダヤ人国家がフェアな精神を欠く不当な批判にさらされると、支持者のなかには、普通なら特定の政策や行動を批判する者でも、防禦的になる人もいる。自分の批判がイスラエルを貶《おとし》める不当な動きに、手を貸すことになる、と考えるからである。つまるところ、不当にイスラエルを攻撃する者が、イスラエルの政策に対する理性的批判を押さえることになる。彼らのこのような態度に反撥したイスラエルが、理性的批判を受け入れて、それにもとづく行動を取ることを渋るかもしれない。正義にもとづく恒久平和の確立を求めて、さまざまな努力が続いている。それを妨害するのが暴力である。彼らが間接的に暴力を助長しているのは、はっきりしている。

筆者は、言論の自由を強く支持する者のひとりとして、そしてまた批判の自由を実践する専門家として、イスラエルに対する見解は如何なるものであれ、その表明を阻止してはならないと考えている。しかし筆者は、言葉が重要な力を持ち、筋の通らぬ非難には重大な代償の伴う現実があることも信じている。不当かつ選択的イスラエル批判には、生命身体上の重大な代償が伴っているのである。イスラエルの敵にとって、このリスクは割りに合う。むしろ、暴力に発展するように計算されている。しかし、多くの善意の人々からみれば、無謀でしかない。イスラエルだけに向けられた非難という不当性のものが、善意の人々が望まぬ結果しか生みださない。

イスラエルの主張は、論拠がしっかりしている。前後関係の文脈を論理的に考え、他との比較検討をすれば、特にそれが言える。客観的な基準で判断しても、その主張は説得力を持つ。イスラエルは、対立する諸敵に囲まれた小さい民主主義国家であり、生存の戦いのなかで必死に生きている国である。停戦ラインの内外には、イスラエルの物理的抹殺をめざす集団、国家としての存在を非合法化し、イスラエルの政治的抹殺を目論む集団や、国家がある。イスラエルは、国民と国家を守るため、何度か防衛戦を余儀なくされたが、完璧な戦いであったわけではない。時には間違いを犯したこともある。過剰な反応を起こしたこともあれば、敵に寛容な態度で接しなかったこともある。しかし、ほかの民主主義諸国を見れば、大半がイスラエルと同じような過ちを犯している。いや、もっと悪いと言える。問題はほかの民主主義諸国の対応である。国民と国家の存続に対し同じような脅威を受けたとき、どの国でもよいが、合法性及び寛容性からみてもっと良い対応をした国があろうか。イスラエルをはじめ他の国が完璧であるべきところ、逸脱した時には、国民と部外者によって批判されて然るべきである。しかし、二重基準であってはならない。歴史上偏見と差別、迫害にさらされてきた民族の国が、異様ともいえる選択的非難をうけ、二重基準で判断される謂《いわ》れはないのである。

平和の提案に移る前に、学生諸君に直接話をしておきたい。最近偏執的考え方をする偽善者の集団に加わる学生や若者が増えている。その集団は、イスラエル側に如何なる権利も認めず、イスラエル即ちユダヤ人国家を撃滅し、そのユダヤ人住民を追いだしても悪いことではないと考える偽善者の集団である。君達は、歴史の正しくない側にいるのである。君達は、この二千年間ユダヤ的なものをすべて否定してきた悪の勢力に、軽率にも加わってしまったのであろう。

ヒトラーのホロコーストを支持し、今ではホロコーストはなかったと主張する集団。ユダヤ人であれば幼児、女、子供、老人の見境もなく殺す集団。君達はこの集団の側に立って、その行為に加勢しているのである。今になっては、知らなかったとは言わせない。自分で物事を考えようとする者には、いくらでも事実が入手できるからである。

ユダヤ民族あるいは五〇〇万を越える民族同胞が故国とするユダヤ人国家に再び悲劇が見舞うならば、歴史が君達を厳しく裁くであろう。その歴史は、イデオロギー上の君達の先輩を裁いたのである。自分で考えて欲しい。歴史の事実を学び、あらゆる側の意見を聴いて欲しい。そして君が善意の人であるならば、この複雑な問題を一方的な反イスラエルで片づけることはしないだろう。世界最古の偏見の現代版に加担しないことが、自分と歴史に対する義務である。

イスラエルの立場

イスラエルが平和を達成するには、強力な軍事力を維持すると共に、イスラエルとの二国共存を望むパレスチナ人を支援し、彼らの立場を強くすることが大事である。二国併存を一時的な戦術ではなく、一世紀に及ぶ問題の永続的解決として受け入れるパレスチナ人の声が、強くなければならない。現在の世論調査では、ほとんどのパレスチナ人と多くのアラブが、パレスチナ国家の建設を、イスラエル撃滅の戦術的第一歩と見ている。しかしあきらめてはいけない。時間と進歩がこの数字を変える。

イスラエルの存在そのものを拒否し、その非現実的ゴールに向かってイスラエルの国民を道連れに自爆する者が、今後も出るであろう。テロリズムがすべてなくなることはない。たといイスラエルがあらゆる手を尽して、しっかりしたパレスチナ国の建設を支援しても、テロは消滅しないだろう。イスラエルは、アメリカと同じように、今後も長期にわたって、一定のテロ発生数に耐えていかなければならないだろう。アフリカ系アメリカ人が、長い間KKK団の暴力を耐え忍ばなければならなかったが、それと同じである。このKKK団はやっと死んだ（少なくとも生命維持装置は外れた）。パレスチナ人テロリズムも、いつの日か遅ればせながら死滅するだろう。しかし、パレスチナ人テロリズムは、KKK団がアメリカの人種主義者から得ていた支援と比べ、パレスチナ及びイスラム過激派からずっと大きい支援を得ている。

安全保障を講じたイスラエルと併存する形で、パレスチナ国家を建設すべきであるが、パレスチナ人テロリズムの根絶を、前提条件にしてはならない。このような条件を課すことは、テロ集団に拒否権を与えることを意味する。平和に向け動きがみられると、テロで妨害し、動きをとめてしまう。これまでこの繰り返しであった。しかし、テロの根絶を条件にしないからといって、自治政府をはじめとするパレスチナ社会が、何もしなくてもよいということではない。誠実な取組みが必要であり、全力をあげたテロ対策が国家建設の前提条件になる。ユダヤ人国家は一九四八年に独立したとき、准軍事組織のイルグンとレヒを強制的に解体し、武力を統一した。独立するパレスチナ国家も、諸々の准軍事組織やテロ集団を強制的に解体し、武力を統一しなければならない。国家になる前に、パレスチナ自治政府は、テロ集団の解体に前向きに取組み、武装解除の能力があることを示さなければならない。特にファタハ運動に属する身内のテロ組織タンジムやアルアクサ殉教旅団を、解体する必要がある。前出のカリンA号が拿捕《だほ》されたとき、船長はアラファト議長の命令で武器の非合法密輸を行なった、と自供した。パレスチナ自治政府がテロ集団向けの武器の密輸を続けるならば、国家独立は真剣には考えられない。

イスラエルの隣にパレスチナ国家を建設するには、二つの国が共にしっかりした体制でなければならない。足元のふらつくパレスチナ国家であってはならないが、パレスチナ人は非現実的な夢――イスラエルにとっては悪夢――を放棄しなければならない。イスラエルからの難民であると唱える数百万の人間を、イスラエルへ戻すという主張である。判断の誤った占領継続や心得違いの入植地拡張など、イスラエルの行動も問題であるが、それより、イスラエル・パレスチナ間の恒久平和の主たる障害になっているのが、このいわゆる帰還権である。

イスラエルはユダヤ人国家であり、アラブ人は少数派である。イスラエルはユダヤ人国家であり、アラブ人は少数派である。イスラエルへ戻ってこの少数派の中に入ることを望むパレスチナ人は、現実にはほとんどいない（ムスリム・パレスチナの抑圧的体制を恐れるのであれば別であるが）＊23。ほとんどの人は、経済基盤を持ち政治的には民主主義体制で、しかもムスリムが多数を占めるパレスチナ国家に住みたいだろう。前に指摘したように、帰還権はイスラエルを数百万のアラブ人で氾濫《はんらん》させる戦術として、意図的に主張されてきた。人口動態が変われば、イスラエルは第三のパレスチナ国家となり、アラブ・イスラム世界にまたあるイスラム国のひとつになる。

一九五二年、シリアのホムスで開催された難民会議で、決議が採択された。その決議が主張するように、「パレスチナ問題の解決を目的とする討議において、難民のイスラエル抹殺権を保証しない解決策を話し合うことは、アラブ人民に対する冒瀆《ぼうとく》であり、裏切り行為」なのである＊24。ユダヤ人国家としてのイスラエルの存在権は、国際社会によって尊重されなければならない。パレスチナ指導部もこれを認め、帰還権の主張を譲らなければならない。

パレスチナ人が生来的な権利を放棄するわけではない。史上幾多の難民が発生したが、出身地へ戻る以外の形で解決している。意図的でないにせよ、実際には出身地の国の性格と性質を変えてしまう帰還の権利を、現実に与えられたことはない。ましてや一九四八年の難民は、入り組んだ力の作用によりアラブ人がイスラエルを去り、それに相当する数のユダヤ人がアラブ諸国を去るという双方向の難民なのである。

さらに、イスラエルへの帰還権を主張するパレスチナ人の圧倒的大多数は、イスラエルに足を踏み入れたこともない。彼らは、難民の資格が親から子へ移るという特異な制度に乗り、イスラエルを敵視するアラブが意図的につくった難民キャンプで生活し、子供、孫、曽孫まで生まれた。イスラエルを敵視する諸国は、自国社会に統合することなく難民を隔離し、難民問題の継続拡大をはかり、イスラエル撃滅の道具として使ってきたのである。半世紀以上も前に実際にイスラエルを離れ、存命中の者は少ない。しかもその多くは、イスラエルに数年しか住んでいなかったのである。世界に難民問題は数多いが、そのなかでパレスチナ難民の定義は類がない。イスラエルにわずか二年間居住し、経済的都合、家族の再統合、ユダヤ人に対する憎悪、あるいはアラブ側指導部の戦術上の決定を含め、なんらかの理由で居住地を離れた者は、難民の資格を与えられたのである。これは、歴史上最も弱い理由付けのひとつである。

ところが、この問題は国際社会から一番強力に支持されてきた。ここでも、つくられたイメージと現実との深い溝は類がない。問題そのものが誇張されているが、それをつくりだした元凶として非難されているのが、ユダヤ人国家であるからであろう。アラブ難民と称する人々が帰還権という見えすいた主張をしているが、このようなことはやめる時が来ている。遅すぎたが、早く終止符を打つべきである。ノアム・チョムスキーすらも、手にする可能性のない帰還権を約束して、同胞におもねるようなことはやめよ、とパレスチナ人指導者に忠告している＊25。アラブが国連の分割決議を拒否し、イスラエルの存在権を否定して戦争を始め、その結果人口の交換が起きたのである。つまりアラブの拒否から生まれた問題であり、この人口交換は永続的と考えなければならない。世界がこれを認めるまで、アラブ・イスラエル間の平和は見通しが立たないだろう。しかし、世界がイスラエルに敵意を抱く数百万の人間の帰還を許して国家壊滅の危険にさらすことをせず、イスラエルの存続権を認めるならば、平和の見通しは劇的に広がる。

プリンストン高等研究所のマイケル・ワルツァー教授は、パレスチナ人が帰還権を放棄し、ユダヤ人国家としてのイスラエルを人口動態上破壊する意図を棄てない限り、パレスチナ人は国家を手にすることはない、と主張した。教授は、次のように論じている。正論である。

少数ではあるが、一部のパレスチナ人指導者が、帰還権の放棄が国家独立の代償であると論じている。私にはこれが正しい立場であると思われる。帰還要求は一九四七〜八年の紛争再開を意味するからで、半世紀後に同じことを繰り返すのは有益ではない。中部ヨーロッパから東南アジアに至る地域で第二次世界大戦後に発生したほかの難民は、すべて再定着によって解決している。しかし、パレスチナ人はまだキャンプに入ったままである。彼ら自身の指導者達と周辺アラブ諸国がそう決めたからである。イスラエルの独立戦争と継続させる一方法である。しかし今日、パレスチナ人は、彼らの独立戦争にこれから勝利するという気であろうが、イスラエルはすでに独立戦争に勝利しているのである。彼らは目をしっかり開いて認めなければならない。難民のいくらかはイスラエルへ戻るかも知れない。それよりずっと多数の難民はパレスチナへ行くことになる（投資ベースと経済開発の度合いによって吸収力が決まる）。残りは再定着しなければならない。象徴的な主張をいつまでも唱え続けるより、現実の窮状を解決する時がきている。ユダヤ人のディアスポラ（離散社会）が今でも引続き存在しているように、パレスチナ人のディアスポラが存在していくということである。アラファト議長が、この真実を認めてはっきりと表明すれば、イスラエル撃滅戦争からの転換へ向け、大きい一歩を踏み出すことになる*26。

ヤセル・アラファトがこれを拒否しただけではない。パレスチナ自治政府は、平和の動きを大きく後退させてしまった。新しい憲法にこの帰還権を含め、ロードマップに要求項目として残すことを主張した。新しく首相に選ばれたアッバスは、イスラエルの〝存在権〟を認めたものの、二〇〇三年六月一日にアメリカが求めた〝ユダヤ人国家〟としてのイスラエルの存在権、を拒否した*27。この拒否は帰還権と対を成すものであり、数百万のアラブ難民を〝帰還〟させ、人口比率を変えてイスラエルをアラブの一国にすることができる。イスラエル国民の大半は、パレスチナ人がこの非現実的要求の撤回に踏みきることを望んでいる。二〇〇〇〜二〇〇一年の和平交渉が成功しなかったのは、アラファトが撤回を拒否したためである。

この点について、調停役のひとりであるエジプトのムバラク大統領は、「パレスチナ人の〝帰還権〟要求は全く非現実的であり、金銭上の補償とアラブ諸国内での再定着で、解決しなければならない」と述べている*28。キャンプデービッドとタバでイスラエルが提示したのが、まさにこれであった。三〇〇億ドルの補償、難民に対する〝不適切〟な扱いのあったことの認知、一部難民の帰還権承認をパッケージにした内容であった。アラファトはこれを拒否し、バラクの提案は難民問題の解決にはならないと主張した。この〝帰還権〟は口実にすぎず、テロリズムではなくて人口比率の逆転によって、イスラエルを壊滅する〝権利〟を言い換えただけである。パレスチナ指導部がこの口実の〝帰還権〟を放棄しない限り、平和確立の希望は棚上げ状態におかれる。

ムスリム世界も、狂信的人種主義的主張を放棄しなければならない。〝聖なるムスリムの地〟におけるユダヤ人国家の存在は、いかに小さくても、イスラム法の侵害である、というのは、人種主義である。この馬鹿ばかしい身勝手な主張は、まず一九二〇年代に反ユダヤ主義者のグランドムフティによって唱えられ、以後PLOの民族憲章、自治政府の憲法そしてイマムの説教で引き継がれてきたが、パレスチナ指導部によって、公に否定されなければならない。ユダヤ人国家は、誕生するパレスチナ人国家と同じく、この地に存在する権利があることを、はっきりと認めなければならない。一時的な戦術として口にするのではなく、きっぱり結着をつけなければならない。

ニューヨークタイムズの論説紙面編集者イーサン・ブロンナーは、一九九一年から九七年まで中東報道記者として活動した人物であるが、ヨルダンの故フセイン国王とのインタビュー裏話を、最近発表した。アラブの世界全体がイスラエルの合法的存在を拒否する傾向にあるが、そのアラブ側指導者のなかで最も穏健な人物の間にさえも、それが根強いことを物語る。以下その裏話である。

かつて私はフセイン国王に……シオニズムは合法的運動かどうかとたずねたことがある。パレスチナの一角をホームランドにするというユダヤ人の主張に、歴史的根拠があるとお考えですか。私がこうたずねると、国王は、火星からでも来たのかといった怪訝《けげん》な目で私を見て、質問をかわした。国王は一九九九年に死亡したが、その時点で考えをやわらげていたのかもしれない。しかし、国王の反応は、今日なお、アラブ人大多数が持つ意見の一例である＊29。

ブロンナーは、〝穏健派〟パレスチナ人指導者サエブ・エレカットの考え方にも触れている。二〇〇二年のキャンプデービッドの交渉で、この穏健派指導者は、エルサレムに〝ユダヤ教の神殿は存在しなかった〟というのがムスリムの立場であると言った。歴史学者、考古学者のほぼ全員が、エルサレムの至聖所が神殿の丘にあったと主張している。それを真向うから否定する。パレスチナ人は、ユダヤ人の歴史的権利を認めたくないので、このような歴史偽造を行なう。エルサレムだけでなくイスラエルのどの地域にも、歴史上の関わりはない、と言いたいのである。

世界のアラブ・ムスリム諸国は、イスラエルの存在を事実として受け入れるだけでなく、ユダヤ人国家として平和と安全裡に生存する権利、を認めなければならない。さまざまなところで叫ばれているジェノサイドの威嚇《いかく》、あるいは妥協をすれば政治的力を失うので妥協しないといった考え方には、きっちり終止符を打たなければならない。アラブとムスリムの指導者は、イスラエルが恒久的な生存権を持つから攻撃してはならない、と同胞に対して明言しなければならない。〝今のところ〟戦術的な便宜上攻撃を控える、といった表現では駄目である。このような声明を、英語やフランス語で外交官に出すだけではなく、同胞に対してアラビア語で繰り返し述べる必要がある。

イスラエルには、内外の敵に対して恒久的な安全保障が必要であり、その構築がなければならない。それが構築されるまで、イスラエルは軍事上質的優位性を維持する必要がある。イスラエルは自分の手で国家を守る気概の国であり、生存を誰かの手にゆだねるわけにはいかない。安全保障が構築されていない限り敵性国家を全部合わせた軍事力にまさる、質的優位がこの地域の平和を守るのである。

一方、イスラエルは、二〇〇〇年にキャンプデービッドとタバで提案したように、ウエストバンクに対する要求を放棄しなければならない。国連安保理決議二四二が意図するように、安全保障上多少領土上の手直しが認められるだけである。イスラエルは、ガザ回廊、ウエストバンクの中心部全域で入植活動をやめ、撤去しなければならない。ただし、パレスチナ人が、イスラエルに居住しているように、いつかはユダヤ人もパレスチナに安全かつ自由に住めるようになるべきである。二〇〇三年五月二十五日、イスラエルのアリエル・シャロン首相は、「この地域の土地を我々とパレスチナ人で分ける時が来た」と発表した*30。シャロン政府は、パレスチナ国家の建設を含むロードマップを受諾したのである。これに応えて、パレスチナ自治政府は、パレスチナテロ組織の解体と、テロ行動の防止を実行する覚悟を示さなければならない。現在の指導者達が、ロードマップに示された責務を遂行する勇気と力があるのかどうか、これから分かる。

プリンストンのワルツァー教授は、二〇〇二年秋季号ディセント誌掲載記事で、四つの戦争が同時並行的に進行中と指摘し、次のように論じた。

第一の戦争は、イスラエル撃滅を目的とするパレスチナ人の戦争。

第二の戦争は、パレスチナ国家の建設を目的とするパレスチナ人の戦争。ウエストバンクとガザの占領に終止符をうち、イスラエルと併存する国家をつくる。

第三の戦争は、一九六七年の境界内で国家の安全を守るイスラエルの戦争。

第四の戦争は、入植地と占領地を確保し、大イスラエルを目指すイスラエルの戦争＊31。

ワルツァーによると、大多数のパレスチナ人にとって、イスラエル撃滅戦争がパレスチナ国家建設戦争より優先する。その証拠がキャンプデービッドとタバである。この交渉で、「戦争をしないで国家の建設が可能であった」が、「この提案は拒否された。何故ならば、イスラエルがユダヤ人国家として存続することになる」からである。一方大多数のイスラエル人にとってイスラエルの安全を守る防衛戦争」が「大イスラエル」戦争に優先する。例えば、バラク政権は、国民大多数に支持され、真の平和と安全保障と交換に、占領終結と入植地解体の用意があった。しかしアラファト議長は、代案を示すことなくバラク提案を拒否して席を立ったのである。

平和が現実のものになるためには、第一の戦争（イスラエル撃滅）を支持するパレスチナ人が、その戦争は達成不可能であるのみならず、間違っていることを、はっきり認識するようにならなければならない。また、第四の戦争（占領の永続と入植地のネットワーク化）を支持するイスラエル人も、同じである。問題は、第四の戦争を信じるイスラエル人より、第一の戦争を信じるパレスチナ人の数が、はるかに多く、このパレスチナ人達の暴力思考がはるかに強いということである。彼らは、ユダヤ人国家の撃滅というあさましい目的を達成するため、破壊的かつ不毛のテロを支持する。

平和へ向かうには、やはり基本姿勢が最も重要である。パレスチナ人指導者は子供の教育を基本から改め、ユダヤ人、イスラエル国民憎悪の教えをやめなければならない。イスラエルの存在しない地図、あるいはイスラエルが塗りつぶされた地図の発行をやめ、いつの日かムスリムのためのイスラエルへ帰還すると信じこませる〝難民〟幻惑はやめなければならない。イスラエル側指導者は、入植地を奨励するようなことをやめ、ジュディア・サマリア地方(ウエストバンク)の広域を含む大イスラエルの幻想を抱く者の考え方を、否定しなければならない。聖書を大義名分にする主張は放棄し、現実的な妥協の道を選択しなければならない。ムスリムも然りである。コーランを盾にとった主張は棄てなければならない。一番重要なのは、国際社会、学界左翼、宗教指導者、そして善意の人の姿勢である。このユダヤ人国家は、住民保護のため理性的に行動しつつ平和のパートナーを求めている。それを鬼神の如く扱い、おとしめ、合法的存在としての国家を否定することをやめなければならない。この思慮なき一方的イスラエル非難は、それ自体が平和の大きい障害になっている。

アメリカのビル・クリントン元大統領、イスラエルのエフド・バラク元首相が提案した二国併存による問題解決提案の内容は、アリエル・シャロン首相が受け入れた。自治政府のアッバス(アブマゼン)首相も前向きのようである。この提案内容は、パレスチナ人とイスラエル人双方に有望な将来を約束している。イスラエルの安全に脅威を与えない、経済基盤を持つ民主的パレスチナ国家の誕生である。民主主義国家は互いに戦争をしない。経済基盤を持つ民主主義国家は、国家間の問題を話合いで解決し、国内から相手国へテロ集団を発進させるようなことをしない。イスラエルとパレスチナは、非現実的主張を放棄し、平和裡に生存する権利を互いに認めて共存すれば、危機感の強まる世界を照らす、進歩、発展そして希望の灯台になる。

筆者は、慎重ながら楽観的気持ちでこの最終章を執筆している。イスラエルのシャロン首相、パレスチナ自治政府のアッバス首相、ヨルダンのアブダッラー国王そして我国のブッシュ大統領がアカバで握手し、平和と和解を語り合うさまを、テレビで見たところである。しかし、多年に及ぶ流血の後である。握手だけで、和解の言葉を口にしただけで、平和になるわけではない。相互信頼を築きあげるには、長期に及ぶ困難な和解作業が必要である。

アカバ首脳会議の当日、ヤセル・アラファト議長が、イスラエルは〝具体的には何もない〟提案しかしていないと文句を述べ、パレスチナ過激派が暴力継続の意志を表明した。アッバスさえも、ユダヤ人国家としての存在権を認めず、人口上からのイスラエル抹殺の選択肢を手にしたままのようである。

同じ日、ウエストバンクの一部ユダヤ人入植者が〝ブッシュのロードマップは創造主のロードマップと衝突する〟と書いたプラカードを掲げて、反対デモを行なった。その一方で良いニュースもある。相当数の入植者を含め、圧倒的大多数のイスラエル国民は、ロードマップを履行する用意があると考えられる。ただし、暴力で阻止されず、ロードマップが永続性のある平和と真の二国併存（ユダヤ人が多数派を占める国、アラブ人が多数派を占める国の二国共存）へ至ることが条件である。パレスチナ人もかなりの数が、平和のために妥協する用意があるように見える。

二国の平和的共存が現実のものとなれば、万人にとって祝福となる。しかし、それには苦々しい思いが付随している。このフェアで道理の通った解決は、アラブ側指導部がピール調査委員会勧告をはねつけず、国連の分割決議あるいはキャンプデービット・タバ提案を拒否しなければ、とうの昔に達成されていたはずである。ユダヤ人が歴史的郷土の一角を開拓し、多数派を形成したその地域に、小さい国家を平和的に建設しようとした。しかし、アラブ側指導者があれ程多数その権利を認めようとせず、繰り返し拒否して、多数の人の命が無駄に失われたのである。流血の過去を繰返さず、これを避けた序章がこれから始まるためには、我々は不必要に多くの命を奪った悲劇的過ちから、学ばなければならない。

筆者は、本書でイスラエルの主張を明らかにしたが、ここで筆を擱《お》く。しかしながら、国の防衛は、ユダヤ人国家に関わる場合、一刻の休息も許されない。イスラエルが、二国併存による問題の解決と平和をめざして進んでいっても、イスラエルの壊滅をめざす勢力が常に存在する。爆弾で武装した者もいれば、なかには偏執的思想で身を固めた者もいるが、民主独立の強いユダヤ人国家の存在に我慢できない人々である。イスラエルの存在を許せない者が、虎視眈々としている。そのためイスラエルの防衛には、今なお国民を守る能力の維持と、生き抜くための断固たる決意が不可欠なのである。

脚 注

まえがき

1. Thomas Friedman, "Campus Hypocrisy," *New York Times*, October 16, 2002
2. 本書 28 章参照 .
3. 本書 28 章参照 .
4. ユーゴスラビアの線に沿った連邦案は，次の書で論じられている．*Middle East Illusions* (Oxford: Rowman & Littlefield, 2003), pp. 105-106　なお，レバノンモデルは 1970 年に筆者と論争した際，チョムスキーが述べたもの．
5. *Atlantic Unbound* (*Atlantic Monthly* の オンライン版)．1999 年 9 月 22 日付モリスによるサイードとのインタビュー，www.theatlantic.com/unbound/interview/ba990992.htm
6. 次を参照 , Benny Morris, *Righteous Victims* (New York: Vintage Books, 2001) ,p.xiv
7. 本書 9 章参照 .
8. *Atlantic Unbound*, September 22,1999
9. 本書 17 章参照 .
10. 本書 17 章参照 .
11. 本書 16 及び 17 章参照 .
12. 本書 17 章参照 .
13. James Bennet, "Arafat's Edge: Violence and Time on His Side," *New York Times*, March 18, 2002.
14. Bruce Hoffman, "The Logic of Suicide Terrorism," *Atlantic Monthly*, June 2003, p.45.
15. 本書 18 章参照 .

1 章

1. "What Went Wrong?" *Al-Ahram Weekly* (Egypt) December 12-18, 2002　*Al-Ahram Weekly* 記事は次に掲載．http://weekly.ahram.org.eg
2. Radio 786, May 23, 2002
3. ガンジー宛ブーバー書簡．次からの引　用 Arthur Herzberg, *The Zionist Idea* (Philadelphia: Jewish Publication Society, 1997), p.464.
4. Paul Johnson, *Modern Times: The World from the Twenties to the Nineties* (New York: Harper & Row, 1983), p.485.
5. パレスチナに難を逃れたユダヤ人 1 万人は当地人口の約 2% に当たる．一方，アメリカに難を逃れて移住したユダヤ人 100 万人は当地人口の約 2% に当たる．
6. Martin Gilbert, *The Routledge Atlas of the Arab-Israeli Conflict*, 7th Edition (London: Routledge Taylor Francis Group, 2002), p.1.
7. Clayton Miles Lehmann, "Palestine," www.usd.edu/erp/Palestine/history.htm
8. Yitzhak Ben-Zvi, *The Exiled and the Redeemed* (Philadelphia: Jewish Publication Society, 1961), pp.44-45.
9. Sheikh Abd Allah Al Meshad, "Jews' Attitudes toward Islam and Muslims in the First Islamic ERE," 次からの引用 D.F. Green,ed., *Arab Theologians on Jews and Israel* (Geneva: Editions de I'Avenir, 1976).
10. *Palestine Royal Commission Report (Peel Report)* (London: His Majesty's Stationary Office, 1937), pp.11-12.
11. James Finn to Earl of Clarencon, January 1, 1858. 本書簡及び下記の書簡は次に収録．Albert Hyamson, The British Consulate in Jerusalem (London: Jewish Historical Society, 1941).
12. James Finn to Viscount Palmerston, November 7, 1851.
13. Jacob de Haas, *History of Palestine* (New York:

Macmillan, 1934), p.393.

14. Wm. T. Young to Colonel Patrick Campbell, May 25, 1839.
15. Wm. T. Young to Viscount Palmerston, May 25, 1839.
16. Wm. T. Young to Viscount Canning, January 13, 1842（A. Benisch による同封）.

2章

1. Kenneth R. Timmerman, *Insight on the News*, November 26, 2002.
2. "A Colonizing Project Built on Lies," *CounterPunch* (www.counterpunch.org), April 18, 2002.
3. Center for Policy Analysis on Palestine Federal News Service, January 17, 1992.
4. 1986年10月24日付 David Barsamian とのインタビューで下記に収録．Noam Chomsky, *Chronicles of Dissent* (Monroe, Me.: Common Courage Press, 1992).
5. Mark Twain, *The Innocents Abroad* (New York: Oxford University Press, 1996), pp.485, 508, 520, 607-608.
6. Efraim Karsh, *Fabricating Israeli History; the "New Historians"* (London: Frank Cass, 1977), pp.4-6.
7. Ethan Bronner, Book Review, *New York Times*, November 14, 1999. モリスはイスラエルの政策，決定，行動の多くに依然として批判的であるが，パレスチナ人に対しては，キャンプデービッド・タバ交渉 (2000-2001) でアラファトがバラク・クリントン平和提案を拒否して以来，以前より厳しく批判するようになった．次を参照．Benny Morris, "The Rejection," *New Republic*, April21-28, 2003.
8. Morris, p.123.
9. Morris, p.111
10. Abraham Granott, *The Land System in Palestine: History and Structure* (London: Eyre & Spottiswoode, 1952), p.278.
11. Edward Said and Christopher Hitchens, eds., *Blaming the Victims* (London: Verso, 2001).
12. Shabtai Teveth, *David Ben Gurion and the Palestinian Arabs* (New York: Oxford University Press, 1985), P.32.
13. Jamal Husseini, February 9, 1939, 次に引用．Arieh Avneri, *The Claim of Dispossession* (New Brunswick: Transaction Books, 1984), p.11.
14. M.Shahid Alam, "A Colonizing Built on Lies," *CounterPunch*, www.counterpunch. org, April 18, 2002.
15. James Parks, *Whose Land? A History of the Peoples of Palestine* (New York: Taplinger, 1971), p.212. 次に引用．Joan Peters, *From Time Immemorial* (Chicago: JKAP Publications, 1984), p.156.
16. Avneri, p. 11.
17. James Finn to the Earl of Clarendon, September 15, 1857.
18. Ibid.
19. J.B. Forsyth, *A Few Months in the East* (Quebec: J. Lovell, 1861), P.188. 次に引用．Peters, p. 159.
20. H.B. Tristram, *The Land of Israel: A Journal of Travels in Palestine* (London: Society for Promoting Christian Knowledge, 1866), p.494.
21. Samuel Bartlett, *From Egypt to Palestine* (New York: Harper, 1879), p.409. 次に引用．Fred Gottheil, "The Population of Palestine, Circa 1875," Middle Eastern Studies, vol. 15 no. 3, October 1979.
22. Edward Wilson, *In Scripture Lands* (New York: C. Scribner's, 1890), p.316. 次に引用．Gottheil.

23. W. Allen, *The Dead Sea: A New Route to India* (London: 1855), p.113. 次に引用. Gottheil.
24. William Thomson, *The Land and the Book* (New York: Harper Bros., 1871), p.466. 次に引用. Gottheil.
25. Reverend Samuel Manning, *Those Holy Fields* (London: The Religious Tract Society, 1874), pp.14-17.
26. Roderic H. Davison, *Reform in the Ottoman Empire* (Princeton: Princeton University Press, 1963) p.69.
27. Morris, p.6.
28. Ibid.
29. John Lewis Burckhardt, *Travels in Syria and the Holy Land* (London: 1882), p.299. 次に引用. Peters, p.163.
30. 本書 6 章を参照.
31. フランスの地理学者キュイネ (Vital Cuinet) の調査結果に基く結論. ペーターズ (J. Peters) の結論とデータには反論が寄せられている. Said and Hitchens. p.33 を参照. 筆者はペーターズの人口動態資料や結論に依拠していない. ただ, 彼女の書に掲載された当時の見聞記等の史料を引用している.
32. A. Druyanow, *Ketavim Letoldot Hibbat Ziyyon Ve-Yishshuv Erez Yisrael* (Odessa, Tel Aviv, 1919, 1925, 1932), vol. 3, pp.66-67.
33. Ernst Frankenstein, *Justice for my People* (London: Nicholosn & Watson, 1943), p.127.
34. Peters, P.223-224.
35. Peters, p.11.
36. King Abdullah of Jordan, *My Memoirs Completed*, Harold W. Glidden, trans. (London: Longman, 1978), pp.88-89.

3 章

1. *The Question of Palestine* (New York: Vintage Books, 1992 ed.), p.84.
2. ハーバード大学における講演, 2002 年 11 月 25 日（ビデオテープ).
3. Morris, p.25.
4. Ibid.
5. Ibid., p.57.
6. Ibid.
7. Ibid.
8. Ibid., pp.57-59.

4 章

1. *The Question of Palestine* (New York: Vintage Books, 1992 ed.), p.15-16.
2. "Why We are on the Side of Justice," *Sunday Mail* (Australia), April 7, 2002.
3. Morris, p.71.
4. Ibid., p.72.
5. Ibid.
6. Ibid., p.75
7. Ibid., p.74.
8. *Peel Report*, p.24.
9. Ibid., p.25.
10. Ibid., p.33.
11. Ibid., P.41.
12. 次に引用. Morris, p. 82.
13. ヨルダンの国籍法 No.6 第 3 条 (3), 1954 年 2 月 16 日官報 No.1171.
14. *Peel Report*, p.308.
15. 次に引用. Morris, p.91.
16. Walter Laqueur and Barry Rubin, *The Israel- Arab Reader*. 6th Edition (New York: Penguin, 2001), p.19.
17. Ibid.

5 章

1. *The Question of Palestine*, pp.12-13.

2. Ibid., p.101.
3. Morris, p.95.
4. Ibid., P.96.
5. 次に引用． Morris, p.96.
6. Morris, p.100.
7. 筆者は反ユダヤ主義を，セム族全体ではなくユダヤ人に対する憎悪という従来の意味で使用している．
8. 次に引用 .Peters, p.37.
9. 1943 年 6 月 28 日付ハンガリー外相宛フセイニの書簡．
10. Morris, p.76.
11. Ibid, p.76.
12. 証言，次に引用． *Peel Report*, p.141.
13. Ibid.
14. Morris, p.112.
15. Ibid., p.113.
16. Ibid., p.114.
17. *Peel Report*, P.68.
18. Morris, p.116. モリスは，どっちも悪いと言いたげに，アラブ人 116 人が殺されたと書いた．しかし，そのほとんどは武器を持つ加害者あり，警官隊に殺されたのである．非武装の一般住民ではない．次を参照． *Peel Report*, p.68.
19. Morris, 次を引用． Sir John Chancellor, p.116.
20. *Peel Report*, p.68.
21. 反シオニズムの立場をあからさまにする高等弁務官が，バルファオ宣言を何と考えようとも，当時これは国際的拘束力を持つ宣言であり，イギリスは自ら起案したとはいえ，一方的にこれを破棄できるものではなかったのである．

6 章

1. "Can Zionism Be Reconciled with Justice for the Palestinians?" *Tikkun*, July-August 2000.
2. "Middle East Diplomacy: Continuities and Change," Z magazine, December 1991, available at www.zmag.org/chomsky（最後の検索は 2000 年 11 月 25 日）．
3. ハーバード大学における講演，2002 年 11 月 25 日．
4. *Peel Report*, p.2.
5. Ibid., pp.106-107.
6. Ibid., p.59.
7. Ibid., p.61.
8. Ibid., pp.116-117.
9. Ibid., p.370.
10. Ibid., p.371.
11. Ibid., pp.141.
12. Ibid., p.375-376.
13. Ibid., p.389.
14. Ibid., pp.394-395.
15. Ibid., p.395.
16. Ibid., p.141.
17. Ian Bickerton and Carla Klausner, *A Concise History of the Arab-Israeli Conflict* (Upper Saddle River, N. J.: Prentice Hall, 2002), P.56.
18. Ibid.
19. *Peel Report*, p.147.
20. Michael Oren, *Six Days of War* (Oxford: Oxford University Press, 2002), P.93.

7 章

1. Norman G. Finkelstein, *The Holocaust Industry: Reflections of the Exploitation of Jewish Suffering* (London: Verso, 2001).
2. Morris, p.125.
3. Morris, P.124.
4. Ibid., p.137.
5. 次に引用． Morris, p.137.
6. Morris, pp.130, 134.
7. Sarah Honig, "Fiendish Hypocrisy II: The Man from Klopstock St.," *Jerusalem Post*,

April 6, 2001.

8. Germany, Auswartiges Amt., *Documents on German Foreign Policy*, 1918-1945, ドイツ外務省資料館資料 D, vol. XIII, no.515, (Washington, D.C.: U.S. Government Printing Office, 1949), pp.881-885. www.psych.upenn.edu/~fjgil/muftihitler.htm.
9. 次を参照. Zvi Elpeleg, *The Grand Mufti* (London: Frank Cass, 1993), p.100.
10. Itamar Marcus, "Nazi Alley, Hajj Amen Al Husseini Is Arafat's 'Hero,'" *Palestinian Media Watch*, www.pmw.org.il/new/bulletins-050802.html.
11. Said and Hitchens, p.248.
12. Ibid.
13. Morris, p.166.
14. Ibid., p.165.
15. PA 日刊紙 , *Al-Hayat Al-Jadeeda*, September 1, 1997.
16. Elpeleg, p.164.
17. Martin Gilbert, *Winston S. Churchill*, vol.VII (London: Heinemann, 1966), pp.90, 154.
18. "'Dialogue of Civilizations Seeks International Democracy,' States President Khatami, Tehran, February 27, 2001," ハタミ大統領,「諸文明の対話は, 国際民主主義を指向する」と言明, 2001 年 2 月 27 日, テヘラン, 文明間対話国際センター (the International Centre for Dialogue among Civilizations) のウエブサイト, www.dialoguecentre.org/news_detail 2.htm.
19. Morris, p.11.
20. Ibid.
21. Elie Kedourie, 次に引用. Morris, p.9.
22. Morris, p.39.
23. Alan Dershowitz, *Shouting Fire: Civil Liberties in a Turbulent Age* (Boston: Little, Brown, 2002), pp.33-48.
24. London Times, December 1, 1947.
25. *Peel Report*, p.124.

8 章

1. Ari Shavit とのインタビュー, "My Right of Return," *Ha'aretz*, August 18, 2000.
2. ベルギー人ジャーナリスト Baudoin Loos のインタビュー, "An Interview of Ilan Pappe," *Le Soir* (Belgium), November 29, 1999.
3. Faisal Bodi, "Israel Surely Has No Right to Exist," *The Guardian*, January 3, 2001. この立場はパレスチナ民族憲章 (1968) に反映されている.
4. 本書 1 章を参照.

9 章

1. "A World-Wide Intifada? Why?" *CounterPunch*, www.counterpunch.org/cook1207.tml (最後の検索は 2003 年 4 月 6 日).
2. "Israel: Five Decades of Pillage and Ethnic Cleansing," Marxism Alive Website, www.marxismalive.org/israelfive3.html (最後の検索は 2003 年 4 月 6 日).
3. これはピール調査委員会提案についても言える. 反シオニストの論争家ノーマン・フィンケルシュタインは,「アラブ人とユダヤ人の正しい人口比較はパレスチナ全域を対象とすべきであり, 後年イスラエルとなったパレスチナ域における人口比較は議論の余地がある」と主張する. Said and Hitchens. P.65. これは正しくない. 1947 年の国連分割決議がフェアであったことを検証するには, 決議がユダヤ人国家として割り当てた地域のユダヤ, アラブの人口比較をすべきである. アラブ諸国軍とパレスチナ武装集団の攻撃で始まった戦争で，イスラエルは少し領土をひろげた．即ち，1949年時点における領土域を対象として国連決議がフェアかどうかを論じるのは適切ではない．

10章

1. Arie Shavitとのインタビュー "My Right to Return," *Ha'aretz*, August 18, 2000.
2. Elpeleg, pp.45-46.
3. PAラジオの説教放送, 1999年4月30日．イスラエル首相府報告で公開．次に引用．*Boston Globe*, June 30, 2002.
4. Nissim Ratzlav-Katz, "Joseph's Inheritance," *National Review*, August 8, 2002; and Charles A. Radin, "Sacred Sites Caught in Historic Conflict," *Boston Globe*, June 30, 2002.
5. 本書16章を参照．
6. "Fifty Years of Dispossession," *Al-Ahram Weekly*, May 7-13, 1998.
7. New York Times, May 18, 2002.
8. 次に引用．Yedidya Atlas "Arafat's Secret Agenda is to Wear Israelis Out," *Insight on the News*, April 1, 1996, p.16. 本件は最初ノルウェー日刊紙Dagenで報道され，各紙に広く引用された．
9. 上院歳出委員会の通商，国務，司法分科会の公聴会におけるウォーレン・ラドマン上院議員による引用．April 13, 1989.

11章

1. "Zionist Theses and Anti-Theses," *The Palestine Chronicle*, November 27, 2002; www.palestinechronicle.com/article.php?story=2002112719193028（最後の検索は2003年4月7日）.
2. APリポート，*The Morning Call*, Allentown, Pa., May 17, 1948.
3. Morris, p.201.
4. Ibid.
5. Ibid., p.219.
6. Said and Hitchens, p.266.
7. Morris., p.233.
8. Ibid.
9. Ibid., p.221.
10. Ibid., pp.221-222.

12章

1. "Calling a Spade a Spade," *Al-Ahram Weekly*, September 6-12, 2001.
2. Arie Shavitとのインタビュー "My Right to Return," *Ha'aretz*, August 18, 2000.
3. ハーバード大学における講演，2002年11月25日．
4. Morris, p.214.
5. Ibid., p.204.
6. これから見ていくように，アラブ人住民がターゲットになった希なケースがあるが，イスラエル国防軍ではなく非正規の准軍事組織によるものであった．国防軍の誕生で准軍事組織は解体，武力は統一された．
7. Morris, p.255.
8. Ibid., p.256.
9. Ibid.
10. Larry Collins and Dominique Lapierre, *O Jerusalem* (New York: Simon & Schuster, 1972), p.400.
11. *Peel Report*, p.141.
12. Morris, p.219.
13. Ibid., p.223.
14. Martin Gilbert, *Israel: A History* (New York: William Morrow and Co., 1998), p.216.
15. Morris, p.208.
16. Ibid., p.209. 最初の話では死者254人で

あったが，この数字は誇張であることが判明した．

17. 次を参照． Uri Milstein, *History of Israeli War of Independence*, vol. Ⅳ ed. By Alan Sacks (Lanham, Md.: University Press of America, 1996) p.262.
18. Morris, p. 209.
19. BBC Report, *Israel and the Arabs: The 50 Year Conflict*.
20. Ibid.
21. Morris, p.209.
22. 個人や准軍事組織のからんだ虐殺の話が他にもあるか．デイルヤシン程の規模と重大性をもつものはない．
23. Morris, p.211.
24. Ibid., p.212.
25. Benny Morris, *The Birth of the Palestinian Refugee Problem (The Birth)* (Cambridge: Cambridge University Press, 1988), pp.286-289.
26. Ibid., P.289.
27. Ibid.
28. Ibid., P.290.
29. Ibid., p.296.
30. ハーバード大学における講演，2002 年 11 月 25 日．
31. 次に引用． Peters. p.16.
32. "Abu Mazen Charges that the Arab States Are the Cause of the Palestinian Refugee Problem," *Wall Street Journal*, June 5, 2003.
33. Peter Dodd, *River Without Bridges* (Beirut: Institute for Palestine Studies, 1969), p.43; 次に引用． Peters, p.445 n.21.
34. 次に引用． Peters, p.13.
35. General Assembly official records: 3rd session, supplement no. 11 (A/648), Paris, 1948, p.47.

36 Morris, p.253.

37. 次に引用． Peters, p.13.
38. 次に引用． Peters, p.22.
39. Morris, p.253.
40. Ibid.
41. Ruth Lapidoth, "Legal Aspects of the Palestinian Refugee Question," Jerusalem Center for Public Affairs, no.485, 24 Elul 5762, www,jcpa.org/jl/vp485.htm.
42. 次を参照． www.unhcr.ch (Office of the High Commissioner for Human Rights), www.un.org/unrwa/index.html (United Nations Relief and Works Agency).
43. Erik Schecter, "Divided Responsibilities: The U.N. and the Refugees," *The Jerusalem Report*, January 29, 2002; UNHCR, "Who Is a Refugee?" 次で参照． www.unhcr.org.（最後の検索は 2003 年 3 月 13 日），難民の地位に関する会議 (1951 Convention Relating to the Status of Refugees) に言及；UNRWA, "Who Is a Palestinian Refugee?" available at www.un.org./unrwa/refugees/pl .htm（最後の検索は 2003 年 3 月 13 日）．
44. ヨルダン国王 (King Hussein) インタビュー，AP January 1960; 次に引用． Peters, p.23.
45. David G. Littman, "The Forgotten Refugees," *National Review*, December 3, 2002.
46. Howard Sachar, *A History of Israel* (New York: Knopf,1976), pp.398-401.
47. 次に引用． Peter. p.29-30.
48. Daniel Doron, "Palestinian Lies and Western Complicity," *National Review*, August 14, 2002.
49. Bernard Caplan, "Muslim Also Targeted Jerusalem's Christians," *Richmond Post Dispatch*, June 29, 1997.

13 章

1. "International Community Bargains

with Rights of Palestinians," *Aftenposten* (Norwegian daily), Spectre e-magazine のサイトに掲載. www.spectrezine.org/war/Palestine.（最後の検索は 2003 年 4 月 6 日）.
2. Oren, p.93.
3. Ibid., p.84.
4. Morris, p.306.
5. Ibid., p.310.
6. 次に引用 .Oren, p.253.
7. Morris, p.310.
8. Ibid., p.310.
9. Oren, p.92.
10. Ibid., p.63.
11. Ibid., p.82.
12. Ibid., p.99.
13. Ibid., p.186-187.
14. Ibid., p.186.
15. Ibid., p.306.
16. Ibid., pp.306-307.

14 章

1. 英人ジャーナリスト John Pilger の反イスラエル・ドキュメンタリー映画を擁護する手紙 . "Letter: Faultless Film," *The Independent* (Britain), September 23, 2002.
2. "War on Terrorism or Illegal Occupation?" *War Times Newspaper*, www.war-times.org/pdf/palestine020405.pdf（最後の検索は 2002 年 11 月 25 日）.
3. U.N. Security Council, Resolution 242, November 22, 1967.
4. Morris, p.330.
5. Ibid.
6. Ibid.
7. Ibid.
8. Abba Eban, *Abba Eban* (New York: Random House, 1977), p.446.
9. ハーバード大学における講演, 2002 年 11 月 25 日.

15 章

1. Laqueur and Rubin, p.143.
2. "The Spirit of October," *Al-Ahram Weekly* (Egypt), October 8-14, 1998.
3. Morris, p.390.
4. Ibid, P.413.
5. 次に引用. Morris, p.406.
6. Morris, p.419.
7. Ibid., p.223.
8. 次に引用. Laqueur and Rubin, p.148.
9. Ibid., p.143.
10. Morris, p.387.
11. Tom Masland, "Nelson Mandela: The U.S.A. Is a Threat to World Peace," *Newsweek*, September 10, 2002.
12. Morris, p.632.

16 章

1. "Israel Sharpens Its Axe," *CounterPunch*, July 13, 2001, www.counterpunch.org/saidaxe.html（最後の検索は 2003 年 4 月 5 日）.
2. ハーバード大学における講演, 2002 年 11 月 25 日.
3. Morris, p.578.
4. Laqueur and Rubin, pp.341-348.
5. Morris, pp.578-579.
6. Report, *Jews, Israel and Peace in Palestinian School Textbooks*, www.edume.org/reports/7/I.htm.
7. Itmar Marcus, "Palestine Media Watch Report #37," July 2, 2001. 次で参照可. www.pmw.org.il/report-37.html.
8. Morris, p.581.
9. Ibid., p.596.
10. 1991 年の場合, イスラエルの対テロ行動で死亡したパレスチナ人は約 100 人. これに対しパレスチナ人自身によって殺されたパレスチナ人は約150人であった. Morris, p.612.
11. Ephraim Yaar and Tamar Hemrann, "Peace Index: Most Israelis Support Attack on Iraq," Ha'aretz, March 6, 2003.
12. Thomas Friedman, *New York* Times, March, 18, 2002.
13. Serge Schmemann, "Mideast Turmoil: The Talks," *New York Times*, April 3, 2002.
14. Thomas Friedman, "The Hard Truth," *New York Times*, April 3, 2002.
15. "Clinton Minutes," *Ha'aretz*, December 31, 2000.
16. Ibid.
17. Benny Morris, "Camp David and After: An Exchange. (1) An Interview with Ehud Barak," *New York Review of Books*, June 13, 2002.
18. Laqueur and Rubin, pp.565-567.
19. Alan Dershowitz, *Why Terrorism Works* (New Haven, Conn.: Yale University Press, 2002), P.79. Khaled Abu Toameh, "How the War Began," *Jerusalem Post*, September 20, 2002.
20. *Guardian* (London), January 25, 2001.
21. Joel Brinkley, April 4, 2002.
22. 次に引用. *Why Terrorism Works*, p.82.
23. *New York Times*, 次に引用. Why Terrorism Works, pp.79-80.
24. Scott Atran, "Who wants to be a Martyr," *New York Times*, May 5, 2003, p.A27.
25. *Why Terrorism Works*, p.80.
26. Ibid, p.81.
27. Ibid.
28. Ibid.

17章

1. "The Infernal Scapegoat," September 25, 2001, www.mideastweb.org/infernalscapegoat.html
2. ハーバード大学における講演, 2002年11月25日.
3. M. Kondracke, "Powell Should Tell Arafat: 'It's Now or Never,'" *Roll Call*, April 11, 2002.
4. Elsa Walsh, "The Prince," *The New Yorker*, March 24, 2003, p.61.
5. James Bennet, "Skipper Ties Cargo to Arafat's Group," *New York Times*, January 7, 2002.
6. バンダル王子がアメリカ側交渉担当者から受けた説明内容.
7. The New Yorker, March 24, 2003, p.55.
8. Ibid., pp.49, 58.
9. Ibid., p.49.
10. Ibid.
11. Ibid., p.59.
12. Ibid., p.57.
13. Benny Morris, "Rejection," *The New Republic*, April 21-28, 2003, p.37.

18章

1. CNN's *Crossfire*, April 4, 2002, Rev. Jerry Falwellのコメントへの答え.
2. "Mideast Peace Visions Shared," *The Journal News* (Westchester County, N.Y.), March 4, 2002, 次を引用. Abbas Hamideh, cochairman of the New York-New Jersey branch of the Al-Awda Palestine Right to Return Coalition.
3. Ajuri v. I.D.F. *Commander*, HCJ (Israeli Supreme Court) 7015/02, September 3, 2002.
4. Bruce Hoffman, "The Logic of Suicide Terrorism," *Atlantic Monthly*, June 2003, p.45.
5. "The Ambulance-Homicide Theory," *New York Times Magazine*, December 15, 2002,

p.66.
6. *Jerusalem Post*, April 18, 2002.
7. *Jerusalem Post*, May 22, 2001.
8. *Chicago Tribune*, April 5, 1994.
9. Ellis Shuman, German TV, "Mohamed Adura Likely Killed by Palestinian Gunfire," 次も参照. James Fallows, "Who Shot Mohammed Al-Dura," Atlantic Monthly, June 2003, p.49.
10. 次に引用. Jean Elshtain, *Just War against Terror* (New York: Basic Books, 2003), p.87.
11. Ibid.
12. David F. Green, "Fighting by the Book," Boston Globe, April 20, 2003.
13. Ibid. IDF Update, June 23, 2003.
14. Dan Radlauer, ICT Associate, "The 'Al-Aqsa Intifada': An Engineered Tragedy," June 20, 2002, www.ict.org.il.「全体的にみると，死者数はイスラエル人よりパレスチナ人の方が多い．しかし，女性の死亡数を比較すると，イスラエル人女性の死亡数がはるかに多い．信頼のおける複数の資料を照合すると，インティファダで死亡した女子，婦人の数はイスラエル人 219 名，パレスチナ人 92 名で，ほぼ 2.5 対 1 である．非戦闘員女性の被害（死亡）に限定すれば，もっと差がつき，イスラエル人女性 214 人に対しパレスチナ人女性 69 人で，比率は 3 対 1 になる」
15. Phyllis Chesler, *The New Anti-Semitism* (John Wiley & Sons, advance proof), p.117.
16. Karen Birchard, "Hep B Case Makes Suicide Bombers an Infection Risk," *Medical Post*, MacLean Hunter Ltd., September 10, 2002.
17. Ibid.
18. Ibid.
19. Michael Ledeen, "Hebrew U Survivor: An Interview with Eliad Moreh," *National Review* online, August 6, 2002.
20. "Hepatitis Spread Via Suicide Bombers," *The Straits Times* (Singapore), July 26, 2002.
21. "Israeli soldier given 49 day in jail for killing Palestinian boy," *Deutshe Presse Agentur*, February 25, 2001.
22. James Bennet, "Arafat's Edge: Violence and Time, on His Side," *New York Times*, March 18, 2002.
23. Thomas Friedman, "Suicidal Lies," *New York Times*, March 31, 2002.
24. Said and Hitchens, p.159.
25. "Hate Goes High Tech," *Frontline* magazine, Winter 2003, p.5.
26. "Israel Kills a Top Hamas Leader," *New York Times*, March 8, 2003.
27. Anne Bayefsky, "Human Rights Groups Have Less Than Noble Agendas," *Chicago Sun Times*, April 6, 2003. 公に入手できる記録文書があることを考えれば，この声明は極めて異常である．その文書には，パレスチナ人児童及び未成年者によるテロのデータ（日時，場所，犯人名を記録）が含まれる．次を参照．Jeremy Cooke, "School Trains Suicide Bombers," *BBC News*, July 18, 2001; Justus Reed Weiner, "Palestinian Children and the Cult of Martyrdom," *Harvard Israel Review*, Summer 2003; "Participation of Children and Teenagers in Terrorist Activity during the 'Al-Aqsa' Intifada," www.mfa.gov.il.
28. Elshtain, p.104, 次を引用. Gerhardt Rempel, Hitler's Children (Chapel Hill: University of North Carolina Press, 1989), pp.233k, 241.
29. Elshtain, p.104.
30. Israeli Security Forces, "Blackmailing Young

Women into Suicide Terrorism," Israeli Ministry of Foreign Affairs Report, February 12, 2002. www.mfa.gov.il/mfa/go.asp?MFAH0n2a0

31. Itmar Marcus, Bulletin e-mail for *Palestinian Media Watch*, December 2, 2002.
32. James Bennet, "The Mideast Turmoil: Killer of 3; How 2 Took the Path of Suicide Bombers," *New York Times*, May 30, 2003.
33. ハマスの幹部工作員 Slaim Haga 及びタンジム工作員 Ahmed Moughrabi の陳述.
34. Thomas L. Friedman, "The Core of Muslim Rage," *New York Times*, March 6, 2002, 次に引用. Why Terrorism Works, pp.89-90.
35. Atlanta Journal Constitution, www.ajc.com/news/content/news/0603/10iraqdead.html（最後の検索は 2003 年 6 月 11 日).

19 章

1. "Uninteresting Terrorism and Insignificant Opperssion," *All Things New*, www.scmcanada.org/atn/atn95/atn952_p19.html
2. *Leon v. Wainwright*, 734 F.2d 770, 772-773 (11th Cir. 1984), 次に引用. *Why Terrorism Works*, p.125. 次も参照. *Chavez v. Martinez* (slip opinion, U.S. Supreme Court, No.01-1444). 2003 年 5 月 27 日, 連邦最高裁は, 鋭く見解が対立するなか, 次のように判決した. 即ち, 陳述を得る目的で被疑者を拷問する行為は, その陳述が犯罪事件において被疑者に不利と認められない限り, それ自体米国憲法修正第 5 条（法の手続きなしに市民の生命, 自由, 財産を奪うことを禁じる）によって認められた自己負罪（証言が自己を有罪に至らしめる）をまぬがれる権利の侵害にはあたらない. しかしながら, 極端な事例では法の適正手続きの侵害になる場合もある.
3. Richard Bernstein, "Kidnapping Has Germans Debating Police Torture," *New York Times*, April 10, 2003.
4. *Public Committee against Torture v. State of Israel*, HCJ (Israeli Supreme Court) 5100/94, July 15, 1999.
5. Ibid.
6. 抗議文. Adri Kems（アムネスティ・インターナショナルのオランダ支部長）から Dr. Mario Soare へ（人権賞 Justicio en el Mundo をバラク最高裁長官に授与した件に関する抗議).
7. *Leon v. Wainwright*, 734 F.2d at 772-773.
8. Raymond Bonner, et al., "Questioning Terror Suspects in a Dark and Surreal World," *New York Times*, March 9, 2003.
9. ひとりの人が, ゆさぶりを続けた後死亡した. しかし, 独立の調査委員会は, 前には判らなかった医学的状態に起因するとした. *Public Committee Against Torture*, HCJ (Israeli Supreme Court) 5100/94. July 15, 1999.
10. "Committee against Torture Concludes Eighteenth Session Geneva, 28 April-9 May," 1997 U.N. Press Release HR/4326.
11. Raymond Bonner, *New York Times*, March 9, 2003.
12. Ibid.
13. Jess Bravin and Gary Fields, "How Do Interrogators Make Terrorists Talk," Wall Street Journal, March 3, 2003.
14. *Al Odah v. United States*, 321 F.3d 1134 (2003).

20 章

1. www.mediamonitors.net/francis1.thml. ボイルは"パレスチナ国家"のために訴訟を起こす目的で, 段階的行動に着手した．筆者の知る限り，それは話だけで訴訟に至っていない．

2. Oren, p.92.
3. Ibid., P.93.
4. Ibid., P.306.
5. 1973年3月に殺害された外交官 Cleo Noelは，黒人外交官として最高位に達した人物であった（ブラックセプテンバーに殺害された時，駐スウェーデン大使）．ベイルートでパレスチナ人に爆殺された米海兵隊員273人には黒人も含まれる．パレスチナ人テロリストは，多数の航空機や空港ターミナルを襲撃し，黒人乗客達が犠牲になった．ユダヤ人乗客の犠牲もある．
6. James Bennet, "A Nation at War: Parallels," *New York Times*, April 1, 2003.
7. Ibid.
8. Yigal Henkin, "The Best Way into Baghdad," *New York Times*, April 3, 2003.
9. David B. Green, "Fighting by the Book," Boston Globe, April 20, 2003.
10. Ibid.
11. Michael Walzer, "The Four Wars of Israel/Palestine," *Dissent*, Fall 2002.
12. Green, *Boston Globe*, April 20, 2003.
13. Jascha Hoffman, "The Good Soldier," *Boston Globe*, April 20, 2003.
14. Elshtain, pp.21-22.
15. *New York Times*, April 30, 2003.
16. *Forward*, May 10, 2002.
17. Chris Hedges, "A Gaza Diary," *Harper's Monthly*, October 2001.
18. Dr. Umaya Ahmad al-Jalahma, *Al-Riyadh*, 次に引用．中東報道研究機関 (MEMRI), Special Dispatch Series, March 13, 2002, no.543. http://memri.org

21章

1. Ahmed Bouzid, "The Right of Return-Israel and Palestine," Media Monitors Network, www.mediamonitors.net/bouzid3.html.
2. Na'eem Jeenah, "Zionism is a theory of ethnic cleansing and racism," *Islamic Association for Palestine*, www.iap.org/zionism 3.htm.
3. Dr. Daud Abdullah, "The Right of Return in the Zionist Political Discourse," lecture for *Friends of Al-Aqsa*. Available at www.aqsa.org .uk/Journals/vol4iss 1/discourse.html
4. James Bennet, "Letter from the Middle East: Arab Showpiece? Could It Be the West Bank?" *New York Times*, April 1, 2003.
5. Ruud Koopmans, "Germany and Its Immigrants: An Ambivalent Relationship," *Journal of Ethnic and Migration Studies*, October 1, 1999.
6. Agence France Presse, "Israel Airlifts Kosovo Refugees on Eve of Holocaust Memorial Day," April 12, 1999.
7. *Qadan v. Israel Lands Administration, HCJ* (Israeli Supreme Court) 6698/95, March 8, 2000.
8. The David Projectの公式サイトには，アラブ諸国におけるジンミー，即ちキリスト教徒，バハイ教徒を含むさまざまな人種，宗教集団に対する迫害例が掲載されている．さらにこのサイトにはサウジアラビアのハイウェー標識の写真ものっている．1車線はムスリム専用となっている．次を参照．www.david project.org/see/connectthedots.htm.
9. ヨルダン国籍法（4章脚注13を参照），Uri Davis, *Citizenship and the State* (Reading, U.K.: Ithaca Press, 1997), p.70.

22章

1. Salmon Abu Sitta, "The Right of Return Is Alive and Well," *Popular Front for the Liberation of Palestine*. www.pflp-pal.org/right.html 次に掲載．The Jordan Times.
2. "Baby Bomber Picture Generates Intense Fear," Media Review Network, www.mediareview.net.com/Baby%20Bomber%20picture%20generates%20intense%20fear,htm（最後の検索は 2003 年 4 月 11 日）．
3. John S. Hall, "Chinese Population Transfer in Tibet," 9 *Cardozo J. int'l & Comp. L.* 173 (2001).
4. Ibid.
5 Regina M. Clark, "China's Unlawful Control over Tibet: The Tibetan People's Entitlement to Self-Determination," 12 *Ind. Int'l & Comp. L. Rev.* 293 (2002).
6. "Health Services Development in Judea-Samaria and Gaza, 1967-1994," Israeli Government website, www.mfa.gov.il/mfa/go.asp?MFAH0bzz0,1999（最後の検索は 2003 年 4 月 11 日）．
7. Thomas Friedman, *New York Times*, March 18, 2002.
8. Ibid.
9. *New York Times*, March 20, 2002, 次に引用．*Why Terrorism Works*, p.180.

23章

1. Said and Hitchens, p.291.
2. "Arab Word Looks the Other Way as Race-Based Hatreds Target It on Two Fronts," *Daily Star* (Lebanon), 次で参照可．Lebanon Wire, www.Iebanonwire.com/0206/02062612DS.asp（2002 年 6 月 26 日に掲載）．
3. Benny Morris, *New Republic*, April 21-28, 2002, p.32.

24章

1. シリアの安保理代表の声明．シリアが安保理の非常任理事国になって最初に出したのが，この声明であった．イスラエルは安保理の非常任理事国（15 議席）から除外されている．
2. ダニー・ウォーレンの自己規定．ウォーレンは“イギリス第一の人種主義自治体”の出身であると誇らかに語り，「町へ戻り自分が発見したことを町民に伝えたい」と言った．*Ha'aretz*, December 21, 2002.
3. Joel Leyden, "Initial IDF Report: Shot Palestinian Activist May Have Fired First," *Jerusalem Post*, April 12, 2003.
4. Warren Hoge, "Britain Holds 6th Person in Tel Aviv Blast," *New York Times*, May 4, 2003.
5. Ibrahim Barzak, "Protesters in Gaza Town Blame Palestinian Militants for Incursion," *Associated Press*, May 21, 2003
6. Greg Myre, "Israel Stems Suicide Bombings, but at a Cost," *New York Times*, April 5, 2003.
7. Ibid.

25章

1. Yael Stein, "Israel's Assassination Policy: Extra-Judicial Executions," *B'Tselem*, January 2001, 次で参照可．www.btselem.org.
2. Ibrahim Barzak, *Associated Press*, May 31, 2003.

26章

1. Marwan Bishara, "West Bank Settlements Obstructed Peace: Israel's Empire State Building," *Le Monde Diplomatique*, June 2002, 次のサイトで参照可．http://logosonline.home.igc.org/bishara.htm

2. James Bennet, "Mideast Sides Maneuver, Expecting Peace Effort," *New York Times*, April 14, 2003.
3. *Forward*, May 2, 2003.

27章

1. Ash Pulcifer, "The Cycle of Violence Begins Again," *Yellowtimes.org*, www.yellowtimes.org/article.php?sid=1126
2. "Mideast Hope Meets Its Enemy," *New York Times*, April 30, 2003.

28章

1. Eric Reichenberger, spokesman for Students Allied for Freedom and Equality, ミシガン大学の親パレスチナ学生団体の主催した反イスラエル投資引揚げ会議（2002年10月）における発言. (Daniel Treiman, "Students Rap Israel at Divestment Parley," *Forward*, October 18, 2002; 次でも引用. Nat Hentoff, Op. -Ed., "Israel at Stake on U.S.Campuses: Students and Faculty Call for Divestment," *Washington Times*, November 25, 2002).
2. Professor Irwin Cotler, "Beyond Durban: The Conference Against Racism That Became a Racist Conference Against Jews," Global Jewish Agenda, www.jafi.org.il/agenda/2001/english/wk3-22/6.asp（最後の検索は2003年4月11日）.
3. Anne Bayefsky, "At U.N., Israel Bashing Is Always the First Priority," *Chicago Sun Times*, March 30, 2003.
4. Greg Myre, "Trial of Palestinian Leader Focuses Attention on Israeli Courts," *New York Times*, May 5, 2003.
5. Ibid.
6. Ibid.
7. Supreme Court Justice Dorit Beinisch, "The Role of the Supreme Court of Israel in Times of Emergency," *Globes*, November 21. 2002.
8. *Physicians for Human Rights v. Commander of I.D.F. Forces in the West Bank*, HCJ 2936/02, April 8, 2002.
9. Dan Izenberg, et al., "Supreme Court Orders Lebanese Freed: MIA's Slam 'Selfdestructive Judicial System,'" Jerusalem Post, April 12, 2000.
10. Ajuri HCJ (Israeli Supreme Court) 7015/02.
11. "Israeli Supreme Court Decision on Deportation of Family Members of Terrorists," Jewish Virtual Library, American-Israel Cooperative Enterprise, www.us-israel.org/jsource/Terrorism/sctdec.html September 3, 2002（最後の検索は2003年4月8日）.
12. Ibid.
13. Ibid.
14. 次を参照. www.court.gov.il.
15. Khaled Abu Toameh, "200 Suspected Collaborators Held in P.A. Jails," *Jerusalem Post*, August 15, 2002. 次も参照. Serge Schemann, "For Arab Informers, Death; for the Executioners, Justice," *New York Times*, September 2, 2002, 対イスラエル協力の疑いをかけられた家族の女性全員が処刑された，と報じている.
16. "Parliamentary Debates 2001," Parliament of Ireland, www.irlgov.ie/debates-01/13dec/sect4.htm, December 13, 2001（最後の検索は2003年4月8日）.
17. Justice William J. Brennan Jr., "The Quest to Develop a Jurisprudence of Civil Liberties in Times of Security Crisis," Lecture, Hebrew University Law School, www.brennancenter

.org/resources/downloads/nation_security_brennan.pdf, ヘブライ大学法学部における講演.
18. James Bennet, "Letter From the Middle East," *New York Times*, April 2, 2003.

29 章

1. ハーバード大学における講演，2002 年 11 月 25 日.
2. "Israel/Occupied Territories/Palestinian Authority: Killing Children Under Scrutiny at UN," www.amnesty.org.au/children/killingfuture.html（最後の検索は 2003 年 9 月 30 日）.
3. Statement of the Holy See, April 11, 2002, 次で参照可． www. Vatican.va.
4. "By My Spirit: What Will Make for Peace in the Middle East," statement of National Council of Churches delegation to the Middle East, 次で参照可． www.ncccusa.org/nccmiddleeastdelegation/statement.html
5. "State of the Spirit" address given at the founding conference of the Tikkun Community.
6. Peter Finn, "Germany Announces Ban on Islamic Extremist Group," *Washington Post*, January 16, 2003.
7. Elshtain, p. 20.
8. Boston Globe, June 7, 2003, p.A14.

30 章

1. ハーバード大学における講演，2002 年 11 月 25 日.
2. Congressional Record, Senate, February 8, 1989, S1294.
3. Elaine Sciolino, "U.S.Says It Has Arafat Threat on Tape," *New York Times*, January 18, 1989.
4. Ibid.
5. Robert Fisk, "How to Shut Up Your Critics with a Single Word," *The Independent*, October 21, 2002.
6. David Weinfeld, "Chomsky's Gift," *Harvard Crimson*, December 12, 2002.
7. ハーバード大学におけるチョムスキー講演，2002 年 11 月 25 日.
8. Weinfeld, *Harvard Crimson*, December 12, 2002.
9. "Not Just Semantics," Editorial, *Orlando Sentinel*, August 7, 2000.
10. *The New Yorker*, March 24, 2003, pp.48-63.

31 章

1. Thomas Bartlett, "A Surge of Anti-Semitism or McCarthyism?" *The Chronicle of Higher Education*, vol.49, October 4, 2002.
2. "Apartheid in the Holy Land," *Guardian*, April 25, 2002.
3. Lawrence Summers, Speech at Memorial Church, Cambridge, Massachusetts, September 17, 2002.
4. Thomas Friedman, "Campus Hypocrisy," *New York Times*, October 16, 2002.
5. Seymour Martin Lipset, "The Socialism of Fools-the Left, the Jews, and Israel," *Encounter*, December 1969, p.41.
6. Representative John Lewis, "'I Have a Dream' for Peace in the Middle East," San Francisco Chronicle, January 21, 2002.
7. Professor Irwin Cotler, "Beyond Durban," Global Jewish Agenda, www.Jafi.org.il/agenda/2001/english/wk3-22/6.asp.
8. 例えば次を参照． MEMRI, September 25, 2001, no.276.
9. Patrick Buchanan, "Dividing Line," New York Post, March 17,1990. ブキャナンは

いつものようにいい加減で間違った話をしている．トレブリンカのユダヤ人達は，排気中の未燃焼ガス，チクロンBを含むさまざまなガスによる手段で殺されたのである．ホロコーストに関するブキャナンの“事実”は，気違いじみたホロコースト否定者から得たものである．

10. Jacob Weisberg, "The Heresies of Pat Buchanan," *New Republic*, October 22, 1990, p.22.

11. Philip Shenon, "Washington Talk: The Buchanan Aggravation," *New York Times*, February 19, 1978.

12. Robert Faurisson, *Memoire en Defense* (Paris: La Vieille Taupe, 1980).

13. Paul L. Berman, "Gas Chamber Games: Crackpot History and the Right to Lie," *Village Voice*, June 10-16, 1981, p.37.

14. フォーリソンは，例えばSS医師ヨハン・パウル・クレーマーの1942年10月18日付日記に依拠する．クレーマーは，1942年に3カ月間アウシュビッツに滞在した時日記をつけていた．フランスの研究者が，この日付の記載内容をフォーリソンがどのように使ったかを調べた．そして，フォーリソンの研究が全く嘘であることをつきとめたのである．日記の内容は次の通りである．

「日曜日，寒くて湿気の多い朝であったが，私は第11特殊任務（シュペチアルアクツイオン－オランダ）に立ち会った．殺さないで欲しいと我々に訴える女性．その女性達に関わるむごい場面があった」．

この日記からフォーリソンは次の結論を引き出す．つまり，このくだりは次のことを証明するという．(1) シュペチアルアクツイオンは，チフスの流行期で医師による被患者を選りわける作業にすぎない．(2) むごい場面は，死刑を宣告された者の処刑である．処刑には医師の立会が義務づけられている．(3) 死刑宣告を受けた者のなかに，オランダからの移送で来た3人の女性達がいて，これが処刑されたのである．女性達がガスではなく銃殺されたことで分かるように，ガス室はなかったのである．

フランスの研究者Georg Wellersは，ルモンド紙の求めにより，この日付の記載内容と，それに関する当時の資料をつき合わせた．史実調査をやったわけであるが，アウシュビッツ関連文献に当たったのである．調査の結果，当日即ち1942年10月18日にユダヤ人1710人がオランダからアウシュビッツに到着したことが分かった．その内1594人は直ちにガス室へ送られた．残る116人は収容所へ入れられた．日記にある3人もその中にいたと考えられる．フォーリソンの言うとおり，3人の女性が実際に射殺されている．しかし，クレーマー日記の真実が明らかになる．フォーリソンはどのようにして調べたのであろうか．ウェラーズ教授は簡単な調査でつきとめた．つまり，ポーランドの戦争犯罪裁判におけるクレーマー医師の証言をチェックしたのである．法廷でクレーマー医師は次のように陳述している．

「3人のオランダ女性がガス室へ行くのをこばみ，命乞いをしました．3人共若い女性で健康でした．しかしそれでも祈りは聞き届けられず，このアクチオンに参加しているSSが即座に射殺しました」.

フォーリソンは，裁判を調べたと言っており，クレーマー医師がガス室の存在を証言したことも知っていた．しかるに彼は自著でこの肝心な点を意図的に削除し，女性達が射殺されたという個所だけにしたのである．フォーリソンは，この3人の女性が健康であることも知っていた．しかるに彼は，伝染病の流行で医学上の理由により3人が選別されたかのように書く．そして射殺された者は“死刑を宣告されていた者”であったと言明するのである．彼等がガス室に入るのを拒んだため SS に射殺されたことを知りながら，話を別の方へもっていったのである．

15. Brian Morton, "The Culture of Terrorism," *Nation*, vol. 246, no.15, May 7, 1988, p.651.
16. W.D. Rubinstein, "Chomsky and Neo Nazis," *Quadrant* (Australia), October 1981, p.12.
17. Alan M. Dershowitz, "Chomsky Defends Vicious Lie as Free Speech," *Boston Globe*, June 13, 1989, p. 14.
18. Noam Chomsky, "Right to Speak to Transcends Content of Speech," *Boston Globe*, July 4, 1989, p.10.
19. Scot Lehigh, "Men of Letters," *Boston Phoenix*, June 16-22, 1989, p. 30.
20. Paul L. Berman, “Reply to Chomsky,” *Village Voice*, July 1-7, 1981, p. 18.
21. MEMRI, September 25, 2001, no. 276.
22. Palestinian Authority Television, October 14, 2000.

32章

1. Said and Hitchens, p.15.
2. Ibid., P.9.
3. Chris Amos, "Activists Urge Reappraisal of Middle East Conflict," *Michigan Daily*, November 14, 2002.
4. www.nkusa.org/aboutus/index.cfm（最後の検索は2003年5月7日）.
5. *Forward*, November 29, 2002.

結び

1. Andrea Levin, "Israeli Arab Rights and Wrongs," *On CAMERA* column, February 14, 2003.
2. 「イスラエルにおけるユダヤ人とアラブ人の賃金格差は，アメリカにおける白人と黒人の賃金格差と非常に似ている」．この記事は，「オランダのように伝統的な福祉国家でも人種上の賃金格差が存在する」と付記している．Amnon Rubenstein, "Jewish Professions, Arab Professions," Haaretzdaily.com, April 15, 2003.
3. 参　照　*Sikkuy Report*, 2001-2002, p.5, www,sikkuy.org.il/report/Sikkuy%20Report%202002.doc.
4. Israeli Central Bureau of Statistics, www.cbs.gov.il.
5. Steven Plaut, "The Collapsing Syrian Economy," *Middle East Quarterly*, vol.Ⅵ, no.3, September, 1999.
6. イスラエル外務省サイト www.isreal-mfa.gov.il.
7. Noam Chomsky, speech to Middle East Children's Alliance, San Francisco, March 21, 2002, www,zmag.org/content/Mideast/chomskymecatalk.cfm.
8. Thomas Friedman, "Nine Wars Too Many," *New York Times*, May 15, 2002.
9. Professor Irwin Cotler, "Beyond Durban," Global Jewish Agenda, www.jafi.org.il/agen

da/2001/english/wk3-22/6.asp.

10. Juliana Pilon, "The United Nations' Campaign against Israel," *Heritage Foundation Report*, June 16, 1983.

11. Cotler, "Beyond Durban."

12. Ibid.

13. Andrew Sullivan の個人サイト．www.andrewsullivan.com/mainarticle.php?artnum=20021020.

14. Oriana Fallaci, "Oriana Fallaci on Antisemitism," *Panorama*, April 12, 2002.

15. F.M. Dostoyevsky, *The Diary of a Writer*, Boris Brasol trans. (Salt Lake City: Peregrine Smith Books, 1985), pp.642-645.

16. Ibid., p.650.

17. Ibid., p.651.

18. Ibid., p.647.

19. Ibid., p.640.

20. Ibid., p.638.

21.「ブラックセプテンバー」時（1970 年 9 月）に殺されたパレスチナ人の数についてはいくつかの推定値がある．高い数値で 4,000 人，ほかの資料では 3,000 人ほどである．*One Day in September*, Sony Pictures, www.sonypictures.com/classics/oneday/html/blacksept（最後の検索は 2003 年 4 月 10 日）．下のサイトにはイスラエル・パレスチナ紛争の基本データを掲載．www.umich.edu/~iinet/cmenas/studyunits/israeli-palestinian_conflict/studentkeydates.html.

22. Thomas L. Friedman, "Reeling but Ready," *New York Times*, April 28, 2002.

23. ベルゼイト大学におけるシカキ博士（Palestine Center for Policy and Survey Research パレスチナ政策調査研究センター）の調査を参照.

24. Beirut al Nassa, July 15, 1957.

25. ハーバード大学におけるチョムスキー講演，2002 年 11 月 25 日.

26. Michael Walzer, "The Four Wars of Israel/Palestine," *Dissent*, Fall 2002.

27. James Bennet, "U.S. Statements Guide the Talks on the Mideast," *New York Times*, June 2, 2003.

28. *Jerusalem Post*, January 26, 1989.

29. 書　評．Shattered Dreams by Charles Enderlin, *New York Times Book Review*, May 4, 2003, p.22.

30. James Bennet, "The Mideast Turmoil: Jerusalem; Israel Approves, Bush's Roadmap to New Palestine," *New York Times*, May 26, 2003.

31. Walzer, "The Four Wars of Israel/Palestine."

訳者あとがき

本書は、アラン・ダーショウィッツ Alan Dershowitz 著『*The Case for Israel*』(2003, John Wiley & Sons)の全訳である(翻訳には二〇〇三年発行の第二版を使用した)。

著者ダーショウィッツは、ハーバード・ロースクール(法科大学院)で刑法を講じる法学者であるが、同大学史上最も若くして教授となり、一九九三年以降同大学フェリックス・フランクファーター記念講座の担当教授として活動している。この大学の法学教授であったフランクファーターは最高裁陪席判事になった人物で、米国自由人権協会(ACLU)を創立した人物として知られる。先達の衣鉢を継ぐダーショウィッツは、市民的自由と人権の擁護で果敢に行動し、反中傷連盟(ADL)はその功績を評価して、一九八三年にウイリアム・ダグラス米国憲法修正第一条賞を授与した。授賞式でノーベル平和賞受賞者のエリ・ウィーゼルは、「一九三〇年代、四〇年代にダーショウィッツのような人物が数名いたら、ヨーロッパのユダヤ史は違ったものになっていたであろう」と称えている。ちなみにダグラスは市民的自由の擁護派の最高裁陪席判事、修正第一条は「信教、言論、集会、請願の自由を妨害してはならない」という条項である。ダーショウィッツには人権や市民的自由関連の著書が三十冊程あるが、これまで日本では『ユダヤ人の世紀——フツパ・成功に隠された屈辱の歴史』(原題 *Chutzpa*、ダイヤモンド社一九九三年)が出版されている。

本書は、アラブ・イスラエル紛争にまつわる諸問題をとりあげ、倫理上道義上、二重規準(ダブルスタンダード)があってはならないという著者の強い信念と問題の論理的追究をベースに、まとめられたものである。「イスラエルが公正とバランスを欠く批判にさらされていることを明らかにした」(ミドルイースト・クォータリー・レビュー〇四年秋季号)、「イスラエル批判家が抱く偽善を最も的確に指摘した」(〇三年十一月九日付ニューヨークタイムズ・ブックレビュー)と評価され、「中東紛争に関して正確な情報を求める者全員の必読書」(〇四年一月九日付ジューイッシュクロニクル）として推薦されている。

日本では、〝迫害された者が迫害する〟式の話が横行し、アラブ・イスラエル紛争の理解を妨げ、イスラエルに対する誤解を助長している。この種の話を吹聴する人々は、打ちのめされ哀れみを乞うユダヤ人には同情するが、生存をおびやかされれば立ち上がって抵抗するユダヤ人を拒否する。そして、本書が扱う三二項目（告発）どおりの、俗耳に入りやすい話をあたかも事実のように紹介するのである。

本書は、この告発をことごく論破し、紛争の本質と歪んだ認識を明らかにした。中東とイスラエルをきちんと理解するための基本的資料といえる。ダーショウィッツには近著に『倫理的透徹性の問題――イスラエル、ハマス、ガザ』（*The Case for Moral Clarity: Israel, Hamas and Gaza*, 2009）があるが、問題の本質は本書の方で言い尽くされている。

著者ダーショウィッツは、二〇〇三年六月四日までの状況で筆を擱《お》いた。

この後、第二次レバノン戦争（二〇〇六年七月～八月）、ガザ戦争（二〇〇八年十二月～〇九年一月）と大きい事件が発生し、さらにはイスラエルと自治政府の交渉が停滞と再起動を繰り返した。二〇〇九年四月ジュネーブで開催された国連主催の反人種主義会議（ダーバンⅡ）もイスラエル批判が目立ち、本書で著者の指摘した諸問題が基本的に全く変わっていないことが明らかになった。

原著出版の時期から今日までの、イスラエル・パレスチナ関係の現代史をレヴューしてみよう。

その二〇〇三年の六月四日に開催されたアカバ首脳会議は、二国併存による問題解決を確認して終わり、著者は期待感を示しながらも慎重な姿勢を崩さずに最終章を書いた。アカバ会議の二日後、エレツ検問所が襲撃を受け、警備中のイスラエル兵八名が犠牲になった。その後エッゲドバスに対する自爆攻撃（六月十一日、エルサレム、死傷一一七名）、同（八月十九日、エルサレム一五三名）、マキシムレストラン自爆攻撃（十月四日、ハイファ、八一名）など一般住民多数を殺傷するテロが発生し交渉は停滞した。全く同じパターンの繰り返しである。

アカバ首脳会議で、パレスチナ国家の建設を認めたシャロン首相は、パレスチナの独立とイスラエルの安全保障という二大課題に取り組み、その第一歩として二〇〇四年六月にガザ回廊からの完全撤退を決断した。撤退はクネセット（国会）の承認を得て、翌年八月に実施され、ＩＤＦ（イスラエル国防軍）は九月十二日に撤退完了を宣言した。

ガザ回廊の入植地もすべて解体され、イスラエル人はひとりもいなくなったが、ガザからの攻撃がやんだわけではない。当地はファタハとハマスが権力闘争を展開する場と化し、武力戦に発展する事態となった。二〇〇六年初めに実施された自治区の立法評議会選挙で、パレスチナ住民はより過激性が強く非妥協を貫くハマスを選択した。そしてそのハマスは、二〇〇七年六月までにファタハを完全に駆逐し、ガザの支配者になった。

二〇〇七年十一月、停滞する交渉を再起動しようとして、カルテット（米、ＥＵ、国連、露）が中心になって当事者首脳をアナポリスに召集した。このアナポリス会議は、二〇〇八年末までに平和協定を結ぶことを目処とし、パリで資金援助をするドナー会議を開いて、パレスチナ自治政府を支援することになった。しかし、これもテロで妨害されるのである。

ガザの支配者となったハマスは、ガザ回廊の北域を攻撃発進地として使用、ロケット攻撃を開始し、二〇〇八年の一年間で迫撃砲を含め三三〇〇発ほどを、イスラエル国内へ撃ちこんだ。これがガザ戦争（「溯鉛作戦」）の原因のひとつになったのは、周知のとおりである。

第二次レバノン戦争では、南レバノンからイスラエルを攻撃するヒズボラが勝利宣言を行ない、ガザのハマスもイスラエル軍の一方的停戦（二〇〇九年一月十七日）後、同じように勝利宣言を行なった。

勝利宣言をしたことは、戦力の回復による戦闘の再開を示唆する。パレスチナ自治政府の権威が及ばぬガザ回廊もさることながら、ウエストバンクにも、いくつかの武装集団が存在する。即ち、タンジム（ファタハ系）、カッサム（ハマス系）、イスラム聖戦があり、ガザには、カッサムとイスラム聖戦が勢力を誇っている。いずれも私兵であり、自治政府の指揮下にはない。現在アメリカのテコ入れで、米陸軍のキース・ディトン中将率いる軍事顧問団が治安部隊の養成にあたっているが、将来これがパレスチナ国の正規軍に昇格しても、私兵がその統制に服し、あるいは解体される保証は全くない。

ラマッラの議長府に籠城中のアラファト議長は病気となり、二〇〇四年十一月十一日、搬送先のフランスの陸軍病院で死亡した。妥協にもとづく建国の機会を何度も手にしながらすべてこれを拒否し、ステーツマンとしての力量を発揮できないまま、アラファトはテロリスト外交家として死んだ。

アラファトの後を継いで同年十一月議長に就任したアッバスは、妥協のできる穏健派として登場した。しかし、ユダヤ人国家イスラエルの承認という基本問題について、「ユダヤ民族の主権国家としてのイスラエルを承認することが、イスラエルとパレスチナ人の歴史的和解上不可欠」とするイスラエルに対し、「イスラエルが自国を何と呼ぼうと勝手だが、私はユダヤ人国家という表現を受け入れない」と述べた（二〇〇九年四月、ラマッラ青年議会）。アッバスの発言が個人的なものではないことは、二〇年ぶりに開催されたファタハ総会で裏付けられる。

二〇〇九年八月、ベツレヘムで開かれた第六回ファタハ総会は、人民武力革命がパレスチナ解放の唯一の方法（第一七条）であり、武力闘争はシオニスト存在体が抹殺され、パレスチナ解放まで続く（第一九条）とする憲章をついに修正しなかった。そして、この総会で採択された政治プログラムでは、イスラエルを〝ユダヤ人国家〟として認めず、難民の帰還権と資産請求権を主張し、強制的再定着と代替地郷土の拒否を確認した。

アメリカのミッチェル特使の調停で再開された交渉は、サウジの和平案をベースにアラブ連盟が後押しする形をとるであろうが、パレスチナ側の認識が変らず、聖職者が煽動し私兵が横行しテロがのさばる状況下では、著者ダーショウィッツの指摘する二国併存による問題の解決は、当分望めそうにない。

二〇一〇年四月　イスラエル独立六二周年を前に

滝川義人

● 著者紹介

アラン・ダーショウイッツ（Alan Dershowitz）

弁護士、作家、ハーバード・ロースクール教授。現在、フェリックス・フランクファーター記念講座担当教授を務める。1938 年、ニューヨーク生まれ。28 歳で、ハーバード・ロース史上最も若い教授となる。刑事弁護人として活躍し、依頼人にはO.J. シンプソン、マイク・タイソンなどの著名人がいるが、無名の被告人の事件も手がける。主要新聞やマスメディアのコラムニスト、コメンテーターとして、人権問題、アラブ・イスラエル問題等に積極的に関与し、オピニオンリーダーとして定評がある。著作は 30 冊以上に及び、邦訳の著書に、『ユダヤ人の世紀　フツパ・成功に隠された屈辱の歴史（Chutzpah）』（ダイヤモンド社）、『ロイヤーメンタリング』（日本評論社）がある。イスラエル関連書では、『The Case for Peace: How The Arab-Israeli Conflict Can Be Resolved』(2005)、『The Case For Moral Clarity: Israel, Hamas and Gaza』(2009) がある。

● 訳者紹介

滝川義人（たきがわよしと）

ユダヤ、中東研究者。イスラエル大使館・前チーフインフォメーションオフィサー。1937 年長崎生まれ。早稲田大学第一文学部卒業。MEMRI（メムリ　中東報道研究機関）日本代表。著書に『ユダヤ解読のキーワード』（新潮社）、『ユダヤを知る事典』（東京堂出版）、『ユダヤ社会のしくみ』（中経出版）、『ユダヤの格言 99』（講談社）、訳書に『エルサレムに朝日が昇る』（ナルキス著、ミルトス）、『反乱』（ベギン著、ミルトス）、『ホロコースト歴史地図』（ギルバート編、原書房）、『ユダヤ人の歴史』（ザハル著、明石書店）、『ヨムキプール戦争全史』（ラビノビッチ著、並木書房）、他多数。

ケース・フォー・イスラエル　中東紛争の誤解と真実

2010 年 5 月 14 日　初版発行

著　者　アラン・ダーショウィッツ
翻訳者　滝　川　義　人
発行者　河　合　一　充
発行所　株式会社　ミ　ル　ト　ス

〒102-0073　東京都千代田区九段北 1-10-5
九段桜ビル 2F
TEL 03-3288-2200　FAX 03-3288-2225
振替口座　００１４０−０−１３４０５８
http://myrtos.co.jp　pub@myrtos.co.jp

印刷・製本　シナノ印刷（株）　Printed in Japan　ISBN 978-4-89586-150-2
定価はカバーに表示してあります。